Illustration Style Book

일러스트레이션 스타일북
Illustration Style Book

2011년 10월 1일 초판 발행

지은이	윤서희 서윤희 김은혜 성낙진 박정아 조용준 신종원 김제형 박현수
펴낸이	김병인
책임 기획	월간 CA 편집부
편집 진행	배유리
디자인	studio.triangle@gmail.com
펴낸곳	(주)퓨처미디어
전화	02 852 5412
팩스	02 852 5417
이메일	ca@ccca.co.kr
사이트	http://www.ccca.co.kr
CA샵	http://www.cashop.kr
블로그	http://www.ccca.kr
카페	http://cafe.naver.com/comarts
트위터	http://twitter.com/magazineca
페이스북	http://www.facebook.com/magazineCA

ISBN 978-89-97225-00-2-13600

Illustration Style Book

Creative Artwork-4 : 일러스트레이션 스타일 북

(주)퓨처미디어

Overview

날이 갈수록 캔버스와 스케치북에 드로잉을 하는 작업 못지않게 태블릿과 모니터로 그림을 그리는 작업이 중요해지고 있습니다. 새로운 기술이 개발되고, 신선한 스타일이 등장하면서 디자이너뿐만 아니라 대중들도 컴퓨터를 활용한 일러스트레이션 작업을 자유롭게 하고 있는 상황입니다. 게다가 우리나라의 일러스트레이터들은 이제 자국을 넘어 세계 각지에서 다양한 활동을 펼치고 있고, 또 상당한 인정을 받고 있기까지 합니다. 아울러 디지털 툴을 활용하여 그림 그리기를 꿈꾸는 예비 일러스트레이터들의 잠재적인 숫자도 우리의 예상을 뛰어넘습니다.

출판, 패션, 광고, 캐릭터, 팝아트 등 다양한 분야에 연결이 되어있는 일러스트레이션이라는 이 예술 장르는 점차 분야 간의 경계를 허물며 양적으로, 질적으로 폭넓게 발전하는 중입니다. 시각 디자인, 그리고 일러스트레이션이라는 대전제 아래 다양한 그림들을 감상하고 이해하며 또 서로 교류하는 일은 모든 일러스트레이터 지망생들에게 큰 배움을 선사해 줄 것입니다. 이 책의 목적도 바로 거기에서 출발합니다. 출판이면 출판, 패션이면 패션, 캐릭터면 캐릭터, 각자의 일러스트레이션 전문 영역의 틀을 뛰어 넘어, '일러스트레이션'이라는 커다란 주제 내부에 숨겨진 인사이트들이 서로 충돌하는 옴니버스 장을 만들고자 했습니다. 다양한 스타일을 끊임없이 찾아나가면서 자신의 크리에이티비티를 한 단계 끌어 올리실 수 있길 바랍니다.

월간 CA 편집부

튜토리얼에 필요한 리소스 파일은 www.cashop.kr에서 내려 받으실 수 있습니다.

Contents

part 1 동양 스타일 비주얼 아트   009
윤서희

나만의 스타일 찾기   022
화양연화   026

part 2 플래시를 활용한 패션 일러스트   041
서윤희 (비비천사)

안녕? 나의 티롤   050

part 3 따뜻한 수채화 풍 일러스트   074
김은혜 (뽀얀)

수작업 소스를 이용해 수채화 느낌 연출하기   084
직물패턴을 이용한 일러스트레이션   098
기하학 도형을 활용하여 초현실 효과 내기   114

part 4 카툰 느낌의 드로잉 작업   129
성낙진 (NJ)

도구를 효율적으로 사용하는 그림 그리기   140
포토샵에서 면으로 그림 그리기   154

part 5 풍부한 색감이 살아있는 벡터 아트   163
박정아

섬세하고 풍부한 색감으로 여행 풍경 그리기   176
태블릿을 이용하여 강약있는 벡터 드로잉 하기   194

part 6　디지털 툴을 활용한 동화 일러스트레이션　211
조용준

헨젤과 그레텔　224
백설공주　246

part 7　벡터를 이용한 캐릭터 일러스트레이션　275
신종원

크리스마스 카드 캐릭터 디자인　284
캐릭터 명함 만들기　300

part 8　온기가 있는 광고 일러스트레이션　313
김제형

시안 작업에서 시작하는 광고 일러스트레이션　324
클라이언트와 함께 도전한 디지털 수채화　330
손맛이 살아있는 레트로 일러스트　334

part 9　디지털로 그리는 휴머니티 만화의 원천　349
박현수 (아메바피쉬)

『가면소년』　347
와글와글한 각자의 이야기들　359
양철로봇　362
물고기　365
UFO, 외계인, 엘비스, 음모론　367
고양이　369
달동네와 낡은 풍경들　371
장난감　373
스타일과 이야기　374

Creative Artworks - 4

Illustration Style Book

동양 스타일

비주얼 아트

seohe

part 1

Creative Artworks - 4   Illustration Style Book : part_01

윤서희

비주얼 아티스트 &
프리랜스 일러스트레이터

http://www.younseohi.com

project team "mogurige"
정글 "윤서희의그래픽일러스트레이션클리닉" 강의
2007 Adobe Creative Leaders Forum 50인 선정
≪Korean Contemporary Atists - ITALY "CREMONA"≫ (2009) 외
다수의 개인전 및 그룹전시

interview
part 1

디자이너에서 일러스트레이터로

윤서희는 현재 한국인의 정서에 가장 잘 맞는 일러스트를 창작한다고 평가 받는 일러스트레이터 중 한 명이다. 일러스트레이터이다. 그러나 사실 그는 회화나 일러스트가 아닌 디자인을 전공하였으며, 일러스트레이터가 아닌, 디자이너로 활동을 시작했다. 모든 프리랜스 디자이너들의 초기 시절이 그러하듯이, 그 또한 활동 초기에는 특정 비주얼 아트에 몰두하거나 개인 작업을 전문적으로 하기 보다는 꽤나 잡다한 작업들을 진행해 왔다. "이렇다 할 만큼 일정하게 작업하는 분야가 없었어요. 작업 초기에는 광고 쪽 일을 많이 했었고, 중간에 영화 작업도 몇 번 했고, 그림책 작업도 종종 했었죠."
그는 일러스트레이션을 선택한 것이 자신의 인생에서 가장 중요한 전환점이 되었다고 말한다. "일러스트레이션은 제게 새로운 길을 열어 주었습니다. 지금엔 일러스트레이션이란 저의 또 다른 분신이나 다름없어요. 누구나 어릴 때 "너 그림 꽤 그릴 줄 아네?"라는 말 한 두 번 정도는 들어 보셨을 거예요. 하지만 그림이라는 분야는 다른 분야와는 달라서, 그림에 발을 한 번 들여놓은 이상, 그 어떤 분야보다 치열하게 노력해야만 살아남을 수 있습니다."

그리는 연습과 찾는 연습

회화도, 일러스트레이션도 아닌 디자인 전공자가 이런 비주얼 아트워크를 창작하게 된 계기가 무엇일까? 우연한 기회로 그림을 시작했다고는 하지만, 일러스트레이션을 처음 시작할 때만 해도, 그림에 대한 지식과 경험이 전혀 없는 상태였던 그는 가장 고전적이고 확실한 방법을 택하기로 결정했다.
"가장 무식한 방법을 택했습니다. 무조건 많이 보고 많이 그려 보는 방법 말이에요. 그 땐 어떤 그림이 일러스트레이션인지도 구분하지 못할 정도로 아는 것이 없었기 때문에 일단 그림을 볼 줄 아는 감각부터 키우기로 했습니다. 만일 10시간을 공부한다면 처음에는 리서치 시간을 7시간, 드로잉 시간을 3시간으로 잡았습니다. 그리고 점차적으로 순서를 바꿔 나갔어요. 리서치 6시간에 드로잉 4시간, 또 다시 리서치 5시간에 드로잉 5시간, 이런 식으로 조금씩 리서치 비중을 줄여 나가기 시작했습니다. 그러다가 작업에 들어갈 때가 되면, 리서치 비중을 3시간으로 줄이고, 본 작업에 7시간을 할당했죠."
이런 방법은 나름대로 효과가 있었다. 특히 다른 작품들을 계속적으로 보면서 자신의 '스타일'을 찾아내는 일은, 자신만의 정체성을 찾아가는 과정이기 때문에, 기초 드로잉 못지않게 중요하다. 윤작가가 지금 학생들에게 스타일의 중요성을 누누이 강조하는 건, 바로 그 때의 경험 때문이다.

눈이 내리는 설국에서

동양 스타일 비주얼 아트　　　　　윤서희　　　　　　　　interview

Passion

앉아서 오랜 시간 동안 그림을 그릴 수 있다는 것은 축복이기도 하지만, 동시에 고난이기도 하다. 사실 어떤 사람이라도 장시간 그림을 그리고, 끊임없이 다른 작품들을 접하다 보면 훌륭한 일러스트레이터가 될 수 있을 것이다. 하지만 그렇게 많은 시간을, 그림을 그리고, 또 보는 일에 투자할 수 있는 사람이 과연 현실적으로 얼마나 될까? 그는 이 점에 대해 "좋은 테크닉과 세련된 감각을 가지고 있어도, 열정이 없다면 그것은 기름이 다 떨어진 고급 스포츠카나 다름없어요." 라고 말한다.

열정은 어떤 일을 하기 위한 가장 기본적인 덕목이다. 너무나도 당연한 이야기일진 모르겠지만, 사실 현실 속을 들여다 보면 열정을 가지고 일하는 사람은 찾아보기 힘들다. 일에 열정을 계속 쏟아 부을 수 있다는 건, 그 작업 자체를 사랑하지 않는다면 불가능하기 때문이다. 일러스트가 단순히 멋져 보이기 때문에, 혹은 최근 일러스트가 유행이라서 일러스트를 시작하려는 사람은 다시 한 번 그 결정을 재고해야 할 것이다. "물론 다른 분야도 마찬가지겠지만, 그림을 창작하는 것은 작가의 뼈를 깎아내리는 고통을 동반합니다. 열정이 없다면, 그리고 일러스트를 사랑하지 않는다면 얼마 못 가 포기하게 될 겁니다."

대결

동양 스타일 비주얼 아트   윤서희   interview

꿈을 꾸다

달의 노래

Time Tunner

상사몽

I'm Korean

Creative Artworks - 4   Illustration Style Book : part_01

Carnival

히치하이킹

그는 이런 열정에 엔진을 달아줄 수 있는 것이 바로 자기 자신에 대한 믿음이라고 조언한다. 정확하게 말하자면 재능에 대한 믿음이 아닌, 미래에 대한 믿음이다. "얼마만큼 제가 성장할 수 있는지, 제가 어디까지 갈 수 있는지 한 번도 의심한 적이 없습니다. 늘 두근대는 마음으로 살고 있거든요. 전 계속 달려 나가고 있고, 내일도 모레도 계속 쉬지 않고 달려 나갈 겁니다. 전 내일도 잘 해 낼 수 있을 거라 항상 믿고 있거든요."

Creativity

윤서희의 작품은 자연스레 그가 생각하는 것, 표현하고자 하는 것들을 내포한다. 그래서 그의 작품과 그의 사상은 많은 공통점을 갖는다. 가령 현실에서 그에게 영감을 가장 많이 주는 오브젝트들은 작품에 그대로 투영된다. "제게 영감을 주는 것들은 굉장히 많습니다. 열린 감각을 통해 제 몸으로 와 닿는 모든 것들은 그대로 영감이 됩니다. 그 중에서 하나를 굳이 꼽자면 바람이라고 할 수 있겠네요. 바람은 제 그림 속에 언제나 들어 있습니다. 여인들의 머리카락 사이사이에 숨어 있지요."
바람은 윤작가의 작품 속에서 아주 중요한 역할을 한다. 한국화나 자수를 연상시키는 윤작가의 작품 속에는 동적인 오브젝트가 거의 없는데, 작품 속에서 바람은 정적인 오브젝트 사이들에 역동성과 운동성을 부여한다. 바람에 흩날리는 머리카락이라든가, 나부끼는 옷깃이 바로 그 예이다.. "작업을 하는 날에 부는 바람의 느낌에 따라 작업 자체의 분위기가 달라져요. 그래서 긴 머리의 여인이 늘 등장하기도 하고요. 작업에 들어가기 전, 전 눈을 감고 바람을 손끝으로 느껴요. 그 느낌은 당일 제 작업에 큰 영향을 주죠."

Future

윤작가는 본래 디자이너로서 활동을 시작했기 때문에, 일러스트레이션 이외의 디자인 분야에도 관심이 많다. 따라서 영화 분야나 광고, 패션 분야에서도 작업을 계속 해 나가고 있다. 현재에는 일러스트레이션과 다른 미디어들의 협동 작업에 가장 큰 관심을 두고 있다고 한다. "원래 제 꿈은 영화 쪽 작업을 하는 것이었습니다. 그러다 보니 미디어에 계속 관심을 두고 있었죠. 조만간 본격적으로 미디어 쪽으로 제 작업의 영토를 좀 넓히려고 합니다. 아무래도 정지된 그림보다는 움직이는 그림이 수용자와 공감대를 더 빠르게 형성하더라고요. 그리고 무엇보다 캔버스 안에 갇혀 있는, 제 그림에 날개를 달아주고 싶기도 하고요. 전 예전부터 역동적인 작업을 하고 싶었거든요." 윤서희는 현재 2011년 음악과 영상을 아우르는 미디어 아트 작업을 기획하는 중이다.

Style 나만의 스타일 찾기

예전에 내가 일러스트레이션을 한다고 말하면, "일러스트레이션? 그게 뭐야?"라고 반문을 하거나, 동화 삽화 혹은 신문 삽화로만 인식하는 사람들이 대부분이었다. 일러스트레이터라는 직업 또한 매우 생소했다. 하지만 지금은 그 때와 많이 달라졌다. TV 광고, 각종 패키지, 문구, 생활 소품까지 일러스트레이션이 쓰이지 않는 분야가 없을 정도다. 그 동안 캐릭터가 차지하고 있던 많은 부분을 이젠 일러스트레이션이 대체하고 있는 것이다.

일러스트레이터를 양성하는 학원은 몇 년 사이에 우후죽순으로 생겨났고, 그만큼 일러스트레이터들의 수 또한 빠른 속도로 늘어나고 있다. 하지만 정작 개성을 가진 작품들은 여전히 찾기 어렵고 비슷비슷한 스타일의 작품들이 대다수이다. 따라서 클라이언트는 비슷한 작품들을 창작할 수 있는 일러스트레이터 중 가장 화료가 낮은 작가와 계약을 맺는다. 자동적으로 일러스트레이션 작품의 단가는 점점 낮아질 수밖에 없다.

이런 혹독한 일러스트레이션계에서 살아남으려면 어떤 방법을 실행해야 할까? 여러 가지 방법들이 있겠지만 가장 중요한 건 나만의 개성을 듬뿍 담은 그림 스타일을 찾는 것이다. 그림 잘 그리는 사람은 세상에 널리고 널렸다. 그러나 누가 보다라도 작가를 알아볼 수 있을 만큼 개성이 짙은 작품을 그릴 줄 아는 작가는 흔치 않다. 본인만의 그림 스타일을 가지고 있다면 비록 초반에는 고전할지라도, 일단 한 번

자리가 잡히면 장수하는 아티스트로 활동할 수 있다.

그렇다면 어떻게 해야 나만의 스타일을 찾을 수 있을까? 그림을 많이 그리기만 하면 될까? 아니면 무조건 모작부터 시작해야 할까? 일러스트 수업을 하다 보면, 테크닉은 좋은데 그 이상을 뽑아 내지 못하는 학생들이 종종 눈에 띈다. 이런 학생들의 대부분은 모작부터 시작한 학생들이다. 물론 모작은 그림 공부에 많은 도움을 준다. 나 역시도, 스타일 잡는 수업을 진행할 때 모작에 비중을 크게 두는 편이기도 하다. 하지만 '모작만' 하는 경우와 '모작도' 하는 경우는 분명 다르다. 그리고 '모작부터' 시작하는 경우 역시 다르다.

그럼 본격적으로 스타일을 찾는 방법을 연구해 보도록 하자.

난 종종 스타일을 요리에 비유하곤 한다. 같은 주제를 동일한 소재로 만들었다고 해도, 만든 사람에 따라 다른 결과물이 나온다는 점에서 이 둘은 닮았다. 만약 A와 B가 같은 재료와 같은 조리법을 보고 된장찌개를 만든다고 해도, A와 B가 만들어 낸 찌개의 맛이 완벽하게 똑같을 수는 없을 것이다. 사람마다 기본으로 갖고 있는 입맛과 손맛이 모두 다르기 때문이다. 흔히 어머니의 된장찌개는 어느 젊은 요리사도 따라가지 못할 만큼 독특하고 깊은 맛을 낸다고 하는데, 그 이유가 무엇일까? 그들만의 비밀스러운 조리법이나 노하우 덕분일까?
어머니가 처음 요리를 시작했을 땐, 요리를 시작하는 다른 사람들과 크게 다르지 않았을 것이다. 아주 기본적인 된장찌개 조리법 정도만 알고 있었거나, 혹은 외할머니께서 끓이신 된장찌개 맛을 흉내 내는 정도에 불과했을 것이다. 그러나 분명 어머니는 기본 조리법을 바탕으로, 오랜 세월 동안 가족들의 입맛이나 자신의 입맛에 맞추어 여러 가지 시도들을 해 봤을 테고, 이 과정에서 쌓인 경험과 노하우들이 바로 현재의 된장찌개 조리법을 낳게 되었다고 할 수 있겠다. 고유한 경험에서 우러나온 맛은 누구도 따라갈 수 없다.
그림도 마찬가지다. 누구나 자신만의 그림 스타일을 가지고 있다. 가령 학생들에게 같은 꽃을 보여주고 그리라고 하면, 모두 다른 방식으로 꽃을 표현해 놓는다. 꽃의 형태, 선의 굵기와 터치의 강약도 학생들마다 모두 다르다. 세밀하게 꽃을 그려 놓은 학생도 있고, 간단히 꽃의 라인만 잡아 놓은 학생도 있다. 이것이 바로 나만의 개성이다. 자신만의 스타일을 찾는 과정은 바로 이 개성을 찾는 것에서부터 시작한다.
처음부터 멋진 그림을 그리는 사람은 없다. 유명한 작가들의 개성 있는 그림 스타일들도, 그들이 원래부터 가지고 있었던 기본 개성을 오랜 시간에 걸쳐 발전시킨 것이다. 다시 말하자면, 다른 작가들의 그림을 끊임없이 연구하고 공부하며 지식을 쌓고, 많은 그림들을 그려 보면서 습득한 노하우들의 결과이다.
일단 스타일을 잡기 전에 해야 할 것은 자료 조사이다. 하지만 초반부터 다른 작가들의 그림들과 자신의 그림을 비교하거나, 자신의 그림에 너무 큰 기대를 하는 일은 피해야 한다. 그림을 그리는 일에 금세 지쳐버리기 때문이다. 어차피 그림이란 단기간 안에 승부를 낼 수 없는 분야이기 때문에, 많이 그리고,

많이 보는 일에 충분한 시간을 갖는 것이 중요하다. 그러다 보면 어느 순간 완성된 나만의 스타일과 마주하게 될 것이다.

자, 그럼 이제 실전에 들어가 보자.

우선 가장 기본적으로 갖춰야 할 실력은 드로잉이다. 그리고 드로잉의 기본은 인체이다. 따라서 인체 구조에 대해 정확하게 이해하기 위해, 꾸준히 드로잉 연습을 해야 한다. 처음에는 큰 골격을 중심으로 연습을 시작하되, 점차 세부적인 부분으로 나아가 인체 드로잉을 마스터할 수 있을 때까지 드로잉 연습에 몰두하자.
기본적인 인체 드로잉을 할 수 있고, 어느 정도 형태를 잡아낼 수 있는 능력을 갖췄다면 이제 일러스트레이터들이 흔히 하는 드로잉 연습 방법인 잡지 떼기를 할 차례이다.. 먼저 잡지 한 권과 연습장 한 권을 준비한다. 그리고 잡지의 첫 장부터 마지막 장까지 연습장에 무조건 따라 그려 본다. 잡지의 마지막 장을 그릴 때쯤이면 좀 더 자유롭게 선을 쓰고 있는 자신의 모습을 발견할 수 있을 것이다.
(사실 기초가 가장 중요하긴 하지만, 나는 죽어도 기초 드로잉 공부가 재미없다, 하기 싫다는 사람들은 생략해도 무방하다. 중요한 과정이긴 하지만 인물 중심의 일러스트를 중심으로 할 게 아니라면, 차후에 시작해도 상관없다. 기초가 탄탄하면 그만큼 더 다양한 작업들을 할 수 있기 때문에 처음부터 시작하는 것이 좋긴 하지만 그렇다고 필수 사항은 아니기 때문이다.)

이제 본격적으로 스타일을 찾아보도록 하자.

종이 한 장과 가장 자신이 편안하게 생각하는 (혹은 자신이 가장 자주 사용하는) 드로잉 도구를 꺼내 놓는다. 어떤 주제라도 좋다. 바로 앞에 놓인 커피 잔을 그려도 상관없다. 잘 그리려고 애쓰지 말고, 편안하게 그림을 그리도록 한다. 이 때, 채색 과정은 제외한다.
그림이 완성되었다면, 완성된 작품을 바라보자. 이것이 바로 여러분 안에 내재된 순수한 기본 스타일이다. 이제 기본 스타일에 몇 가지 양념을 더 쳐 보기로 한다. 이제 바로 다음에 할 일은, 좋아하는 작가들의 사진이나 그림을 조사하는 것이다. 자신이 좋아하는, 혹은 추구하는 작가들의 작품들을 5가지 카테고리로 나누어서 조사를 진행해 보도록 하자.

1. 구도
2. 색감
3. 형태
4. medium (작업 방식)
5. 나의 그림 (조금 전에 그린 그림)

조사가 끝났다면, 자료들을 가지고 잘 버무려서 나만의 맛을 내 보도록 하자. 먼저 차례를 정해야 한다. 5번에는 내가 그린, 그 누구도 따라 그릴 수 없는 나만의 작품이 있다. 이 그림에 자료들을 차례대로 적용시켜 본다. 1번의 구도를, 2번의 색감을, 3번의 형태를, 4번의 작업 방식을 5번 그림에 각각 접목시키는 방식으로 말이다. 이렇게 나의 작품과 다른 작가의 작품을 혼합시키다 보면, 어느 정도는 모작의 형태를 띠겠지만 그럼에도 굉장히 새로운 결과물을 볼 수 있을 것이다. 이 과정을 반복하면서, 같은 콘셉트로 10장의 그림을 그려 보자. 이 연습은 나만의 스타일을 만들어 가는 과정의 첫 걸음이 되어 줄 것이다.

이 과정에서는, 최대한 폭을 좁혀 분명한 콘셉트를 갖고 작업을 시작하는 것이 좋다. 동양적이거나, 서양적이거나, 우아하거나, 귀엽거나, 세련되거나, 팝-아트 느낌이거나 혹은 출판 쪽의 스타일을 표현하고자 했다든가, 광고의 느낌을 내고 싶었다든가 등의 가이드 라인을 대략이라도 잡고 시작해 보자. 시간이 단축될 뿐만 아니라, 정해진 한 가지 분야에 확실히 자리매김할 수 있는 발판이 되어줄 것이다.

여기서 중요한 포인트는 모든 스타일에 욕심을 내지 말아야 한다는 것이다. 대부분의 사람들이 처음 자신의 스타일을 찾기 시작할 때 주로 하는 실수 중 하나다. 이 스타일은 좋아 보이고, 저 스타일도 마음에 들고, 어서 돈도 벌고 싶고, 유명해지고도 싶다는 고민만 하면서 시간을 보내다 보면 결국 마음만 조급해져서, 스타일도 놓치고, 그림의 완성도도 떨어지게 된다. 조바심을 내지 말고. 한 가지 스타일을 정해 꾸준히 밀고 나가야 한다. 이것저것 어설프게 하는 작가보다는, 한 분야를 전문적으로 할 줄 아는 작가로 성장하는 것에 초점을 맞추는 것이 중요하다. 다른 스타일은 차후에도 얼마든지 시도해 볼 수 있기 때문이다.

단기간에 스타일을 잡는 방법을 알아보긴 했지만, 이건 어디까지나 시작의 일부에 불과하다는 걸 잊지 말자.

tutorial

사용프로그램　　Photoshop CS4

part 1　동양 스타일 비주얼 아트

TITLE

화양연화

너와의 이별이 인생의 가장 아름다운 순간이더라. 너의 피는 봄날의 만개한 꽃이 되었다.

나는 여인들의 희로애락을 작품에 주로 담는다. 이번 작품에서도 이별한 여인의 감정을 표현하고자 했다. 늦봄에서 초여름으로 가는 길목에 만개한 꽃들 사이로, 방금 살인을 하고 온 듯한 여인이 무표정으로 앉아 있다. 사슴과 원색을 띤 양귀비는 여인의 감정을 숨기는 역할을 한다. 보통 표현하고자 하는 감정에 따라, 전체적인 분위기나 색을 결정하는 편인데, 이번 작업에서도 전체적인 분위기는 어둡게 가되, 만개된 붉은 꽃을 집어넣어서, 감정의 아이러니를 표현해 보려고 했다. 평소에 붉은 양귀비꽃을 자주 사용하는 편인데, 이는 치명적인 유혹이라는 꽃말이 매력적이기도 하고, 꽃잎의 붉은 색이 여인의 감정을 잘 숨겨주기 때문이다.

내 작품의 트레이드마크는 여인들의 흩날리는 긴 머리카락이다. 머리카락은 작품 속에서 여인의 감정을 대변하는 역할을 한다. 그림 속에 바람을 넣는 이유는, 개인적으로 바람을 매우 좋아하기 때문이기도 하지만, 여인들에게 생명과 감정을 불어 넣고 싶었기 때문이다. 하지만 기존 작품들과 다르게 이 작품에선, 여인의 긴 머리카락은 흩날리지 않고 무겁게 가라앉아 있는 상태다. 실연을 겪어 여인의 감정이 무겁게 가라앉은 상태이기 때문이다.

기본 작업은 일본 우키요에의 스타일이다. 우키요에의 작품과 조선시대 풍속화에 관심이 많아 자주 찾아보는 편인데, 이는 작품에도 영향을 미친다. 특히 최근에 만든 작품들을 보면, 라인은 유독 강조되는 반면 입체감이나 명암

Creative Artworks - 4   Illustration Style Book : part_01

등은 종종 생략되어 있는 걸 볼 수 있다. 이번 작품 또한 우키요에 스타일이긴 하지만, 한국 전통 느낌의 오방색 위주의 채색으로 마무리해 봤다.
각 툴마다 장단점이 있지만, 수작업 스타일을 지향하는 내게 포토샵은 좋은 작업 도구가 되어 준다. 보통 배경이나 세밀한 터치는 수작업으로 진행하는 편이지만, 이번 작품은 처음부터 끝까지 포토샵 CS4만 이용해 보았다. 이번 튜토리얼에서는, 평범한 그림을 간단한 텍스처와 브러시를 사용하여 색다른 분위기의 작품으로 바꿔 볼 예정이다. 기초화장만 한 얼굴 위에 메이크업으로 드라마틱한 효과를 주는 과정이라고 하면 조금 더 이해가 쉬울지도 모르겠다. 자 그럼 시작해 보자.

DATA 스케치.jpg, 텍스춰1.jpg, 텍스춰2.jpg, 완성1.jpg, 중간완성.jpg, 최종완성.jpg, 마무리작업.psd, 화양연화.pds

Step. 1   스케치 시작하기

1.   스케치를 먼저 시작해 보도록 하자. 나는 평소 먼저 손으로 밑그림을 그린 뒤 스캔하여 컴퓨터에서 파일을 불러온 후 라인을 정리하고 채색을 진행하는 순서로 작업을 진행한다. 이번에도 그렇게 시작해 보도록 하겠다. 포토샵을 실행시키고 File〉open을 한 후 밑그림이 될 '스케치.jpg'를 연다.

2. 파일이 열렸으면 일단 '스케치.jpg'의 투명도를 낮춘다. [라인]이라는 새 레이어를 추가한 뒤, 브러시 창을 열어 Hard Round 3 pixels 브러시를 선택한다.

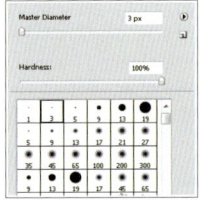

3. [라인]은 [스케치] 아래에 배치한다. 그리고 [스케치]가 잘 보이도록 블렌딩 모드를 Multiply 모드로 바꾼 후 Opacity 값을 40%로 지정한다.

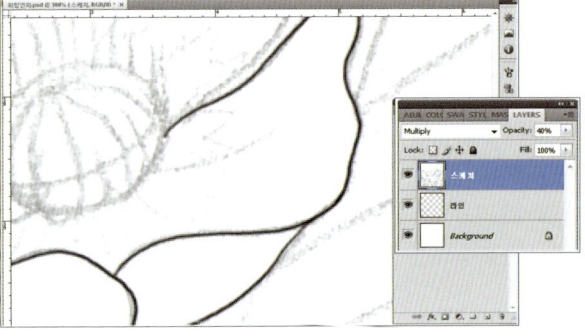

4. 검정색을 선택한 후 스케치 선을 따라 라인을 그린다. 포토샵에서 라인 작업을 할 때는 확대해 놓고 하는 편이 좋다.

5. 스케치 라인을 완성했다.

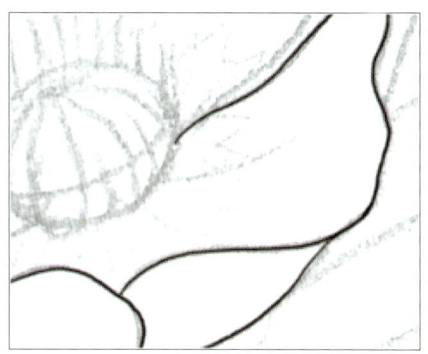

Step. 2 채색하기

1. 채색을 시작해 보도록 하자. 이젠 [스케치]는 꺼 주고, [칼라구상]이라는 새 레이어를 만든다. 본격적인 채색에 들어가기 전에 전체적인 채색에 대해 충분히 생각해 보자. 전체적인 채색 구상을 하고 시작하면, 중간에 채색 때문에 시간이 지체되거나 고민하는 일이 적어진다. 물론, 작업 상황에 따라, 처음에 예상했던 채색 패턴에서 벗어나는 경우도 있긴 하지만 말이다. 나는 평소에 보색을 주로 사용한다. 배경색이 강하면 오브젝트들의 색을 약하게 넣고 반대로 오브젝트들의 색이 강하면 배경색을 약하게 넣어 주는 방법이다. 보통은 붉은 톤과 푸른 톤의 대비를 사용해서, 그림에 힘을 많이 실어주는 편이다. 채색 부분은 드로잉만큼이나 어려운 파트이기도 하지만 다양한 색상들을 많이 사용하다 보면 본인 그림과 잘 맞는 색 스타일과 채색 방법을 찾을 수 있을 것이다. 먼저 어떤 색을 사용할 건지 대충 결정하고, 각 요소마다 툭툭 브러시로 찍어 주도록 하자.

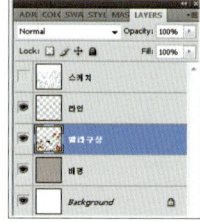

2. 브러시 창을 열고 Hard Round 13~15 pixels 브러시를 사용하여 꽃부터 채색을 시작한다. (특별한 경우를 제외하고는 개인적으로 가장 많이 사용하는 브러시이다.)

3. 꽃잎의 채색을 끝낸다.

4. 꽃의 디테일한 묘사에 들어간다. 꽃술 부분의 꽃잎은 하얗게 채색하고, 꽃술 등도 채색해 준다.

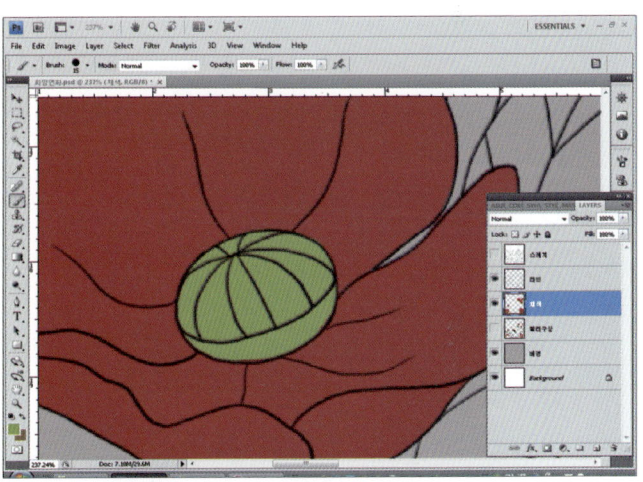

5. 꽃술 쪽의 흰 꽃잎 부분을, Smudge 툴을 사용하여 50% 정도의 강도로 문질러 준다. 그러면 자연스러운 번짐 효과를 낼 수 있다.

6. Hard Round 4 pixels 브러시로 꽃술의 세부 요소들을 촘촘히 그려준다. 붉은색 꽃잎과 강하게 대비되도록, 검은색을 사용한다.

7. 꽃술의 머리 부분이다. Hard Round 24 pixels 브러시를 사용하여 검은색으로 꽃술 머리 부분을 툭 찍어 준다. 이것만으로도, 꽃들이 풍성해 보이는 효과를 줄 수 있다.

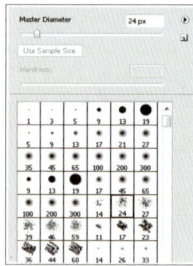

8. 구상했던 색 패턴에 맞추어, 잎사귀들도 채색해 준다. 이런 식물 종류를 채색할 경우에는 의도적인 경우를 제외하고는 풀마다 색을 조금씩 다르게 해주는 것이 좋다. 좀 더 잎사귀들이 밀도 있어 보이게 하기 위해서이다. 각기 다른 녹색 톤으로 잎사귀들을 색칠해 보자. 민들레도 채색한다. 브러시 창을 열고, 아까 보다 조금 더 큰 사이즈의 Fuzzball 브러시로 자연스럽게 툭, 툭 찍어준다.

9. 붉은 계열의 꽃들 사이에, 파란 꽃을 포인트로 넣어 준다. 작은 크기의 꽃을 넣어 큰 크기의 양귀비와 대조될 수 있도록 한다. 그리고 푸른 꽃에는 부분적으로 노란색을 사용하여 전체 색감을 조화롭게 맞춰 준다.

10. 마찬가지로 정해진 패턴에 맞추어 사슴을 채색하기 시작한다.

11. 이제 여인 채색에 들어간다. 특히 이 과정에서는 스케치에서 생략했던 세부적인 묘사를 해야 한다. 레이스 부분은 기존 레이스 사진들이나 패턴 등을 참고하여 세밀하게 그리자. 이런 부분들은 작아서 잘 안 보일 거라 생각하고 대충 넘어가는 경우가 많은데, 잘 안 보일 거라고 생각하는 부분까지 디테일하게 묘사할수록 전체적인 그림 완성도가 높아진다는 사실을 항상 기억해야 한다. Hard Round 3 pixels 브러시로 섬세하게 레이스 라인을 그려 준다.

 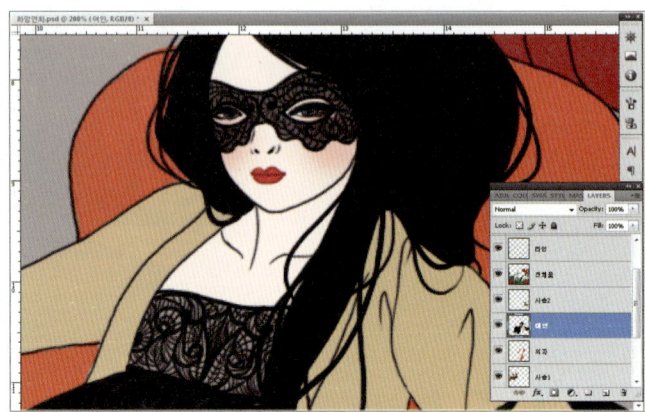

12. 여인의 겉옷과 치마에 전통 문양 패턴을 넣어 준다. 직접 그려 넣어도 되고 패턴이나 브러시를 이용해도 무방하다.

13. 의자에도 패턴을 입힌다.

14. 이제 총을 들고 있는 왼손에 피가 흐르는 부분만 묘사하면 기본적인 전체 채색은 마무리된다. 피를 묘사할 땐 적당히 투명도를 조절해 가면서 툭, 툭 눌러 주는 느낌으로 채색한다.

15. 배경 나무 부분을 채색해 준다. 마찬가지로 검은색의 라인을 먼저 그려 넣는다.

16. 그리고 어두운 갈색 톤으로 채워 넣어 준다. 붉은 색을 사용하여 나무에 걸린 실을 표현한다.

17. 나무에 음산함을 주기 위해 푸른 톤을 넣어 보도록 하자. 새 레이어를 만들고 푸른색으로 나무 주위를 살짝살짝 눌러 준다. 레이어 블렌딩 모드는 Color Dodge 모드로 지정한다.

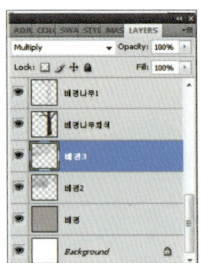

Step. 3

마무리하기

기본 채색이 거의 마무리되었다. 이대로 작업을 끝내도 상관없지만, 작품에 깊이를 더하기 위해 나는 일종의 색조 메이크업 과정을 더 해보려 한다. 텍스처와 브러시를 활용해서 말이다

1. Grunge 브러시로, 투명도를 조절하면서 배경을 도장을 찍듯, 톡, 톡 찍는다. 그리고 레이어 블렌딩 모드는 Color 모드로 바꿔 준다.

2. 새 레이어를 만든 후에, 아까와 같은 방법으로 푸른색을 사용해서 배경 부분을 톡, 톡 찍어 준 후, 레이어 블렌딩 모드를 Multiply 모드로 바꾼다.

3. 준비된 텍스처 파일, '텍스쳐.jpg'을 불러 와서 다른 레이어들의 맨 앞에 둔다.

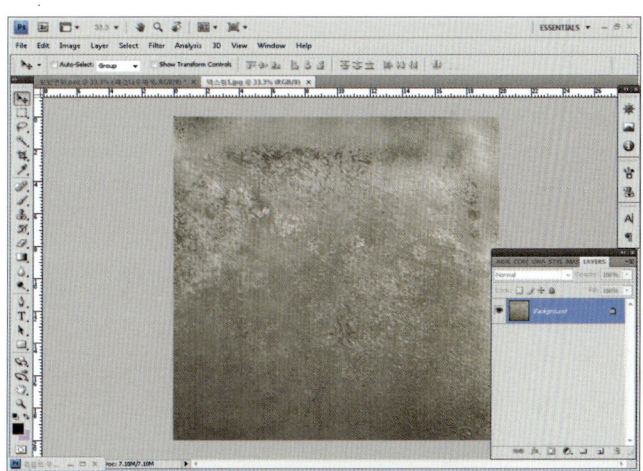

4. 불러온 텍스처 파일의 블렌딩 모드를 Softlight 모드로 바꿔서, 이 텍스처의 느낌을 기존 그림 위에 얇게 씌워 보자.

37

5. 이제 배경 마무리를 할 차례이다. '텍스쳐2.jpg' 파일을 불러온다. 나는 먹 느낌을 내기 위해 변형을 조금 가해보았지만, 이 상태에서 바로 넘어가거나, 흑백으로 한 번 바꾼 후 넘어가도 무방하다. 이미지를 불러 놓고 Image〉Adjustment〉Thershold로 가서 레벨 값을 조정한다.

6. 까맣게 변한 텍스처 파일의 블렌딩 모드를 Softlihgt 모드로 바꾼다. 오브젝트를 강렬한 색으로 표현한 것과 대조적으로, 배경은 먹 느낌을 살짝 가미해 표현해 봤다. 두 개의 각기 다른 이미지가 충돌하면서, 동양적이면서도 모던한 느낌을 구현해 냈다. 이 때, 먹 배경은 직접 만들어도 무방하다. 나는 보통 텍스처를 직접 만들어 사용하는 편이지만 여기서는 프리 텍스처(출처_http://yehza.tistory.com/163)를 사용했다.

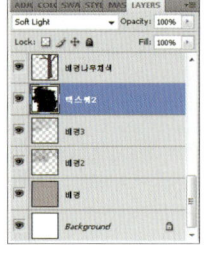

7. 이제 최종 리-터치 과정에 들어가 보자. 완성된 이미지를 완성1.jpg로 일단 저장한다. 그 후 다시 불러오기를 한다. 열린 '완성1.jpg' 파일을 다른 레이어들의 맨 위에 올려놓고 지우개 툴을 이용해서 군데군데를 지워 준다. 그 후에 Images>Adjustments>Color barance에 들어가서, 현재 색상과 정반대되는 느낌으로 조정해 본다. (나는 블루 톤으로 조정해 보았다.) 그리고 블렌딩 모드를 Softlight 모드로 바꾸고 투명도를 50% 정도로 낮춘다.

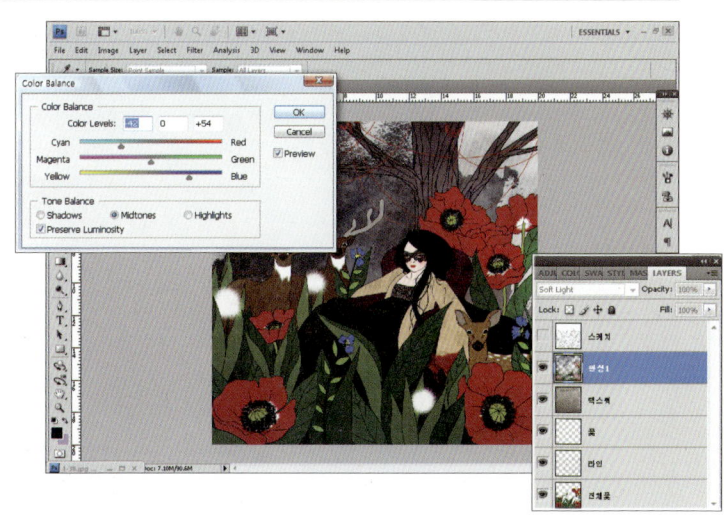

8. Filter>Sharpen>Sharpen more에 들어가서 완성 이미지를 필터링해 주면 이미지들이 훨씬 더 선명해진다. 보통 디지털 작업을 할 때, 컴퓨터의 성능이 따라주지 않아서 대형 작업을 못하는 경우가 종종 있는데, 이 필터링 기법을 사용하면 작품을 캔버스에 출력할 때 더 선명한 이미지를 얻을 수 있고, 때때로 깨진 이미지를 보완해 주기도 한다.

Summary

본 예제를 간단히 요약해 보자. 사실 이 예제는 누구나 많이 사용하는, 흔한 기법을 사용한 것이다. 처음 디지털 작업을 시작하거나 처음 일러스트 입문을 할 때, 기초 공사 없이 텍스처나 브러시를 무분별하게 사용하게 되면, 그림의 완성도가 떨어지게 된다. 무엇이든 적절한 곳에 잘 사용하면 약이 되지만, 특정 기술을 과용하거나, 오용하게 되면 독이 되기 마련이니 말이다. 따라서 자신의 그림과, 부수적인 기법들이 얼마나 잘 어울리는지 충분히 고민해 볼 필요가 있다. 그리고 만약 잘 어울린다면 이 기법들을 어떻게 사용하는 것이 좋을지에 대해서도 충분히 연구해 봐야 한다.

국내나 해외에 존재하는, 텍스처와 브러시를 제공해 주는 프리 사이트들을 잘 활용해 보자. 작업에 큰 도움이 될 것이다. 그리고 좀 더 독특한, 나만의 작업을 하고 싶으신 분들은 직접 텍스처나 브러시를 만들어 보는 것도 좋을 것이다. 가령 A4 용지에 물감을 이용한 번짐 효과를 만들거나, 먹다 남은 커피를 분무기에 넣고 종이에 뿌려 낡은 종이 효과를 만들 수 있을 것이다. 또, 한지나 화선지에 한국화 물감이나 수채화 물감을 사용하여 멋진 배경 이미지를 만들어 낼 수도 있겠다. 게다가 길을 다니면서 접할 수 있는 거친 벽, 바닥, 콘크리트, 하늘 등의 이미지들 또한 작품에 활용이 가능할 것이다. 우리 주변에는 이렇게 텍스처 소스로 사용할 수 있는 것이 무궁무진하다는 사실을 기억하자.

시간이 날 때마다 이런 소스들을 하나씩 만들어 보자. 분명 이것들은 작품을 더욱 풍부하게 해 줄 수 있는 당신만의 비밀 소스가 되어 줄 것이다

Creative Artworks - 4

Illustration Style Book

플래시를

활용한

패션 일러스트

bibi1004 part **2**

Creative Artworks - 4　　Illustration Style Book : part_02

서윤희 비비천사

프리랜스 디자이너
http://www.bibi1004.com

독일 캐릭터 디자인 북 PICTOPLASMA-1 초대작가
바르셀로나 "1X1. Matrix Based Graphics & Illustration"
(www.vasava.es/1x1/) 초대작가
디자인정글 아카데미 캐릭터 일러스트 워크숍 강의
입필 미래그림연구소 스타일 일러스트 강의

interview
part

밀레니엄 일러스트

우리에게 비비천사라는 이름으로 친숙한 일러스트레이터 서윤희는 일러스트레이션 및 디자인 분야에서 프리랜서로 10년 이상 활동해 왔다. 그는 일러스트레이션 분야가 수작업 중심 경향에서 디지털 중심 경향으로 변화하는 과정을 몸소 체험했다고 힘주어 말한다. "제가 학교를 다닐 땐, 컴퓨터로 그림을 그린다는 것은 상상도 못했어요. 종이에 물감으로 그림을 그리는 것이 기본이었죠. 컴퓨터는 도면을 그릴 때나 사용하는 도구라고 생각했어요."
한국에 인터넷이 보급되기 시작하면서, 그는 해외 일러스트레이션 작품들을 쉽게 접할 수 있었고 자연스레 관심을 기울이게 되었다. "제가 대학교를 졸업할 즈음에, 그러니까 1998년도 전후가 되겠네요. 그 무렵 인터넷이 빠른 속도로 보급되기 시작했습니다. 이 덕분에 전 다양한 해외 작품들을 온라인에서 접할 수 있었고, 많은 해외 작가들이 디지털 툴을 이용해 그림을 그리고 있다는 사실을 알게 되었어요."
하지만 서작가가 그 당시 디지털 툴을 배우기로 결정한 이유는, 해외 작가들처럼 디지털 툴로 작품을 만들고 싶어서가 아니라, 단지 그 지식이 앞으로의 사회생활에 도움이 될 것 같아서였다. "그 땐 한국에 그래픽 프로그램을 다룰 줄 아는 디자이너가 많지 않았어요. 전 디지털 툴을 하루빨리 배워 두면 취업에 도움이 될 것 같았죠. 그래서 포토샵과 일러스트레이터를 공부하기 시작했습니다. 또, 그리고 싶은 일러스트 스타일의 범위가 넓어지면서 페인터와 플래시도 배우게 되었죠." 그는 이때 배웠던 페인터와 플래시, 포토샵과 일러스트레이터를 현재에도 작업의 기초로 사용하고 있다고 밝혔다.

만화에서 일러스트레이션으로

디지털 툴로 디자인 한 패셔너블한 캐릭터는 서윤희의 대표 장르이지만 처음부터 이런 스타일로 작업을 시작한 건 아니었다. 1990년대 학창 시절을 보낸 세대의 대부분이 그렇겠지만, 그 또한 만화 캐릭터에 많은 영향을 받았다. "어렸을 때부터 순정 만화를 좋아했고 또 많이 봐 왔기 때문에, 순정 만화의 주인공들이 흔히 갖고 있는 8, 9등신 신체 비율이 제 캐릭터 작품에 투영된 것 같습니다."
"2003년 만화 잡지 ≪윙크≫로부터 이미지 컷을 의뢰 받은 적이 있었어요. 이걸 계기로 전 날씬한 여성들을 그리기 시작했는데, 어느 날 제 스타일이 마음에 들었는지, 라네즈Laneige 측에서 라네즈걸LaneigeGirl 일러스트 의뢰를 해 왔습니다. 그리고 제가 작업한 라네즈걸 일러스트레이션이 유명해지기 시작하면서, 라네즈걸 스타일의 작품을 창작하는 일러스트레이터로서 제 이름이 서서히 알려지게 되었죠." 이 사건을 통해 그는 자신만의 스타일을 더 확고하게 굳혔다고 말한다.
이후 서작가는 아바타 디자이너로도 활동을 시작했는데, 아바타를 디자인하기 위해서는 패션 트렌드를 필수적으로 숙지하고 있어야 했다. 따라서 끊임없이 패션에 대한 정보와 최신 뉴스들을 찾아보고, 또

Creative Artworks - 4   Illustration Style Book : part_02

플래시를 활용한 패션 일러스트 　　　 서윤희 　　　 interview

공부하는 과정이 반복되었다. 자연스럽게 패션, 그리고 의상에 대해 조예가 깊어졌고, 이는 작품에도 반영되기 시작했다.

이런 일련의 과정을 통해 그만의 색깔, 그만의 스타일을 꾸준히 구축해 온 그는 화려하고 장식이 많은 기존 작품과는 다른 방식으로 그림을 그리고 싶다고 덧붙였다. "전 다양한 스타일의 그림을 그리는 것을 좋아하는데, 최근에는 심플한 스타일의 일러스트도 많이 그리고 있어요. 이런 스타일의 작품들도 기존 스타일만큼 많이 알려졌으면 좋겠어요."

일러스트와 그래픽 툴

서작가의 작품 대부분은 패션이나 의상과 관련되어 있다. 그만큼 패션 일러스트레이션 작업에 능숙하다.. 패션 일러스트레이션 작업을 주로 맡다 보니, 그만의 노하우가 생겼다. 그 중 가장 대표적인 방법을 소개한다. 바로 플래시로 인형을 만들어 두고 포토샵이나 일러스트레이터로 그림 작업을 하는 것이다. 이것은 다양한 옷을 마네킹에 적용시켜 봐야 했던 경험에서 우러나온 것이다. "작가들은 자신이 어떤 일러스트레이션을 만들고 싶은지 정확하게 알고 있어야 합니다. 그래야 그

목적에 가장 부합하는 디지털 툴을 선택할 수 있고, 또 효과적으로 그 툴을 활용할 수 있기 때문이죠. 가령 깔끔하고 정리된 느낌의 일러스트레이션을 만들고 싶다면, 일러스트레이터나 플래시와 같은 벡터 방식의 그래픽 프로그램을 배우면 돼요. 그리고 수작업 스타일의 일러스트레이션이라면 페인터나 포토샵과 같은 비트맵 방식의 프로그램을 배우면 되고요. 저 같은 경우에는 두 가지 느낌을 다 표현하고 싶어서 플래시에서 깔끔한 일러스트를 만들고, 포토샵에서 질감을 더하는 방식으로 작업하고 있어요."

Inspiration & Artwork

서윤희는 개성이 강하지만 굉장히 자연스럽고 친근한 캐릭터를 연출하는 데에 능숙하다. 이는 그가 일상생활 속에서 작업 테마와 소재에 대한 영감을 받는 것과 관련이 깊다. "개인적인 그림을 그릴 때엔 일상생활에서 보고 느낀 것, 혹은 주변에 있는 사람이나 사물들을 그림으로 표현하는 경우가 많아요. 하지만 클라이언트에게 작업을 의뢰 받을 때에는 조금 다른 작업 방식이 요구되죠. 의뢰인의 요구 사항이나 그림의 용도에 따라 그에 맞는 표현 스타일을 연구해야 하기 때문에, 작업마다 각각 다른 방식으로 영감을 얻기 마련이죠. 하지만 일반적으로 웹 서핑 중 찾은 사진 자료들이나, 여행을 다니면서 직접 찍었던 사진들이 주로 영감으로 작용하는 편이에요."
그는 일러스트레이션을 하기 위한 가장 중요한 요소로 [1]아름다움을 볼 줄 아는 감각, [2]크리에이티브한 재치, 그리고 [3]드로잉 실력을 꼽는다. 하지만, 프리랜스 일러스트레이터라면, 밤샘작업을 할 수 있는 끈기와 마감일을 칼 같이 지키는 성실함이 추가적으로 필요하다고 조언하고 있다. 일러스트레이션계에서 그림을 잘 그린다는 건 가장 1차원적인, 가장 기본이 되는 요소에 불과하기 때문이다. "일러스트레이터라는 직업이 제 3자의 입장에서 바라보았을 땐 마냥 멋지게만 보일 수도 있겠죠. 하지만 사실 어떤 일이든 그것이 직업이 되고 나면 힘들기 마련이에요. 설령 아무리 좋아하는 일을 한다고 해도 분명히 스트레스가 있을 수밖에 없고, 또 언젠가는 힘든 시기도 반드시 찾아오고야 마니까요. 그런 일들에 대해 각오를 단단히 하신 후에, 일러스트레이션 세계로 들어오시길 바랄게요.

이왕 선택한 일이니까 즐거운 마음으로 신나게 해내셨으면 좋겠어요."
현재 아바타 디자인과 일러스트레이션 강의를 진행하며, 인형극 캐릭터, 동화책, 아이패드 애플리케이션 등의 작업까지 병행하고 있는 서윤희의 다음 행보를 기대해 보자.

tutorial

| 사용프로그램 | Flash CS4 |
| | Photoshop CS4 |

part 2 플래시를 이용한 패션 일러스트

TITLE

안녕? 나의 티롤

작업하느라 장시간 컴퓨터 앞에 엉덩이를 붙이고 앉아 있다 보면, 어디로든 떠나가고 싶은 생각이 간절하다. 하지만 일정을 보아하니, 앞으로 몇 달 간은 태블릿과 친하게 지내야 할 것 같다. 책상 옆에 놓인 여행 가방이 계속 나를 유혹하지만, 꾹 참고 작업에 매진해야 할 때이다. 이럴 때 난 그림으로 대리만족을 하곤 한다. 어디론가 살랑살랑 여행을 떠날 준비를 한 캐릭터를 그려 보는 것이다. 사랑스러운 초록 원피스도 입히고, 한 손에 여행 가방도 쥐어 준다. 이런 작업을 하다 보면 마치 내가 여행 준비를 하는 것처럼 가슴이 설렌다.

나는 일러스트레이션을 그릴 때 플래시를 사용한다. 플래시에서는 최종 파일을 AI(일러스트레이터)로 변환할 수도 있고 JPG, PNG등 포토샵 파일로 변환할 수도 있기 때문이다. 게다가 필요하다면 음악을 넣은 플래시 애니메이션으로 만들 수도 있고 간단한 GIF애니메이션도 만들 수 있다. 그리고 툴을 다루는 법도 매우 쉽기 때문에 초보자라도 하루 정도만 투자하면 플래시를 잘 다룰 수 있다. 이 책에서는 플래시 CS4 버전으로 작업한 과정을 설명해 놓았지만, 좀 예전 버전인, 플래시 MX2004 버전을 사용하면 좀 더 편리하게 작업할 수 있다. 플래시와 일러스트레이터 간에 Copy & Paste가 가능하기 때문이다.

그런데 플래시로만 일러스트 작업을 하면 그림이 다소 딱딱해진다. 나는 깔끔한 느낌과 따뜻한 느낌을 모두 구현하기 위해, 먼저 플래시에서 작업을 마친 후, 포토샵으로 후반기 작업을 진행했다. 페이퍼 텍스처를 그림에 가미하고, 브러시를 사용해 수작업 느낌을 추가해 보았다.

DATA bibi.png, bibi.psd, bibi_back.png, bibi_paper.jpg, bibi_pattern.jpg, bibi_photo.jpg

Step. 1 그림 그릴 준비하기

1. Timeline 패널에서 레이어 기능만 사용할 것이기 때문에 패널의 크기를 줄여서 작업 화면을 더욱 넓게 확보한다. Timeline 글자가 있는 영역을 잡고 드래그하여 오른쪽 하단으로 끌어 내리면 된다. 그리고 일러스트를 그리는데 필요한 Properties, Color 패널을 제외한 나머지 패널들은 모두 닫아 놓는다.

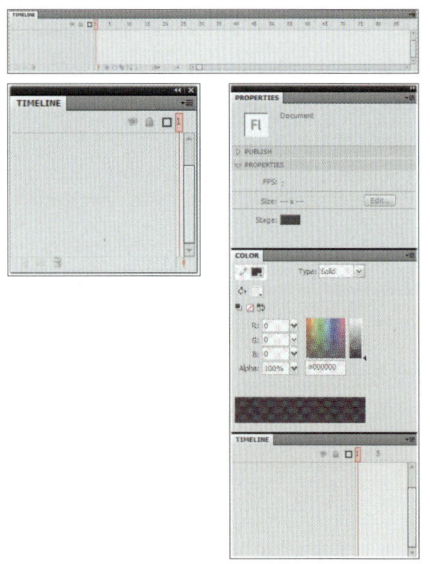

2. 메뉴에서 File>New를 선택하여 새 캔버스를 만든다.

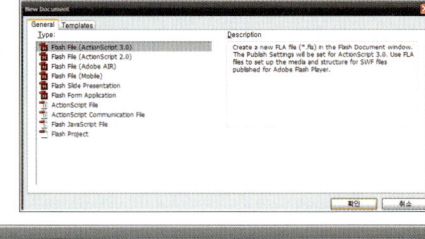

3. 선택 툴을 선택한 뒤, Properties>Edit를 눌러 설정 창이 열리면 Width: 1000px, Height: 1500px로 설정하고 OK버튼을 클릭한다. 종이의 크기를 설정하는 단계이다. 애니메이션을 만들 것이 아니기 때문에 Frame rate는 신경 쓰지 않아도 상관없다.

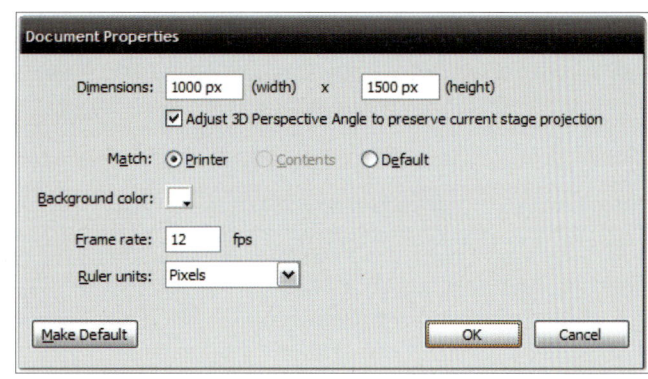

4. 툴 바의 직선 툴과 원형 툴을 이용해, 회색으로 캐릭터의 뼈대를 스케치한다. 머릿속에 구상해 본대로, 머리의 크기, 다리의 길이 등을 조절해 본다. 나는 귀여운 여자아이를 그릴 계획이기 때문에 다리는 미소녀의 로망인 안짱다리로 스케치해 보았다.

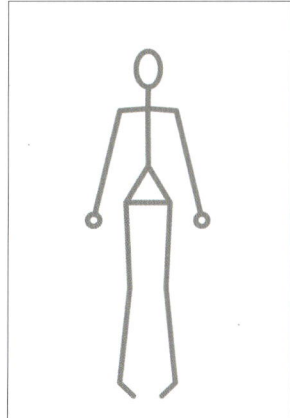

5. Timeline 패널에서 New Layer 아이콘을 클릭하여 [Layer2]를 만들고, [Layer1]은 자물쇠 아이콘을 활성화시켜 잠근다.

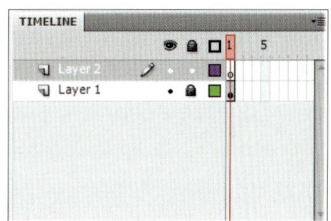

Tip_1 곡선 그리기 연필 툴을 이용하여 원하는 곡선을 한 번에 그리는 것은 전문가에게도 어려운 일이다. 이럴 때는 여러 번 그렸다 지웠다 하는 과정을 반복하는 방법도 있겠지만, 직선 툴을 이용하여 직선을 그린 후, Ctrl키를 눌러 선택 툴로 직선을 당겨서, 원하는 모양의 곡선으로 만들어주는 방법을 사용하면 더 빠르고 편리하게 작업할 수 있다.

53

Step. 2 살 붙이기

1. [Layer2]를 선택하고, 툴 바의 직선 툴을 이용하여 얼굴 형태를 만들어 준다. 정면을 보고 있는 컷이기 때문에 얼굴은 반쪽만 그린다. 선 색은 회색 스케치와 구분할 수 있도록, 붉은 색을 선택해 보았다.

2. 반쪽 얼굴을 선택하고 Ctrl+C키를 눌러 복사한 후, Shift+Ctrl+V키를 누르면 복사한 이미지와 똑같은 위치에 이미지가 붙는다. (이미지 위에 똑같은 이미지가 겹쳐져 붙기 때문에 아무 변화가 없는 것처럼 보일 것이다.) 복사된 이미지가 선택된 상태에서 메뉴의 Modify>Transform>Flip Horizontal을 선택하면 복사했던 얼굴 반쪽의 좌우가 반전된다.

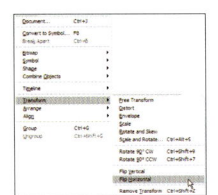 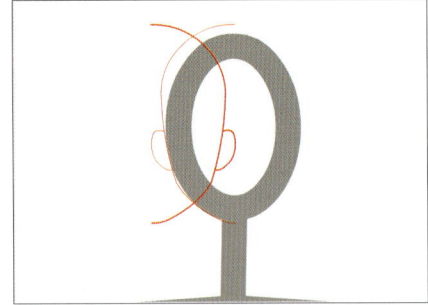

3. 화살표 키로 얼굴 반쪽을 원하는 위치로 이동시켜 얼굴을 완성한다. 선이 겹쳐지는 부분은 선택 툴로 선택해서 삭제한다. 양쪽 얼굴을 한꺼번에 선택하고 Ctrl+G키를 눌러 한 그룹으로 묶는다. (※ 그룹을 해지하려면 Ctrl+B키를 누른다.)

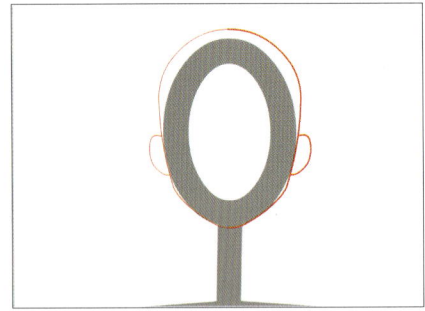 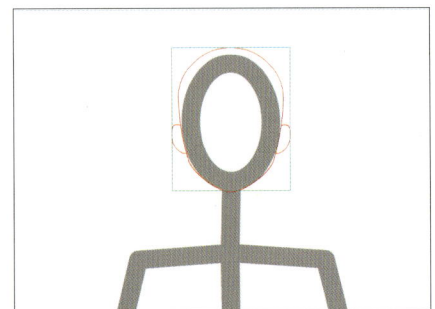

4. 목선과 몸선도 얼굴과 같은 방법을 사용하여, 반만 그리고 나머지 반은 복사해서 붙여 넣는다. 목선, 가슴에서 허리까지 이어지는 선, 엉덩이 선은 각각 다른 그룹으로 묶는다.

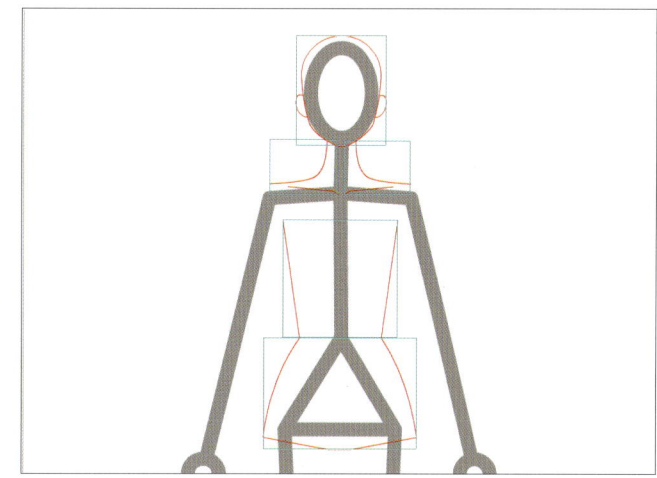

5. 관절은 원형으로 표현한다. 손은 원형과 직선을 이용하여 간단히 형태만 잡아 줍니다. 팔꿈치의 위치는 허리선과 수평이 되도록 하고, 손목의 위치는 사타구니와 수평이 되도록 하면, 자연스러운 인체 비율을 표현할 수 있다.

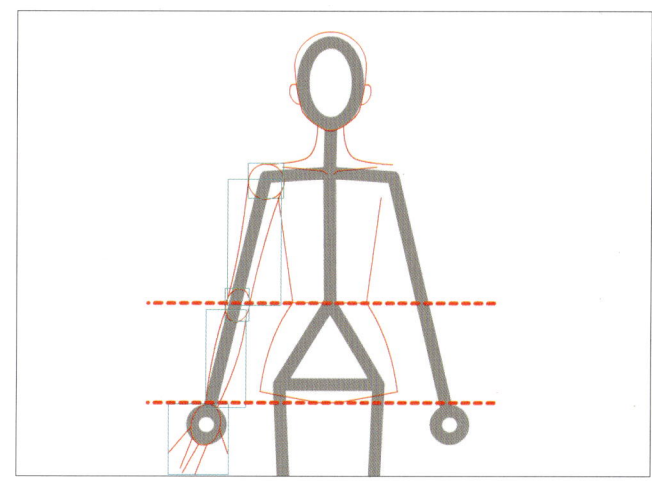

6. 팔과 다리도 반만 그리고, 나머지 반은 복사해서 붙여 넣는다.

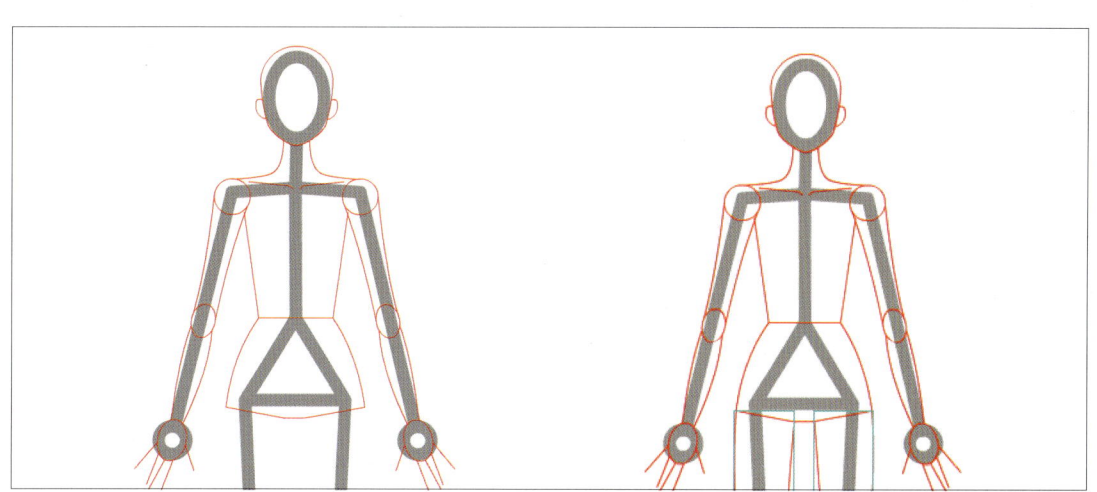

7. [Layer1]은 보이지 않도록 한다. 선은 모두 검은색으로 바꾸었다. (그룹은 아직 풀지 않는다.)

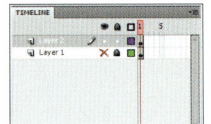

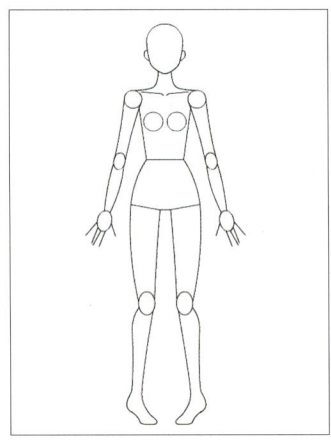

Tip_2 각도 돌리기

1) 그림에서 각도를 돌리고 싶은 부분을 선택하고, 툴 바에서 Free Transform 툴을 선택한다.

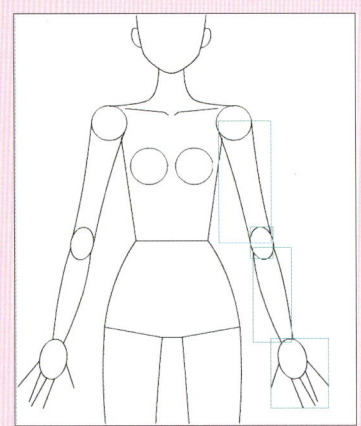
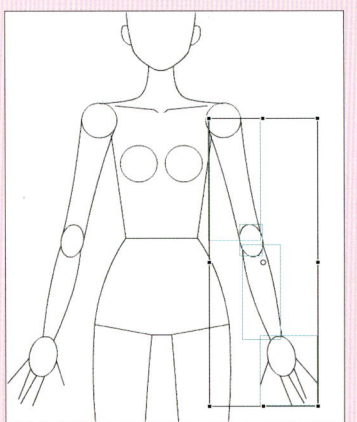

2) 중심점의 위치를 드래그하여 원하는 위치로 옮긴 후 모서리를 드래그하여 각도를 돌린다.

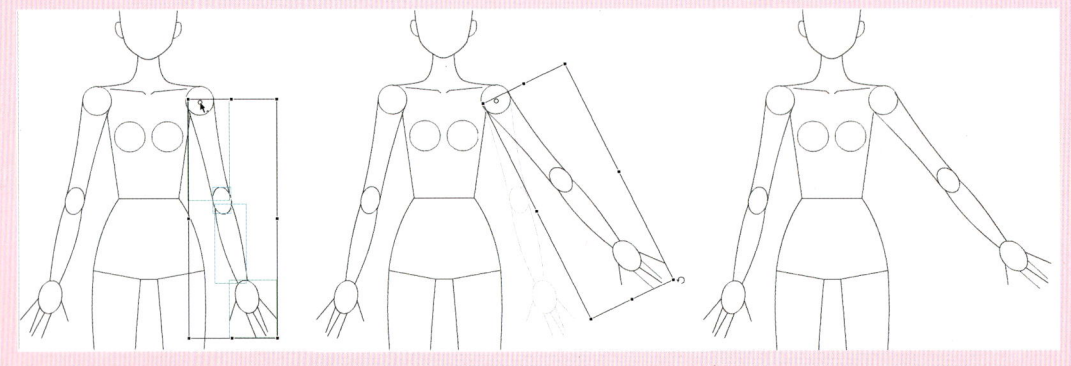

Step. 3 포즈 만들기

1. 관절을 모두 나누어 놓았기 때문에, TIP-2〉를 참고하여 각도를 돌려 원하는 자세를 만들어 본다. 이 단계에서, 관절 인간 파일을 따로 저장해 두면 차후에 다른 그림을 그릴 때에도 유용하게 사용할 수 있다.

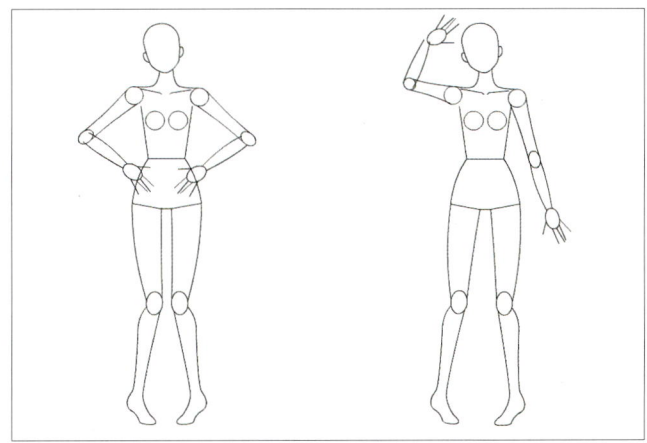

2. 원하는 자세를 만들고 난 후, 머리를 제외한 나머지 이미지를 모두 선택하고 Ctrl+B키를 눌러 그룹을 해제한다.

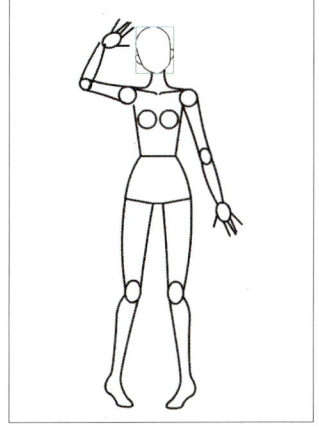 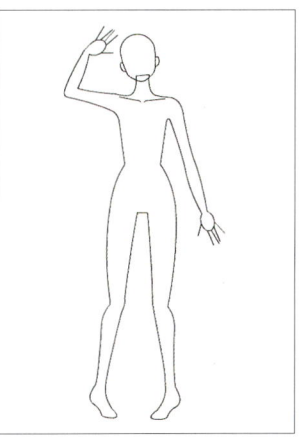

3. 몸의 곡선이 자연스럽게 보이도록 관절이 꺾이는 부분을 다듬는다.

4. 선으로 표현된 손에 살을 붙인다.

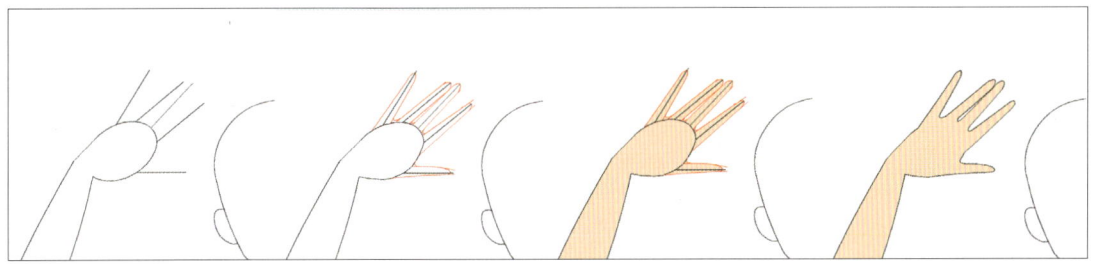

5. 툴 바의 페인트 툴로 피부의 색을 입힌다. (Step2-2 참조.)

6. 이제 이목구비를 손 볼 차례이다. 일단 얼굴을 따로 떼어 직각으로 세운 후, 좌우대칭으로 그린다. (Step2-2 참조.)

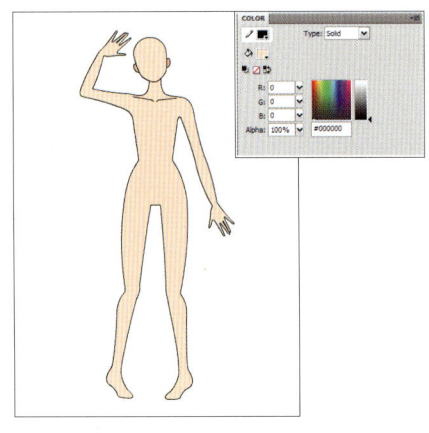

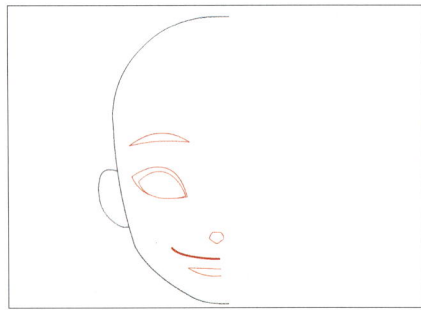

7. 툴 바에서 원형 툴을 선택하고 Fill Color를 없앤 후 선만 이용해서 눈동자를 그린다. 이 때 Object Drawing 아이콘을 활성화 해 놓고 눈동자를 그리면, 눈동자의 위치 수정이 용이해진다.

8. 툴 바의 페인트 툴을 이용하여 색을 채운다. 앞 단계에서 눈동자를 그릴 때 Object Drawing 아이콘을 활성화하고 그렸다면, 반드시 눈동자의 그룹을 풀어준 후에 색을 채워야 한다. (Ctrl+B) 선택 툴로 눈, 코, 입 각각의 테두리 선을 선택하고 Delete키를 눌러 삭제한다.

9. 완성된 얼굴을 몸 위에 얹는다.

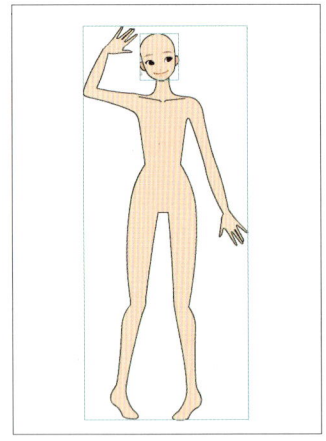
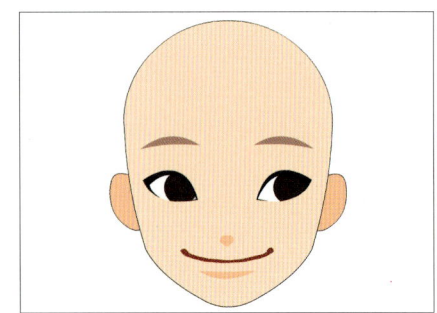

Tip_3
그룹 이미지 위에 다른 그룹 이미지 올리기

그룹이 된 이미지와 그룹이 되지 않은 이미지가 겹쳐지면, 그룹이 된 이미지가 위쪽으로 올라가게 된다. 그래서 먼저 만들어진 그룹 이미지(몸) 위에 다른 이미지(머리카락/의상)를 올리기 위해서는 다음과 같은 방법을 사용해야 한다.

1. 그룹 이미지와 겹치지 않는 빈 공간에, 꼬부랑 선을 그린다.

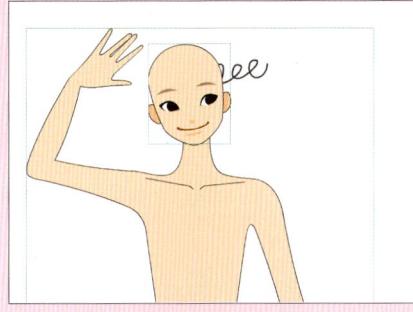

2. 이 꼬부랑 선을 선택한 후 Ctrl+G키를 눌러 그룹으로 만든다.

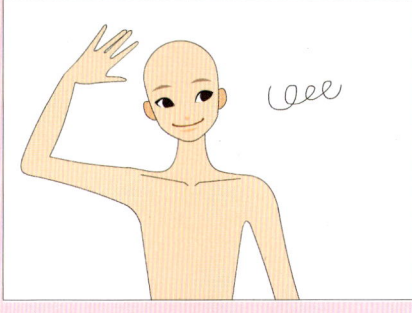

3. 나중에 만든 그룹일수록 위치가 자동으로 맨 위로 올라가는 포토샵의 기본 속성 때문에 꼬부랑 그룹이 맨 위에 올라와 있을 것이다.

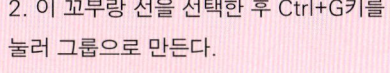

4. 꼬부랑 그룹 이미지를 더블 클릭해서, 그룹 안으로 들어간다.

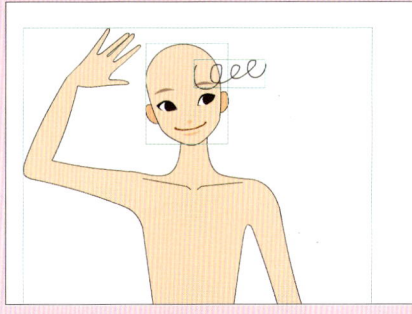

5. 그룹 안에서 꼬부랑 선을 선택하고 Delete키를 눌러 삭제한다. 그러면 아무것도 없는 빈 그룹이 된다.

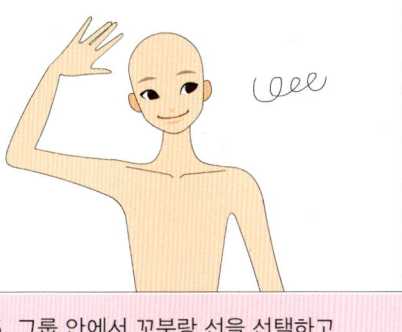

6. 그 상태에서 머리카락을 그린다.

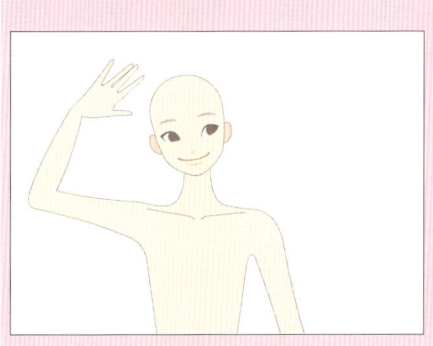

7. 아무 것도 없는 빈 공간을 더블 클릭하여 그룹 밖으로 나온다.

마지막에 만든 그룹이 맨 위로 올라오는 속성을 활용한 방법이다. 내용이 꽤 많아 보이지만 실제로 해보면 매우 쉽게 할 수 있을 것이다.

Step. 4   의상 그리기

1. 의상은 캐릭터의 몸보다 약간이라도 더 크게 그려주어야 자연스럽다.

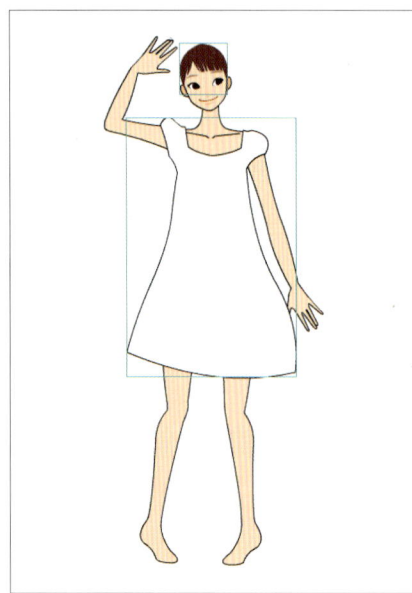

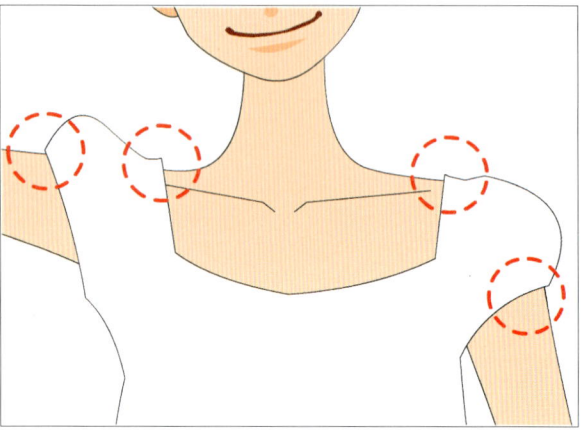

2. 원피스와 어울리는 조끼, 부츠, 가방을 그려 넣는다. 개인적으로 나는 의상을 그릴 때 보면, 내가 평소에 즐겨 입는 스타일이나 입어보고 싶었던 스타일을 주로 그린다.

Tip_4   메뉴>Modify>Arrange>Bring to Front(Ctrl+Shift+↑): 그룹을 맨 앞으로 보냅니다.
메뉴>Modify>Arrange>Send to Back(Ctrl+Shift+↓): 그룹을 맨 뒤로 보냅니다.
메뉴>Modify>Arrange>Bring Forward(Ctrl+↑): 그룹을 한 칸 앞으로 보냅니다.
메뉴>Modify>Arrange>Bring Backward(Ctrl+↓): 그룹을 한 칸 뒤로 보냅니다.

3. 가방을 잡은 손은 따로 그려서 가방 그룹 위에 올리고, 원래 있던 손은 팔목까지만 그대로 두고 모두 지운다.

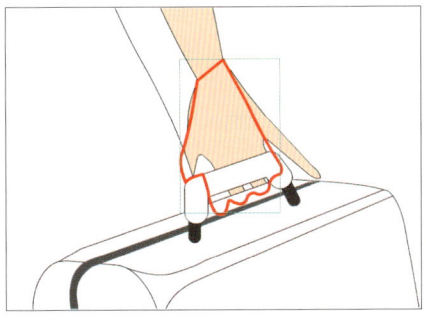
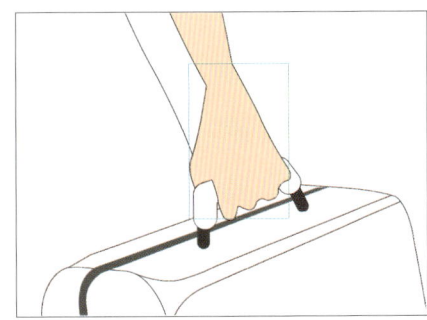

4. 모자를 그리고, 머리카락은 의상 앞으로 나오는 머리카락과 목 뒤로 넘어가는 머리카락으로, 그룹을 나누어 그린다.

Step. 5   채색하기

1. 툴 바에서 페인트 통 툴을 선택하고 각 그룹으로 들어가서 색을 채우기 시작한다. 그리고 테두리 선을 더블 클릭하여 선택한 후, 모두 지운다. 각 그룹으로 들어가려면 원하는 그룹 이미지를 더블 클릭하면 되고, 아무것도 없는 흰 종이 부분을 더블 클릭하면 그룹 밖으로 나올 수 있다.

2. 필요한 부분에 그림자를 넣고, 양말과 7부 티셔츠, 원피스 단추 등의 디테일도 추가한다.

3. 조끼 이미지를 더블 클릭해서 그룹 안으로 들어간다. 선 툴을 이용하여 면을 나누어주고 페인트 툴로 짙은 갈색을 부어준 후 선을 삭제한다.

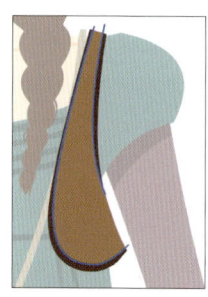

Tip_5
브러시의 활용

컴퓨터에 태블릿이 연결되어 있다면 툴 바의 맨 아래쪽에 붓 자국 같이 생긴 아이콘이 생긴다. 이 아이콘을 활성화하면 컴퓨터가 태블릿 상의 필압을 감지할 수 있게 된다. 타블렛 펜에 힘을 약하게 주면 가는 선을, 힘을 강하게 주면 굵은 선을 그릴 수 있는 것이다. 이 기능을 활용해서 자연스럽고 손맛 나는 붓 터치를 표현해 보자.

4. 브러시 툴을 선택하고 툴 바 아래쪽에 있는 Brush Mode를 Paint Selection으로 설정하면 선택 툴로 선택한 면에만 그림이 그려진다. 연한 갈색 부분을 선택 툴로 선택하고 브러시 툴의 필압을 활용하여 조끼의 스티치를 표현한다.

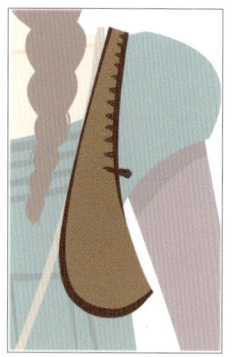

5. 원피스 이미지의 그룹을 더블 클릭하여 그룹 안으로 들어간다. Step.4-2에서 굵은 선 툴로 그려주었던 옷의 주름 선들을 더블 클릭하여 모두 선택한 후, 메뉴에서 Modify〉Shape〉Convert Lines to Fills를 누르면 선이 면으로 바뀐다. (시각적으로는 변화가 없어 보인다.)
선택 툴을 선택하고 툴 바 아래쪽에 나타나는 Smooth 아이콘을 두세 번 클릭해주면 일률적이던 선의 굵기가 자연스럽게 바뀌는 것을 확인할 수 있다. 선택 툴을 이용해서 선 모양을 원하는 모양으로 정리해 보자.

6. 선 툴을 이용하여 원피스의 목선을 따라 선을 그린다. 양쪽 끝에서 나오는 선은 선택하지 말고 U자모양의 안쪽 선만 선택한다. Properties에서 Stroke: 10.00으로, Style: Dotted로 바꾼다

 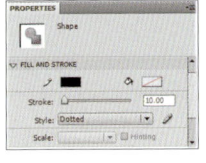 

Properties〉Style: Dotted 옆에 있는 연필 모양의 아이콘을 클릭하면 Stroke Style 설정 창이 뜨는데, 거기에서 Dot Spacing(점의 간격)을 0pts로 설정한 후 OK버튼을 클릭한다. 그러면 U자모양의 선이 진주 목걸이처럼 연속된 동그라미의 형태가 된다. 페인트 툴로 안쪽 면을 같은 색으로 채운다.

7. U자모양의 총총 붙은 동그라미들을 더블 클릭해서 모두 선택하고 메뉴에서 Modify〉Shape〉Convert Lines to Fills를 누르면 연속된 동그라미들이 면으로 바뀌면서 레이스처럼 보이게 된다. 페인트 통 툴을 이용하여 레이스에 원하는 색을 채운다.

선 툴을 이용하여 양쪽 끝의 필요 없는 부분을 잘라 없앤다.
(Delete)

레이스 면을 선택 툴로 선택하고 Color
패널에서 Alpha를 70%로 설정하면,
레이스 면이 살짝 투명해진다. 이 방법을
통해 하늘하늘하고 가벼운 느낌의 레이스를
표현해 보자.

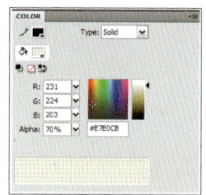

8. 신발 이미지의 그룹을 더블 클릭하여
신발 그룹으로 들어간 후, 신발의 봉제 선을
붉은색 선으로 그린다.

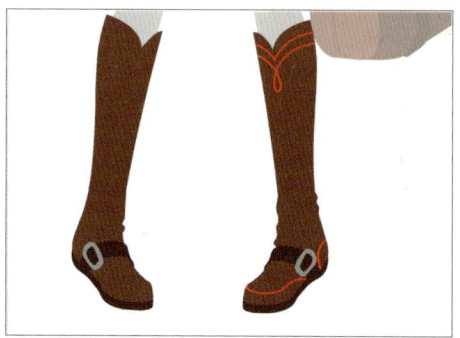

선들을 더블 클릭하여 선택하고 (Shift키를
누르면서 선들을 선택하면 떨어져있는
여러 개의 선을 한꺼번에 선택할 수 있다.)
Properties에서 Stroke: 2.00으로, Style:
Dashed로 바꿔 준다.

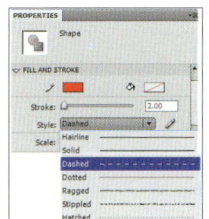
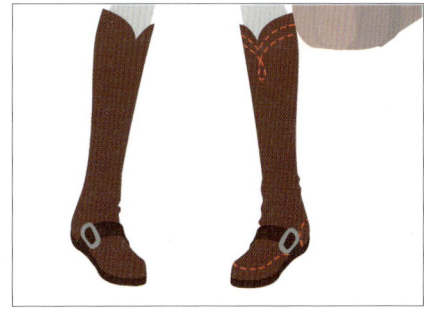

Properties>Style: Dotted 옆에 있는 연필 모양의 아이콘을 클릭하면 Stroke
Style 설정 창이 뜬다. Dash: 4(점선의 길이), 4(점선의 간격) pts로 설정한
후 OK 버튼을 클릭한다. 그러면 촘촘한 바느질을 한 형태가 만들어 진다.

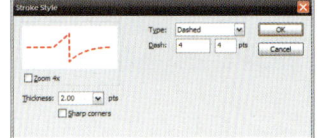

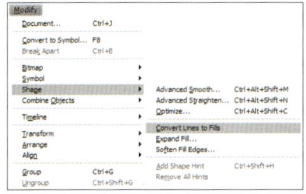

점선들을 더블 클릭해서 모두 선택하고
메뉴에서 Modify>Shape>Convert
Lines to Fills를 눌러 점선을 면으로
바꾼다.

점선을 선택한 상태에서, 툴 바 아래쪽에 나타나는
Smooth 아이콘을 두 번 이상 클릭해 선의 모양을
약간 삐뚤삐뚤하지만 자연스러워 보이도록
만든다. 그리고 Color 패널을 눌러 Fill Color를
연한 갈색으로 설정한다.

부츠 가죽의 반사광을 브러시 툴로 그려
준다. (TIP-5> 브러시의 활용 참조)

9. 완료

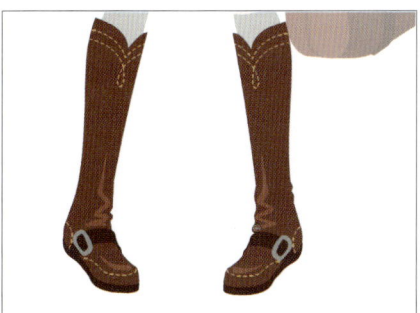

Step. 6 저장하기

1. 메뉴에서 File〉Export〉Export Image를 클릭한다. 파일형식: PNG (*.png)를 선택하고 저장 버튼을 클릭한다.

2. Export PNG 설정 창에서 최종 파일의 해상도와 사이즈를 설정할 수 있다. Resolution(해상도)를 설정하면 Width(가로)와 Height(세로) 사이즈는 자동으로 변경된다. 출력을 하려면 300dpi로, 인터넷에서 보려면 72dpi로 저장하면 적당하지만, 나는 처음부터 종이 사이즈를 크게 잡았기 때문에 해상도를 150정도에 맞추어도 출력용으로 큰 무리가 없었다. Include: Minimum Image Area로 설정하면 이미지 크기에 맞게 잘라져 저장된다.

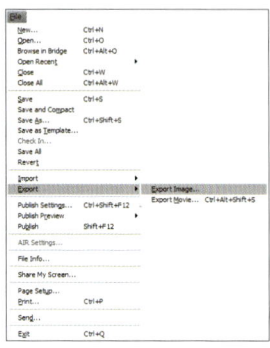

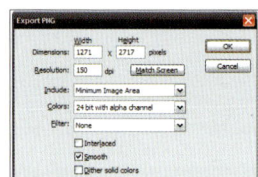

Step. 7 배경 이미지 만들기

캐릭터 디자이너로 일을 시작했기 때문에 주로 사람, 동물 캐릭터를 주로 그려왔고, 배경 작업은 거의 해 본 일이 없었다. 그래서 배경을 그리는 일이 늘 부담스러운 일이었다. 나와 같은 고민을 하는 사람들을 위해 쉽게 배경 이미지를 만드는 방법을 공개한다. 우선, 사진 JPG나 GIF로 된 사진 이미지를 준비한다. 하지만 인터넷에 돌아다니는 사진들에는 모두 각자 저작권이 따로 있기 때문에 함부로 사용했다가 법적으로 문제가 생길 수가 있다는 사실을 명심하자. 나는 평소에 여행을 다니거나 거리를 다니면서 직접 찍었던 사진들을 사용한다.. 아래의 사진은 유럽여행 중에 찍었던 조용한 시골마을의 풍경이다.

1. 플래시 소스파일에서 'bibi_photo.jpg' 파일을 연다. 이미 만들어 놓은 소녀와 비율을 맞추기 위해 1000 X 1500px 사이즈의 새 도큐먼트에 사진을 드래그해 넣었다.

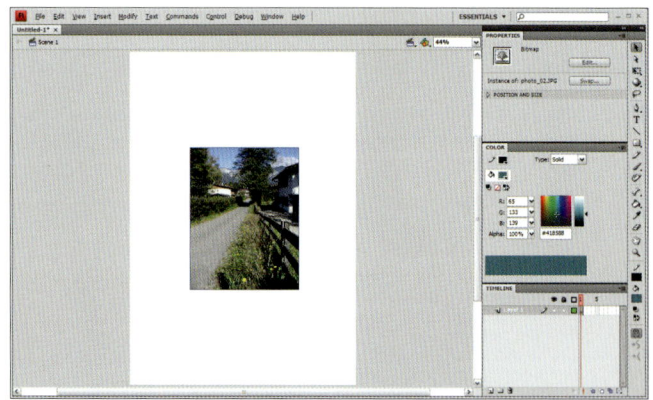

2. 사진 이미지를 선택하고 메뉴에서 Modify〉Bitmap〉Trace Bitmap을 선택한다.

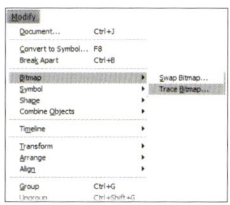

3. Trace Bitmap 설정 창이 열리면 Color threshold는 100으로, Minimum area는 50pixels로 설정한 후 OK 버튼을 클릭한다. 그러면 사진 이미지가 일러스트 이미지로 변환된다. 색들이 모두 각각의 면을 이루고 있기 때문에, 언제든지 페인트 툴로 색을 변경할 수 있다.

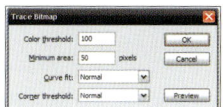

4. 이미지를 전체 선택(Ctrl+A)하고 Free Transform 툴로 이미지의 사이즈를 도큐먼트에 꽉 찰 정도로 늘려 준다. 비트맵 방식이었던 사진 파일이 벡터 방식의 일러스트 파일로 바뀌었기 때문에 사이즈를 조절해도 깨지지 않는다.

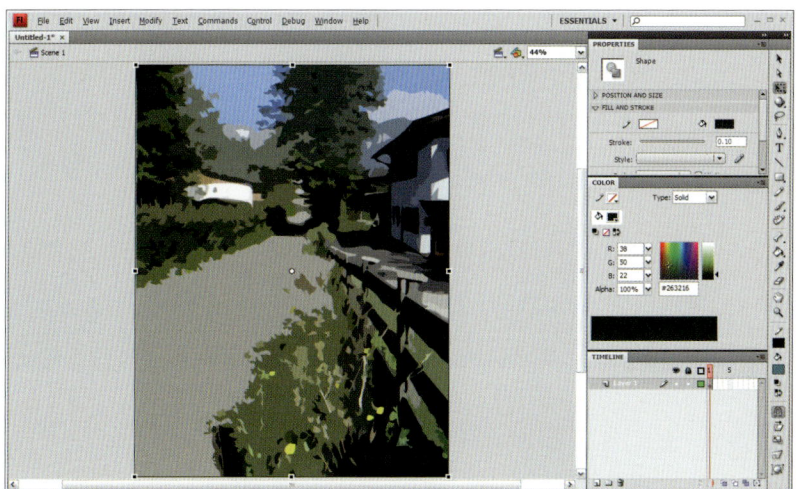

5. 메뉴에서 File〉Export〉Export Image를 클릭한다. 파일형식: PNG (*.png)를 선택하고 저장 버튼을 클릭해 준다. Export PNG 설정 창에서 최종 파일의 해상도와 사이즈를 설정할 수 있다. Resolution(해상도): 150, Include: Minimum Image Area로 설정하고 OK버튼을 클릭하여 파일을 저장한다.

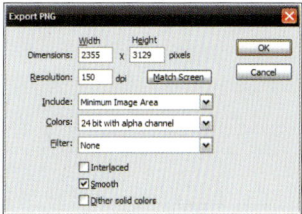

Step. 8　포토샵에서 손맛 더하기

1. 포토샵에서 'bibi.png'와 'bibi_back.png' 파일을 연다.

2. 배경 이미지 위에 소녀 이미지를 잘라 넣고 적당한 위치를 놓는다.

3. 소스 파일에서 'bibi_pattern.jpg' 파일을 열어 소녀 이미지 위에 새 레이어로 붙인다. 이 꽃무늬 패턴은 내가 천을 직접 스캔해 만든 이미지이다.

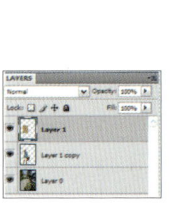

4. 꽃무늬 패턴이 있는 [Layer1]을 잠시 안 보이게 하고 소녀 이미지가 있는 [Layer 1 copy]에서 초록색 원피스 부분을 마술봉 툴로 선택한다. 이 때 마술봉의 세부 설정은 Tolerance: 5, Anti-alias 체크한 상태이다.

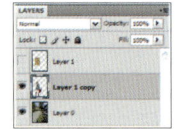

5. 다시 [Layer1]를 보이게 하고 메뉴에서 Select〉Inverse(Shift+Ctrl+I)를 누르면 선택 영역이 반전된다. 그 상태에서 Delete키를 눌러주면 원피스 모양으로 꽃무늬 패턴이 남게 된다.

6. [Layer1]의 블렌딩 모드를 Dark Color 모드로 선택하면 꽃무늬 패턴이 들어간 원피스가 된다. 레이어의 블렌딩 모드에 따라 색다른 느낌을 낼 수 있기 때문에, 여러 가지 모드들을 실험해보고 가장 마음에 드는 것으로 설정해 보자.

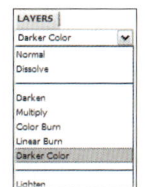

7. [Layer 1 copy]를 선택하고 마술봉 툴로 얼굴 피부색을 클릭하여 선택한다.

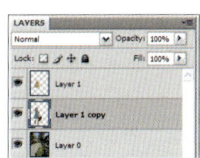

8. [Layer 1 copy] 위에 새 레이어를 하나 만든 후([Layer2]),
브러시로 발그레한 볼과 귀여운 주근깨를 표현해준다.

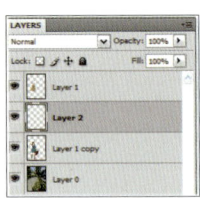

9. 선택 영역을 해제하고(Ctrl+D) 레이어 블렌딩 모드를 Multiply 모드로, Opacity는 20%로 설정한 후, 입술도 발그스름하게 그려주면 소녀가 더욱 생기 있게 보인다.

10. 다시 [Layer 1 copy]로 돌아가 머리카락 영역을 선택한 후, [Layer2]에서 머리카락의 느낌을 조금 더 디테일하게 표현해 준다. 나는 이 때 조금 거친 질감의 브러시를 선택해 보았다.

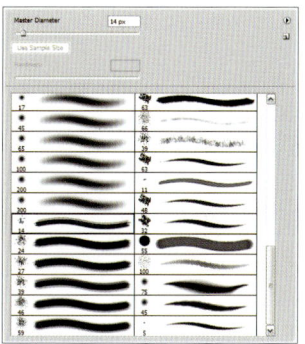

11. 소스파일에서 'bibi_paper.jpg' 파일을 열어 Layers 패널 맨 위에 붙여 넣는다. [페이퍼]의 속성을 Soft Light 모드로 선택하면 그림에 페이퍼의 질감이 얇게 입혀진다.

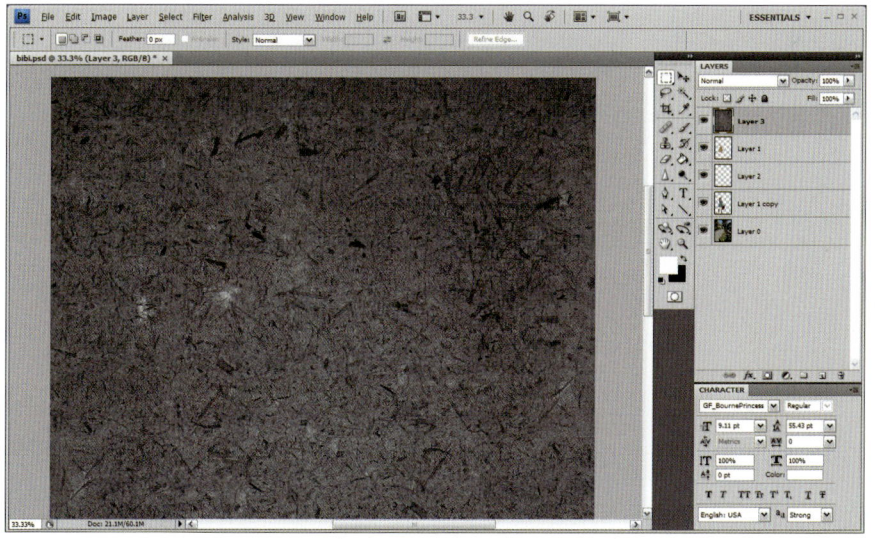
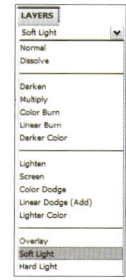

12. [소녀] 밑에 그림자를 넣어서, 배경과 소녀가 자연스럽게 연결되어
보이도록 한다. 나는 텍스트를 붙여 넣어 잡지 화보처럼 보이게 해 보았다.
"Bon voyage!"란 "즐거운 여행이 되기를!" 이라는 뜻의 프랑스말이다.

Creative Artworks - 4

Illustration Style Book

따뜻한
수채화 풍
일러스트

bboyan　　　part **3**

Creative Artworks - 4　　　　Illustration Style Book : part_03

김은혜 뽀얀

프리랜스 일러스트레이터 &
아트 디렉터

http://www.bboyan.com

아카데미정글 디지털일러스트레이션 강사
홍익대학교 방학특강 컴퓨터그래픽 강사
계원조형예술대학, 홍익대 등 실무특강 및 그린아카데미 강사

interview

part 3

For Illustration

뽀얀이라는 예명으로 우리에게 더 잘 알려진 일러스트레이터, 김은혜는 어린 시절부터 한 번도 그림 관련 일에서 발을 떼 본 적이 없는 선천적인 그림쟁이다. 그는 "저는 중학생 때부터 일러스트레이션에 관심이 많았어요. 그런데 학교엔 일러스트레이션 동아리가 없어서 만화 동아리에 들었죠. 그러나 전 만화보다 일러스트레이션에 훨씬 관심을 많이 가지고 있었어요. 심지어 만화 동아리에 가입했으면서도, 연습장 앞에다가 '일러스트레이터 김은혜'라고 쓴 적도 있었죠. 그 후 대학교에 진학해서 디지털 미디어 디자인을 전공했어요. 대학에선 사진, 영상, 음향 등을 포함한 종합적인 시각 디자인 분야와 컴퓨터, 마케팅, 그리고 커뮤니케이션 학문을 배웠죠."라고 말한다. 그는 대학에서 다양한 매체를 접할 일이 많았고, 자연스럽게 디지털 분야에 관심을 가지게 되었다고 한다. 그리고 이는 원래부터 해 오던 그의 그림 작업을 디지털 기술과 접목시키는 계기가 되었다.

전시회와 프리랜스

김은혜는 언제나 확실한 목표를 설정하고, 그 목표를 향해 무모한 도전도 서슴지 않았다. 그 중 하나가 대학 시절 자비로 연 개인전이었다. "4학년 때에 겁도 없이 〈별자리〉 작품을 가지고 혼자 개인전을 열었어요. 전시를 할 땐 몰랐는데, 막상 통장에 있는 돈을 몽땅 털어서 전시를 하고 나니, 앞으로의 생활이 좀 걱정되기도 했었지요. 하지만 이 전시가 잡지에 소개되면서 차차 제 이름이 세상에 알려지기 시작했어요." 그의 과감한 시도는 여기서 끝나지 않았다. "전시를 하게 되고 난 후부터 일이 잘 풀렸어요. CA에서 나온 저서『크리에이티브 아트웍』에 불투명 수채화 기법이라는 제목의 튜토리얼도 실었고, 그 동안 제가 쌓아 온 디지털 일러스트레이션 노하우을 책으로도 펴낼 수 있었죠. 전시를 기점으로 좋은 일들이 계속 일어났어요. 본격적인 프리랜스 일러스트레이터로서 활동을 시작하게 된 것도 이즈음부터였고요."

일러스트레이션 스타일

김은혜는 특정 스타일을 목표로 삼고 작품을 창작하지 않는다. 단지 자신이 좋아하는 색으로 그림을 꾸준히 그려나갈 뿐이다. 하지만 그의 작품들에는 공통적으로 수채화 풍의 따뜻한 분위기가 감돈다. 이는 분명 특정 스타일을 표방하진 않지만, 그럼에도 작품 속에서 충분히 그만의 개성을 구축하고 있다는 증거이다.
"제 예명이 '뽀얀'이잖아요? '뽀얀'이라는 단어는 '보기 좋게 하얀, 너무 뿌옇지도 않고 너무 맑지도 않은 중간 단계의 흰 색상'을 의미해요. 전 이 뽀얀 느낌을 정말 좋아해요. 그래서 채색할 때도 뽀얀 느낌이 나는 밝고 부드러운 색상들을 주로 사용하고 있지요. 그리고 그 색상들에 다양한 브러시들로 여러 번 수정을 가해요. 수정 작업을 반복하면서 제가 좋아하는 투명한 수채화 색감을 표현해 내려고 노력하죠."

온유

핸드 드로잉 세대보다는 디지털 드로잉 세대에 좀 더 가까운 김은혜는, 수작업과 디지털 작업의 차이에 대해 이렇게 말한다. "수작업과 디지털 작업의 결정적 차이는 그림을 디지털 신호로 처리하느냐, 마느냐의 문제예요. 그리고 그 차이는 각 작업마다 다른 능력을 요구해요. 어떤 환경에서 그림을 그리느냐의 문제는 어떤 도구를 사용할 것인가의 문제를 낳기 때문이죠. 이 작업들을 잘 하기 위해서는, 작업 각각에 사용되는 도구 혹은 재료에 대한 이해가 선행되어야 해요. 수작업을 잘 하기 위해서는 종이와 물감이라는 질료에 익숙해져야 하고, 디지털 작업을 잘 하기 위해서는 그래픽 프로그램과 마우스에 익숙해져야 하죠."
그는 수작업과 디지털작업은 대체적인 관계가 아니라 상호 보완적인 관계라고 말한다. "기본적인 드로잉 실력이 갖춰져야지만, 디지털 작업도 잘 할 수 있어요. 사실 대부분의 작가들이 포토샵으로 디지털 작업을 한다고 해도 처음에는 손으로 밑그림을 그리잖아요. 좋은 작품을 만들기 위해선 디지털 작업과 수작업 둘 다 필요해요. 경우에 따라서 이 두 작업을 병행할 수도 있고, 어느 작업의 단점을 다른 작업으로 보완해 줄 수도 있겠죠."

따뜻한 수채화 풍 일러스트   김은혜   interview

사수자리

처녀자리

따뜻한 수채화 풍 일러스트   김은혜   interview

야베스

꿈꾸는 방

Creative Artworks - 4   Illustration Style Book : part_03

나르시시즘

빨간구두

강연자, 프리랜스, 아트 디렉터

프리랜스로서 그림을 그리는 것 이외에도 그는 다양한 활동을 하고 있다. 각종 교육기관에서 디지털 드로잉을 강의하는 강사이자 동시에 대학원에서 영상 디자인 공부를 하고 있는 학생이기도 하다. 또한 도서를 내는 작가이기도 하며, 웹, 광고, 제품, 영화 등 다양한 분야에서 아트 디렉터로 활동 중이기도 하다. 그림만 그리기에도 시간이 빠듯한 일러스트레이터에게 이런 다양한 활동은 어디에 도움이 되는 걸까?
"그림에 대한 테크닉은 꾸준히 연습하면 쉽게 늘지만, 시야의 폭을 넓히는 건 지속적인 공부를 통해서만 가능해요. 시각의 확장은 더 좋은 발상을 해 낼 수 있는 토양으로 작용하죠. 가령, 기본 개념을 공부하고 나면, 예전엔 미처 보지 못했던 면을 새롭게 발견할 수 있게 돼요. 그리고 이런 시각의 확장은 크리에이티브한 발상을 이끌어 내는 데에 큰 도움이 되죠." 그는 다양한 경험들이 자신의 작품에 커다란 도움을 준다고 확신하기 때문에, 틈만 나면 여행을 떠나기도 하고, 오랜 시간 웹 서핑에 빠져 있기도 한다.

그림과 일러스트레이터

그는 현재 자신의 일에 충분히 만족하고 있다. 그리고 자신의 작품을 통해 관객에게 감정이 전달될 때 가장 뿌듯하다고 말한다. 일러스트레이터를 꿈꾸는 사람들에게 그의 조언을 전한다.
"부지런히 움직여서 개인전도 도전해 보고, 자기 자신을 외부에 홍보할 수 있는 수단을 끊임없이 찾아보세요. 그리고 왜 일러스트레이터가 되고 싶은지, 왜 그림을 그리고 싶은지 스스로 자문하고 자답해 보세요. 일러스트레이터라는 직업은 꾸준히 돈을 벌 수 있는 직업도 아니고, 작업 의뢰가 언제 들어올지 몰라서 항상 전전긍긍해야 하는 직업이에요. 정말 그 어떤 다른 일보다 그림을 더 좋아하는지 생각해 보세요. 그리고 그 질문에 '네'라는 대답이 나온다면, 한 장의 작품을 그려도 최고의 작품을 만들겠다는 생각으로 포트폴리오를 성의를 다해 준비하세요. 그냥 그림만 잘 그리면 그림쟁이밖에 될 수 없어요. 잘 나가는 일러스트레이터가 되기 위해선, 일러스트레이션에 대한 이론적 공부를 꾸준히 작품 작업과 병행하셔야 하고, 무엇보다 자신만의 스타일을 찾아내기 위해 정말 피나는 노력을 해야 해요."

Garnat

Opal

Creative Artworks - 4 Illustration Style Book : part_03

tutorial

사용프로그램 　　Photoshop CS5

part 3-1 수작업 소스를 이용해 수채화 느낌 연출하기

TITLE

새해

밝아오는 새해는 한 해의 처음이자 시작이며, 마음을 새롭게 가다듬는 날이다. 그리고 지난 1년을 정리하고, 다가 올 1년을 새롭게 계획하는 날이기도 하다. 새해부터 지인들과 새해 인사를 나누고 나면 저절로 마음이 풍요로워지는 걸 느낀다. 코가 시릴 정도로 추운 겨울이지만, 그리 춥게 느껴지지 않는 이유는 따뜻한 정(情)을 주변 사람들과 나누기 때문이 아닐까?

새해를 맞이해서 그런지, 모든 것들이 생기가 넘쳐 보인다. 새해의 이런 생기발랄한 느낌과 생동감 있는 모습을 표현하기 위해서는 어떤 것들이 필요할까? 나뭇가지와 잎사귀들, 꽃잎과 눈송이가 바람에 흩날린다면, 한층 밝은 분위기가 연출될 것 같다. 따뜻한 느낌을 내기 위해 파스텔 계열의 색상을 이용하고, 시원하고 맑은 느낌도 내기 위해 수채화 풍의 푸른 배경을 합성해 볼 것이다. 이제부터 눈이 오는 밝은 새해를 상상하며 함께 작업을 해 보자.

IDEA

아이디어가 떠오르지 않을 때엔, 키워드를 뽑아 보자. 주제와 관련되어 떠오르는 단어들을 찾아 열거해 보는 것이다. 감정이나 상황, 느낌 어느 것이든 좋다. 그리고 그 단어들과 관련된 이미지를 연상하여 그려 보도록 하자.

주제: 새해

관련 단어: 따뜻함, 자정, 생동감, 기쁨, 축복, 겨울, 소망, 계획, 꿈, 인사, 처음, 시작, 맑음, 새로움

Step. 1 수채화 느낌의 배경 만들기

1. 포토샵을 실행한 후 Ctrl+O키를 눌러 '새해-시작.psd', 'Texture01.jpg', 'Texture02.jpg' 파일을 불러 온다. 스케치한 그림과 수채화로 그린 소스가 열릴 것이다. 이제부터 수채화 배경을 합성해 보자.

2. Ctrl+A키를 눌러 'Texture01.jpg' 파일 전체를 선택한 다음, Ctrl+C키를 눌러 복사한 뒤, '새해-시작.psd' 작업 창에 Ctrl+V키를 눌러 복사한 파일을 붙여 넣는다. 그리고 [Layer1]을 [sketch] 아래로 옮긴다.

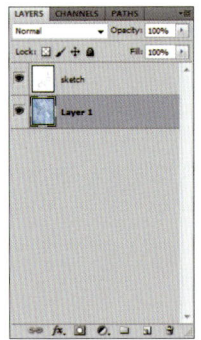

3. [sketch]의 블렌딩 모드를 Multiply 모드로 바꾼다.

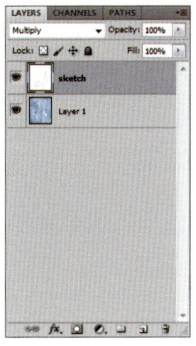

Tip_1

Multiply 모드에서는 밝은 색은 흰색과 가까워 질수록 더 투명해지고, 어두운 색은 아래 레이어와 섞여 이미지가 더욱 어두워진다.

4. [Layer1]을 선택한 뒤 Select>Color Range를 선택한다. 그리고 작업 창에서 가장 어두운 검정 물방울 부분을 클릭한다. Fuzziness값은 150으로 설정한 뒤 OK버튼을 누른다. 선택 영역이 만들어 진 걸 확인할 수 있다.

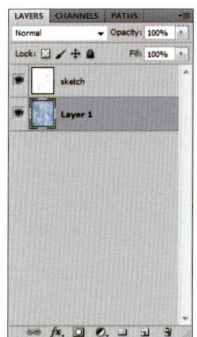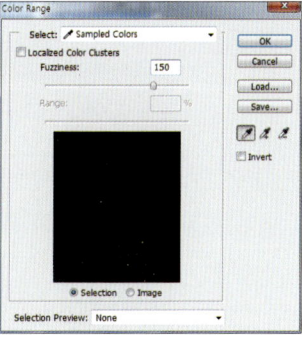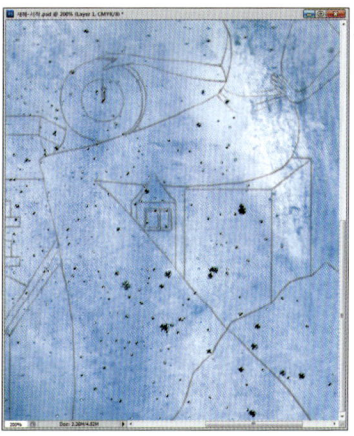

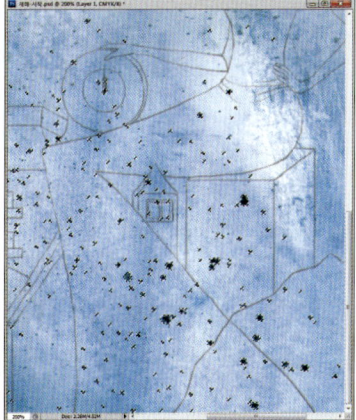

5. 선택 영역의 범위를 확장해 보자. Select>Modify>Expand를 선택한다. Expand값을 1로 설정한 뒤 OK버튼을 누른다. 선택 영역의 범위가 1pixel 확장되었다.

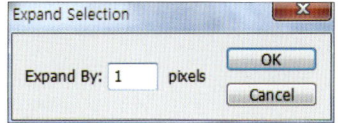

87

6. 이제 Ctrl+J키를 눌러 선택된 영역을 복제한 후, 새 레이어를 만들고 [물방울]로 레이어 이름을 변경한다.

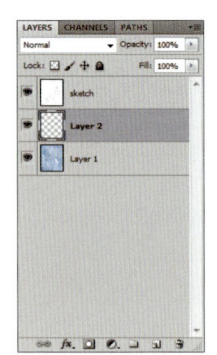 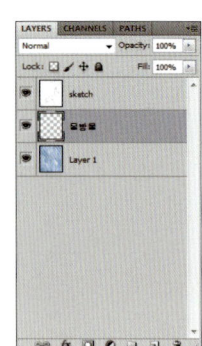

7. Ctrl+L키를 눌러 Levels 창을 띄워, Input Levels: 0, 1.00, 2 값을 입력한 뒤 OK버튼을 누른다. 검정색 물방울이 흰색 물방울로 바뀌는 걸 볼 수 있다.

8. 같은 방법으로 'Texture02.jpg'파일을 연 후, Ctrl+A키를 눌러 전체를 선택한 다음 Ctrl+C키를 눌러 복사한 뒤, '새해-시작.psd' 작업 창에 Ctrl+V키를 눌러 복사한 부분을 붙여 넣는다. 텍스처가 들어있는 [Layer2]를 [물방울] 아래로 위치를 옮겨 준다.

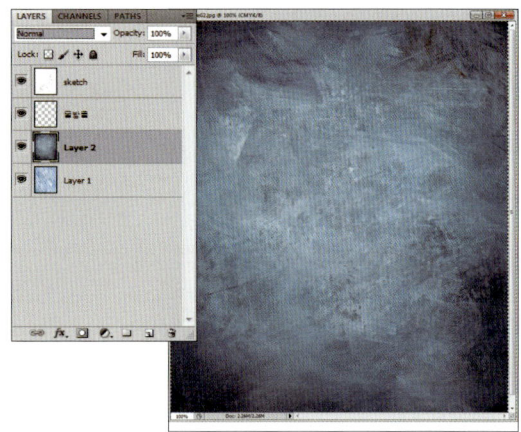

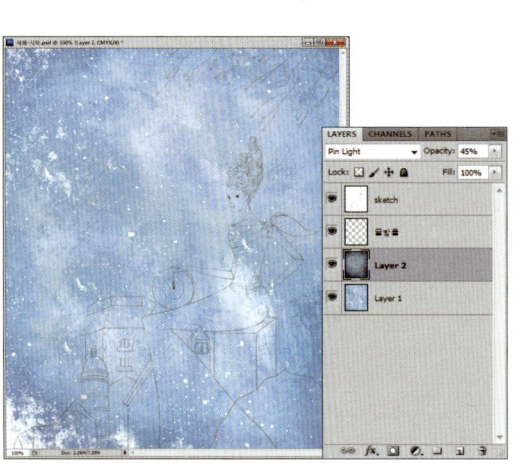

9. 레이어 모드를 Pin Light 모드로 변경한 뒤 Opacity를 45%로 설정한다. 외각 프레임이 어두워지면서 하늘색 배경과 부드럽게 합성될 것이다.

Tip_2

레이어의 모드는 이미지의 명도, 채도, 색상 등을 변화시켜, 다양하고 독특한 효과를 낼 수 있는 합성 방법이다. 다양한 모드를 이용하여 합성하다 보면, 특정 모드를 사용했을 때 어떤 느낌이 나올 수 있을지 예상할 수 있다.

10. 레이어들을 하나로 합쳐 보자. [Layer2]와 [Layer1]을 선택한 뒤 Ctrl+E키를 누르면 레이어들이 하나로 결합될 것이다. 새로운 레이어의 이름을 [배경]으로 변경한다.

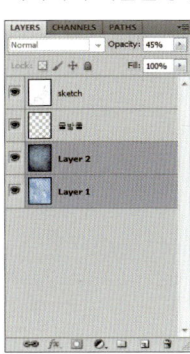 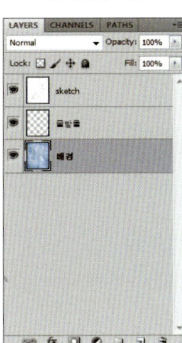

Step. 2 인물 채색하기

인물은 그림의 주제가 되는 경우가 많다. 그림에서 주제가 되는 오브젝트를 주제군이라고 하는데, 이 그림에서는 시계와 인물이 주제군이다. 새해를 맞이하는 즐거운 마음을 인물의 표정에 담아 보자. 그리고 섬세한 얼굴 묘사와 자연스러운 명암 표현에 신경을 쓰면서 인물을 채색하자.

기본 색 입히기

1. 그림에 어울리는 기본 색을 칠하는 단계이다.
나는 색상 별로 각각의 레이어를 만들어 채색하는 것을 선호한다. 색상 별로 선택 영역을 만들거나 차후에 수정 작업을 할 때 편리하기 때문이다. 하지만 하나의 레이어만 만들어 채색해도 상관은 없다. 자유롭게 작업해 보자.

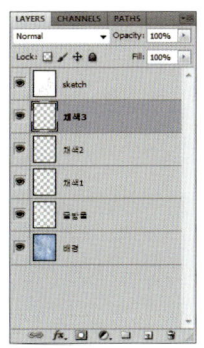 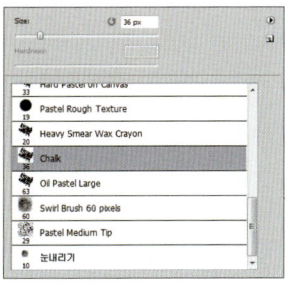

2. [물방울] 위로 [채색1], [채색2], [채색3]라는 이름으로 레이어 3개를 새로 만든다. 브러시 툴을 선택한 뒤, 마우스 오른쪽 버튼을 눌러 브러시 창을 띄운 후 Chalk 브러시를 선택한다.

3. [채색1]을 선택한 후, 연주황색 계열의 색(#fbe2d0)으로 여인의 얼굴과 목과 손을 채색한다.

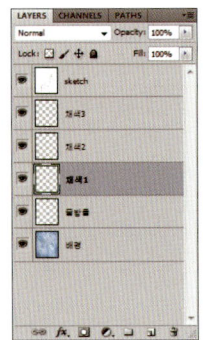

4. [채색2]를 선택한다. 연한 자주색(#e16685)으로 여인의 머리를 채색하고 진한 회색(#6b565c)으로 티셔츠 소매를 채색한다.

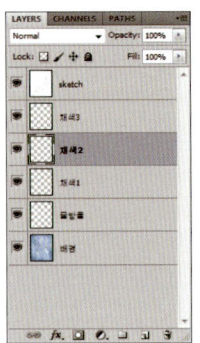

5. [채색3]을 선택한다. 노란색(#fcee6f)으로 스카프와 꽃을 채색하고 흰색(#ffffff)과 연한 하늘색(#edf3fb)으로 옷과 꽃을 채색한다.

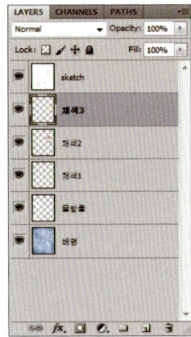

얼굴과 몸   **6.** 이제 여인의 얼굴과 몸을 묘사할 차례다. Ctrl키를 누른 채, [채색1]을 클릭하여 연주황색 영역을 선택 영역으로 지정하고 Ctrl+h키를 눌러 선택 영역을 감춘다.

7. [sketch] 위에 [세부묘사]라는 이름으로 새 레이어를 만든다.

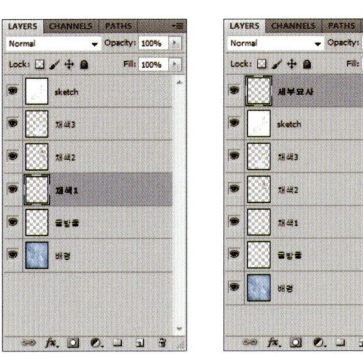

8. [세부묘사]를 선택한 뒤 연두색 계열의 밝은 톤(#faf6eb), 중간 톤(#f9e2d0), 어두운 톤(#edb995)의 세 단계로 나눠 채색을 시작한다. 이목구비의 형태를 잡아주고, 얼굴과 목이 구분되도록 하는 데에 초점을 두자.

9. 갈색(#a56954)으로 얇은 눈썹라인을 그려 준다.
10. 윗입술(#e74f40)과 아랫입술(#f37863)이 구분되도록 색상을 칠한다.
11. 코가 오뚝해 질 수 있도록 코 주변을 약간 어두운 색으로 눌러 준다.
12. 눈의 동공을 어둡게 만든 뒤 눈동자에 흰색으로 하이라이트 점을 찍는다.
13. 연한 분홍색(#ffa0a1)으로 볼을 발그스름하게 표현한다.

14 . 손의 명암도 칠한다.

머리

15 . 이제 여인의 머리와
꽃 장식을 묘사해 보자.
Ctrl키를 누른 채 [채색2]을
클릭하여 선택영역으로
지정하고 Ctrl+h키를
눌러 선택영역을 감춘 뒤,
[세부묘사]를 선택한다.

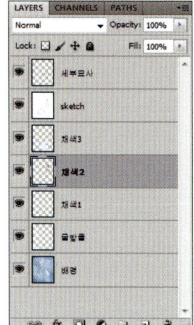 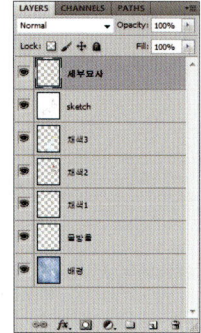 

16 . 빨간색 계열의 색(#cb3e58)으로 머리의 어두운 부분을 찾아 채색하고, 밝은
분홍색(#f28e9b)으로 머리카락 선을 그려 넣는다. 그리고 꽃 장식을 칠하기 위해
Ctrl+D키를 눌러 선택영역을 해제한 후 진한갈색(#3d2227)으로 꽃 수술 주변을 채색한다.
꽃 장식과 머리가 구분되도록 하기 위해 꽃 장식의 외각선을 어둡게 눌러주고, 얼굴과
머리와의 경계선도 가볍게 눌러 정리한다.

17 . 이제 여인의 옷을 묘사해 볼 차례이다.
Ctrl키를 누른 채 [채색3]을 클릭하여
선택영역으로 지정해 준 후, Ctrl+h키를 눌러
선택영역을 감추고 [세부묘사]를 선택한다.

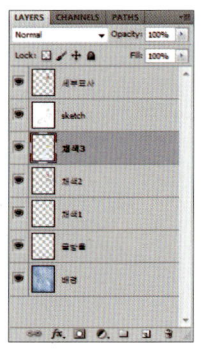

18 . 연한 파란색(#c6d0df)을 선택하여 Opacity값을 20-30%로
낮춘 뒤, 옷의 어두운 부분을 찾아서 칠해 준다. 드레스의 오른쪽
부분이 어두운 부분이다. 스카프와 드레스가 서로 닿아있는 부분도
가볍게 눌러주자.

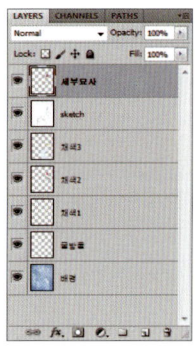

19 . 드레스에 질감을 더하는 단계이다.
먼저 브러시 툴을 선택한 뒤 마우스
오른쪽 버튼을 눌러 Brush 창을 띄운다.
스크래치 브러시가 1부터 10까지 있는지
확인하고, 이 10종류의 브러시를 이용하여
드레스를 꾸며 본다. 연한 파란색 계열의
(#cedbed)색을 선택한 뒤 Opacity를
80%로 낮춰 칠해야만 얇은 질감 효과를 낼
수 있다.

Tip_3

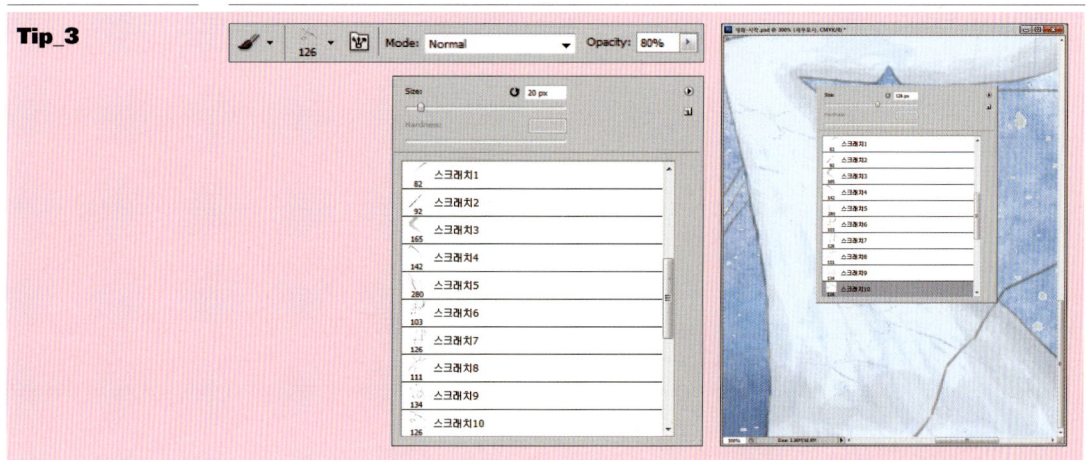

20 . Brush 창에서 Soft Round 35 브러시를 선택한 뒤 밝은 부분과 어두운 부분 사이의 중간 톤을 찾아 칠한다. 이는 드레스 허리 부분 주름의 강약을 살리기 위함이다.

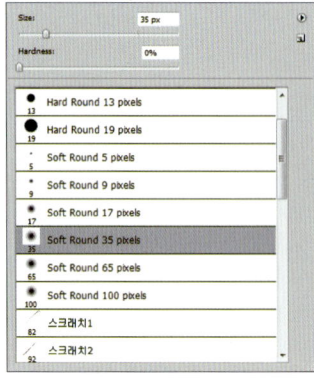

21 . 스크래치 브러시와 Soft Round 35 브러시를 이용하여 여러 번 겹쳐 칠한 뒤 드레스 선을 정리한다.

22 . 이제 스카프와 티셔츠 소매를 묘사해 보자. Brush 창에서 Chalk 브러시를 선택한 후, 주황색 계열의 색(#efcf76)과 갈색 계열의 색(#dac361)으로 주름의 어두운 부분을 찾아 칠한다.

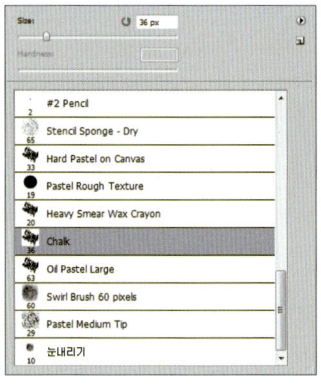

23 . Opacity를 20%정도로 설정한 뒤 여러 번 겹쳐 칠하면 스카프의 중간 톤 색상을 만들 수 있다. 이 색으로 스카프를 칠한 뒤, 스카프에 붙어있는 하얀 꽃을 묘사하고 티셔츠에 동그란 점을 찍어 이미지를 완성한다.

Step. 3 　나뭇가지와 나뭇잎 채색하기

그림에 생동감을 주려면 어떤 것들이 필요할까? 바람과 공기, 그리고 햇빛은 눈에 보이진 않지만, 생명체들에 생동감을 불어넣는 역할을 한다. 나뭇가지들과 나뭇잎들이 신선한 바람의 움직임을 따라 살랑거리는 광경을 상상해 보자. 움직이는 개체들을 이미지에 집어 넣는다면 한층 밝은 분위기를 연출 할 수 있을 것이다. 이제부터 나뭇가지와 나뭇잎을 그려 보도록 하자.

1. [세부묘사] 위에 [나뭇가지]와 [잎]이라는 이름으로 2개의 새 레이어를 만든다. 그리고 [나뭇가지]를 선택하여 Chalk 브러시를 사용하여 연한 갈색 계열의 색(#c4816e, #c2462c)으로 나뭇가지를 그린다. 나뭇가지를 그릴 때, 여러 단계로 나누어서 그리지 말고 한 번에 그려 보자.

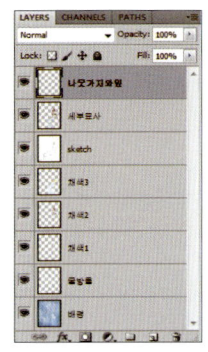

2. [잎]을 선택하고 파란색(#5461ac)으로 가지 끝에 점을 찍어 준다. 그리고 가지 주변에는 파란색과 보색인 빨간색(#ec6773) 점을 찍어 화려한 느낌을 내 본다. 잎이 바람에 흩날리는 모습을 표현하기 위해 갈색 잎(#d79f82)과 보라색 잎(#965ca6), 분홍색 잎(#e66a73), 녹색 잎(#76c1a1)을 다양한 각도로 각각 그린다.

3. 레이어 패널 하단의 레이어 스타일 아이콘을 누르면 레이어 스타일 창이 열릴 것이다. Drop Shadow 메뉴를 선택한 뒤 블렌드 모드 색상을 갈색(#6d542e)으로 설정한다. Opacity: 30%, Distance : 1px, Size : 2px 값을 입력한 뒤 OK버튼을 누른다.

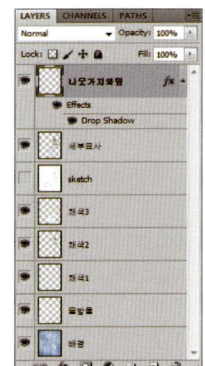
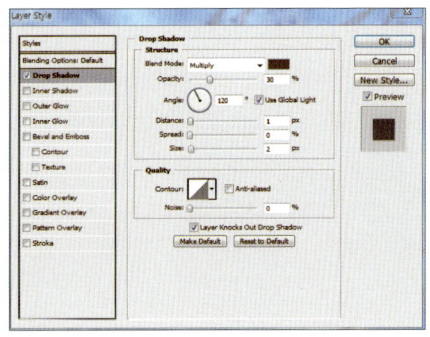

Creative Artworks - 4   Illustration Style Book : part_03

4. 옅은 그림자가 생긴 것을 확인할 수 있다.

Step. 4   눈 내리는 효과 주기

특별한 날에 눈이 내리면 왠지 모르게 기분이 좋아진다. 특히 새해 같은 특별한 날에 눈이 내리면, 꿈과 소망이 모두 이루어질 것 같은 예감이 강하게 든다. 이제 하늘에서 눈이 내리는 아름다운 모습을 Brush Presets 메뉴를 활용하여 쉽게 만들어 보도록 하자.

1. [나뭇가지]와 [잎] 위에 [눈내림]이라는 이름으로 새 레이어를 만든다. 그리고 F5키를 눌러 브러시 패널 창을 연 뒤, Swirl Brush 60 pixels 브러시를 선택한다.

2. Brush Tip Shape 메뉴에서 Diameter: 10px, Spacing: 400%로 설정한다. 다음으로 Shape Dynamics 메뉴를 선택하여 Size Jitter: 100%, Angle Jitter: 60%, Roundness Jitter: 60%, Minimum Roundness: 30%로 설정한다.

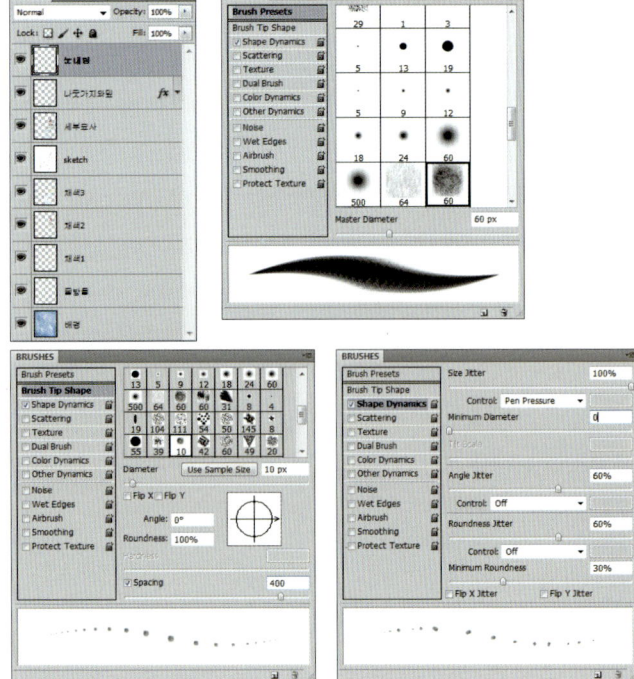

3. Scattering 메뉴를 선택한 뒤,
Scatter: 900%, Count: 1%로 설정한다.
이제 흰색을 선택하여 채색해 보자.
마우스를 클릭할 때마다 눈발이 날리는
모습이 표현될 것이다.

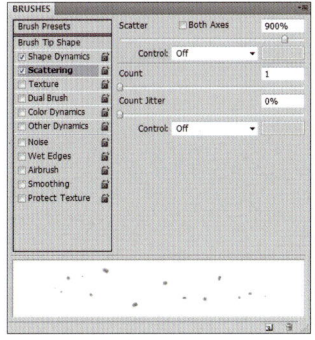

Step. 5 마무리하기

1. [세부묘사]로 돌아가 건물과 시계탑을 그린다.
삼각형 모양을 이은 기하학적 모양의 건물과
해조류들을 추가로 그려, 신비로운 느낌이 나도록
연출한다. 따뜻한 느낌을 연출하기 위해 건물은 대부분
파스텔 계열의 색상으로 채색한다. 그리고 난 후 여인의
드레스에 꽃 장식을 추가한다.

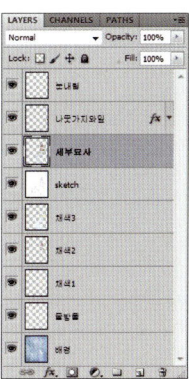

2. 인물과 배경의 경계 부분을 명확히 하기 위해,
밝은 회색 계열의 색상으로 그 부분을 다시 한 번 더
눌러 주고, Dodge 툴과 Burn 툴을 사용해 그 부분을
문질러서 명암을 확실히 표현한다. 나는 레이어 가장
상단에 타이틀 레이어를 추가한 뒤, 'M+ Motors
Line' 타이틀과 텍스트 문구를 넣어 월간지 느낌을
내 보았다. (이 그림은 실제로 월간지 현대기아
모터스라인 1월호 표지로 쓰이기도 했다.) 이제 작품이
완성되었다.

3. Shift+Ctrl+S키를
눌러 '새해-완성.jpg' 파일로
저장한다.

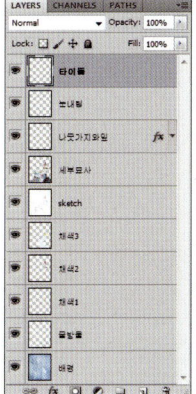

tutorial

사용프로그램 Photoshop CS5

part 3-2 직물 패턴을 이용한 일러스트레이션

TITLE

소망

예전부터 나는 하늘을 날고 싶다는 소망을 품어 왔다. 하늘 위에서 시원한 바람을 가르며 내려다보는 세상은 눈부시게 아름다울 것 같았기 때문이다. 현실 속에서 실제로 하늘을 날 순 없겠지만, 대신 그 장면을 머릿속에 상상해 볼 수는 있을 것이다. 소망을 상상하는 것은 내겐 정말 즐거운 일이다.

소망이란 더 좋은 것과 더 아름다운 것을 추구하는 마음이다. 품고 있는 꿈들을 그림으로 표현해 보는 건 어떨까? 먼저 소망과 관련된 단어들을 뽑아 정리한 뒤, 스케치를 해 보자. 스케치가 어렵다면, 거창한 작품을 만든다고 생각하지 말고 일기를 쓴다고 생각해 보자. 만약 일기를 쓴다면 하루 중 가장 인상 깊었던 부분부터 자연스럽게 쓰기 시작해 나갈 것이다. 스케치도 별반 다르지 않다. 일기를 쓰는 방식으로 소망을 스케치해 보자. 다양한 꿈을 형형색색의 빛깔로, 꿈의 내용은 패턴으로 표현해 보도록 한다.

IDEA

일기를 쓴다는 건 하루 동안 일어났던 일 중 가장 기억에 남는 일이나, 앞으로 자신이 바라는 소망을 기록하는 일이다. 만약 당신이 앞으로 이루어지길 바라는 꿈이 있다면, 혹은 밤새 잠을 설치면서 재미있게 꾸었던 꿈이 있다면 그 꿈의 조각조각을 문장으로 정리해 보도록 하자. 그림의 소재를 자연스럽게 찾을 수 있을 것이다. 꿈의 내용을 노트에 기록해 두는 습관을 들이면, 그 기록들이 차후에 좋은 아이디어를 낼 수 있는 바탕이 되어 줄 것이다.

Step. 1   스케치 선 정리하기

1. 포토샵을 실행한 후 Ctrl+O키를 눌러 '소망-시작.psd' 파일을 불러온다. 스케치한 그림이 열린다.

2. Ctrl+U키를 눌러 Hue/Saturation 창을 띄운다. Colorize 박스를 체크한 뒤 Hue값을 30, Saturation값을 60, Lightness값을 50으로 설정한다. 스케치 선이 검정색에서 연한갈색으로 바뀌는 걸 확인할 수 있다.

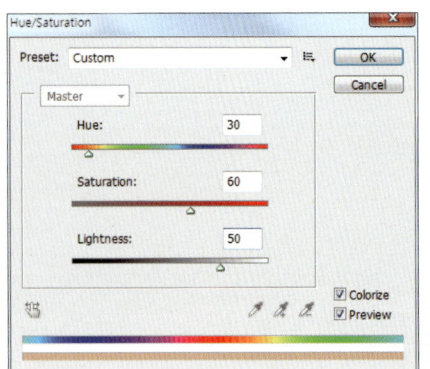

Tip_1

Hue/Saturation 창의 Colorize는 '색상화시키다'라는 의미로, 전체적인 색상에 변화를 줄 때 체크하여 사용한다. 기존 색상에 슬라이드 바에서 선택한 색상이 더해지기 때문에, 색상 톤을 변화시킬 때 유용하다.

Step. 2　배경 채색하기

1. [스케치]의 레이어 모드를 Multiply 모드로 바꾼다.

2. [스케치] 아래에 [배경]이라는 새 레이어를 만들고, 배경색을 녹색(#51996f)으로 설정한 뒤 Alt+Delete키를 눌러 배경색을 레이어에 입힌다.

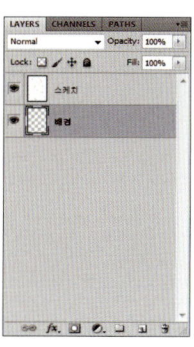

3. [스케치] 레이어 위에 [잔디1]라는 이름의 새 레이어를 만든다. 그리고 Brush 패널에서 Chalk 브러시를 선택한다.

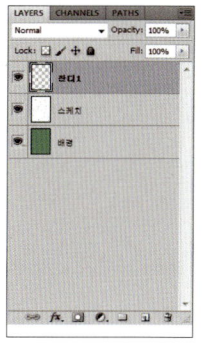

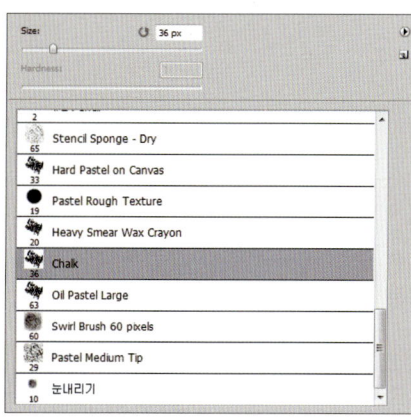

4. 짙은 녹색(#173518)으로 위쪽 잔디를 채색한다. 이때 Opacity 값을 80-90%로 맞춰 준다.

Tip_2
기본 색을 칠할 때 붓 터치 느낌을 주고 싶다면, 브러시의 Opacity 값을 80-90%로 설정하고 채색하면 된다. 드문드문 겹쳐지는 부분이 생기기 때문에 마치 붓으로 칠한 것처럼 표현할 수 있다.

5. [잔디1] 위에 [잔디2]라는 이름으로 새 레이어를 만든다. 연두색(#91c848)을 선택한 뒤 Opacity 값을 80-90%로 맞춰준 후, 가운데 부분에 있는 잔디의 외곽선을 신경 써서 채색해 준다.

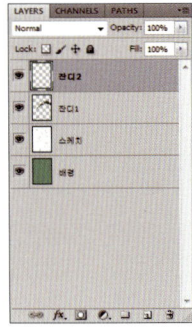  

6. [잔디2] 위에 [잔디3]라는 이름으로 새 레이어를 만들고, 연한 파란색(#01786a)으로 아래쪽 잔디의 외곽선을 신경 써서 채색한다.

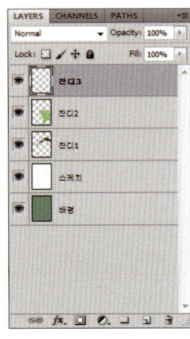 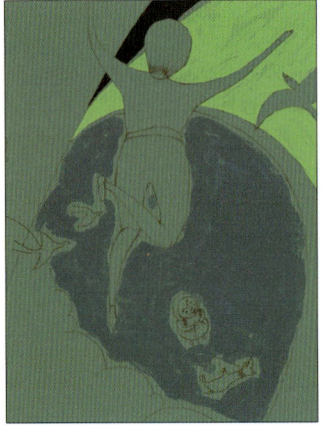 

7. [잔디3] 레이어 위에 [호수]라는 새 레이어를 만든 후, 연한 하늘색(#d7eafa)으로 나룻배와 새 사이의 경계를 채색해 준다.

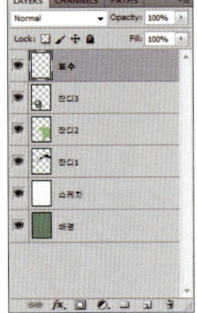 

8. [호수] 위에 [구름]이라는 새 레이어를 만든 후,
연한 파란색(#99bddd)으로 구름을 채색한다.

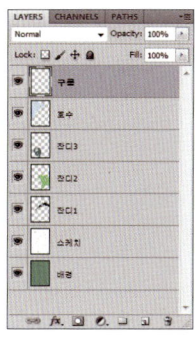

9. [호수] 위에 [구름]이라는 새 레이어를 만든 후,
연한 파란색(#99bddd)으로 구름을 채색한다.

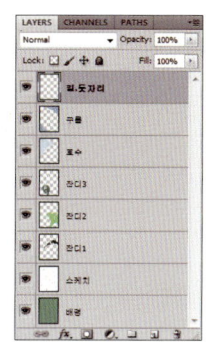

10. 연한 갈색 계열의 색상(#cec589, #dcc5b6)으로, 잔디 사이에
나있는 길가를 채색한다. 이제 길 주변과 돗자리의 채색까지 완성해 보았다.

Step. 3 잔디와 길에 직물 패턴 느낌 주기

1. 이제부터 잔디와 길에 일정한 패턴을 그려 직물패턴의 느낌을 내 보도록 하자. [잔디2]를 선택한 후, 중간 부분의 잔디에 짙은 녹색(#0e6143)으로 4-5줄의 짧은 가로선을 그려 다음과 같은 패턴을 그린다. 그리고 올가미 툴로 가로선 영역을 그려 선택영역으로 만든 뒤 복사하여 사용하는 방식을 이용하면 패턴을 빠르게 만들 수 있다.

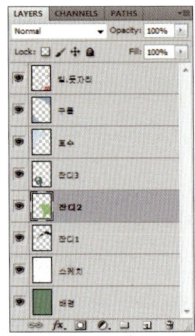  

2. [잔디3]을 선택하고, 아래쪽 잔디에 노란색(#e5e435)으로 다양한 사이즈의 원을 그린다.

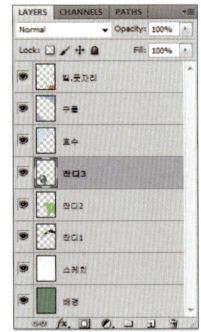  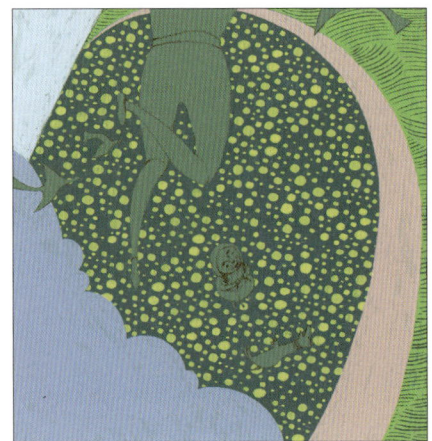

3. [잔디1]을 선택한 후, 다양한 색상의 꽃을 그려 윗부분 잔디를 장식해 보자. 다양한 사이즈로 원 모양의 꽃과 별 모양의 꽃을 그려 넣는다.

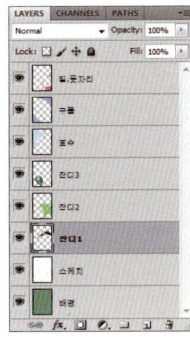  

4. [길.돗자리]를 선택하고 짙은 갈색(#512603)으로 길가에 점을 찍는다.

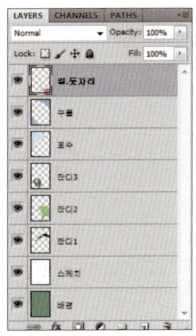 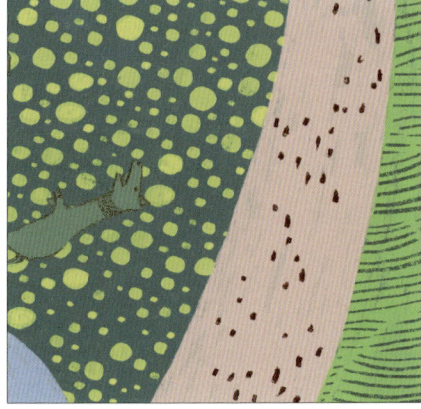 

Step. 4　패턴 만들어 활용하기

Ctrl+N키를 눌러 새로운 작업 창을 만든다. 'pattern'이라 이름 지은 뒤 Width와 Height값은 모두 355pixels로, Resolution은 600pixels/inch로 설정한다.

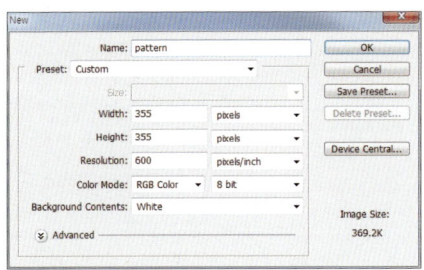

'pattern' 작업 창을 만든 후, Ctrl+R키를 눌러 눈금자가 보이도록 한다. 눈금 부분을 클릭한 채로 작업 창으로 드래그하면 다음과 같은 눈금선을 만들 수 있다. 가로와 세로 모두 4개씩, 3칸마다 눈금선을 그어 표시한다.

2. 새 레이어를 만든 뒤 Hard Round 브러시를 선택한다. 밝은 연두색(#c2f5e5)으로 눈금 선을 참고하여 세로선을 그려 준다. 이때 Shift키를 누르면 반듯한 직선을 그릴 수 있다.

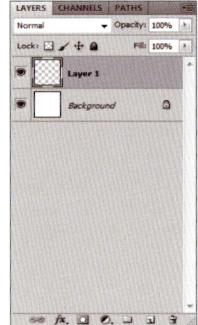 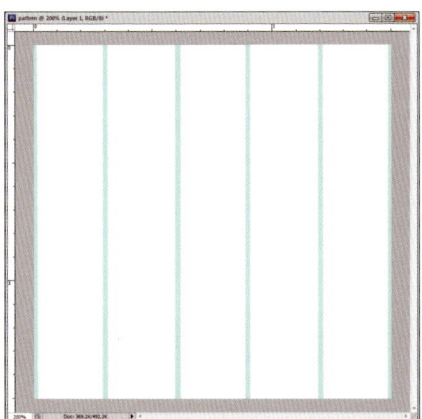

3. Ctrl+J키를 눌러 [Layer1]을 복제하여 [Layer1 copy]를 만든 후, 세로선을 90도 회전시켜 가로로 바꿔 보도록 한다. 먼저 Ctrl+T키를 눌러 자유변형박스를 띄운다.

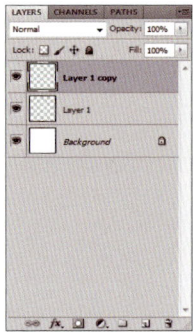 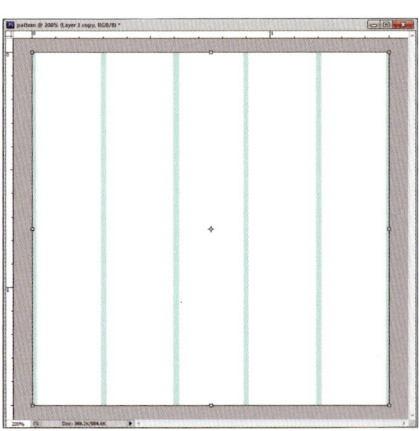

4. 마우스 오른쪽 버튼을 눌러 Rotate 90° CW 메뉴를 선택하면 가로선이 만들어질 것이다.

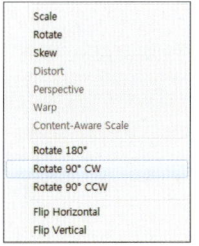
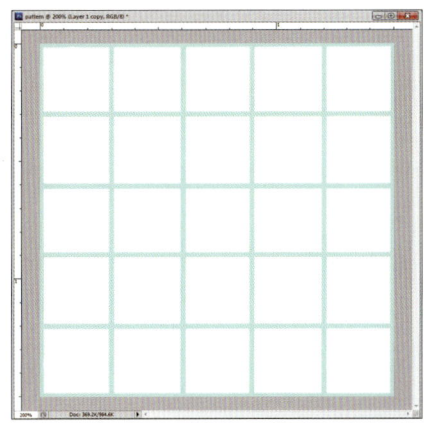

Tip_1
이미지를 90도로 회전시키고 싶다면 자유변형박스를 이용하면 된다.
Ctrl+T키를 눌러 자유변형박스를 띄운 뒤, 마우스 오른쪽 버튼을 누른다.
Rotate 90° CW: 시계방향으로 90도 회전한다. Rotate 90° CCW: 반-시계방향으로 90도 회전한다.

5. 이제 패턴을 등록할 차례다. [Background]의 눈을 꺼준 뒤, Edit>Define Pattern을 선택한 후 '녹색체크무늬'라 이름 지은 뒤 OK버튼을 누른다.

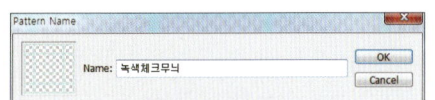
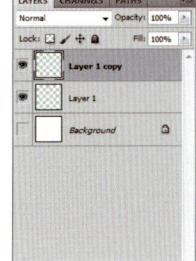

6. 이제 '녹색체크무늬' 패턴을 구름에 입혀 보자. '소망-시작.psd' 작업 창에서 [구름]을 선택한 후, 레이어 패널 하단의 레이어 스타일 아이콘을 클릭한다. 그리고 레이어 스타일 창에서 Pattern Overlay 메뉴를 선택하고, Pattern의 삼각버튼을 눌러 '녹색체크무늬' 패턴을 선택한다. 이 때 Scale 값은 150%로 설정한다. 이제 구름에 패턴이 입혀진 모양을 확인할 수 있다.

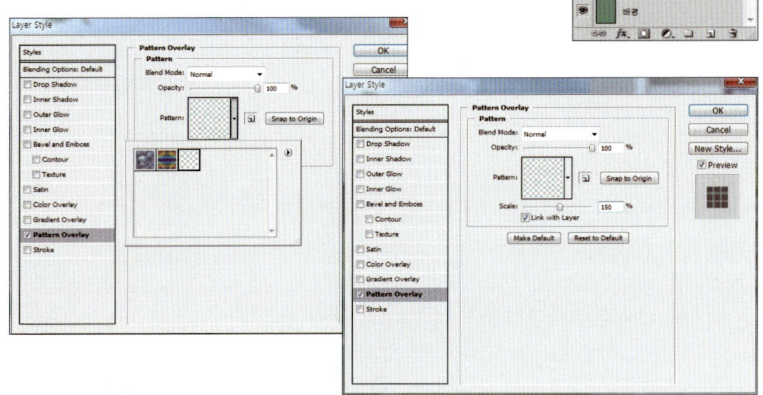

7. 먼저 'pattern' 작업 창으로 돌아와 [Layer1]과 [Layer1 copy]의 눈을 끄고 [Background]의 눈은 켜준다. 그리고 새 레이어를 만든다. 눈금 부분을 클릭한 채 작업 창으로 드래그하면 다음과 같은 눈금선을 만들 수 있다. 이 방법으로 두 개의 가로 눈금선을 만들어 본다.

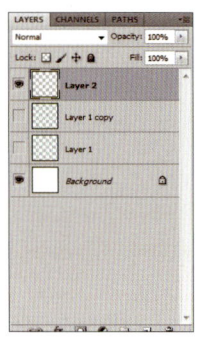
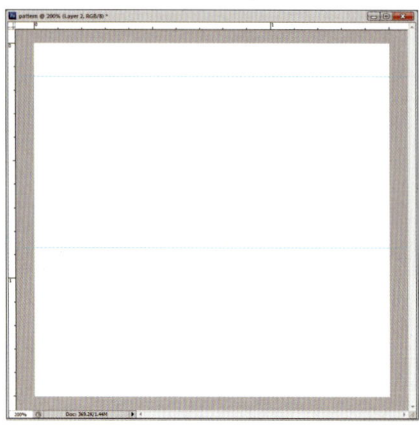

8. Hard Round 브러시를 선택한 뒤 하늘색(#a1c2e0)으로 눈금선을 참고하여 물결선을 그린다. 이때 물결라인이 반복되어야 한다는 점에 초점을 맞추고, 왼쪽과 오른쪽 물결이 자연스럽게 이어질 수 있도록 수평라인을 맞춰 물결을 그린다.

9. 아까 새로 만든 [Layer2] 위에 [Layer3]라는 새 레이어를 만든 후, 연한 보라색(#9e8fc4)으로 점을 찍어 패턴을 완성한다.

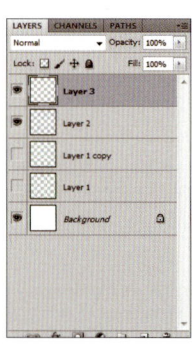
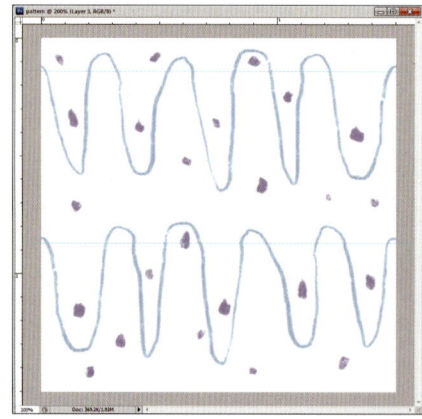

10. 이제 패턴을 등록할 차례이다. [Background]의 눈을 꺼준 뒤 Edit>Define Pattern 메뉴를 선택한다. '물결무늬'라 이름 지은 뒤 OK 버튼을 누른다.

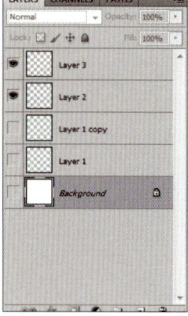

11. 이제 '물결무늬' 패턴을 호수에 입혀 보자. '소망-시작.psd'작업 창의 [호수]를 선택하고, 레이어 패널 하단의 레이어 스타일 아이콘을 클릭한다. 레이어 스타일 창에서 Pattern Overlay 메뉴를 선택한 뒤, Pattern의 삼각버튼을 눌러 '물결무늬' 패턴을 선택한다. 레이어 블렌딩 모드는 Multiply 모드로 변경한 뒤 Scale 값을 120%로 설정한다. 이제 호수에 패턴을 입혀 보았다.

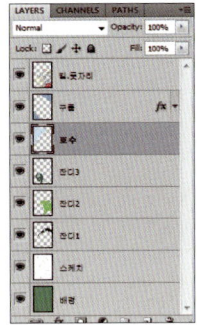
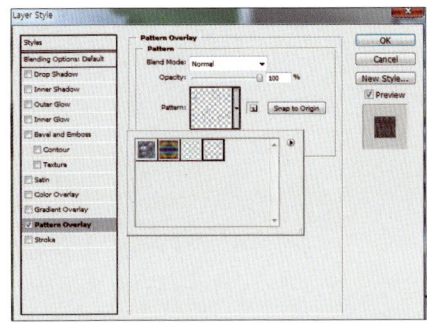
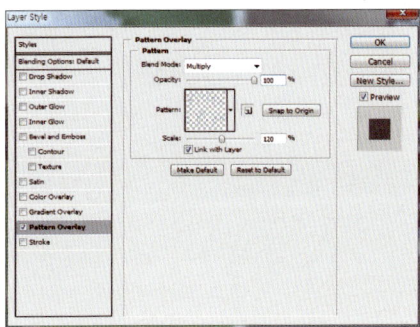
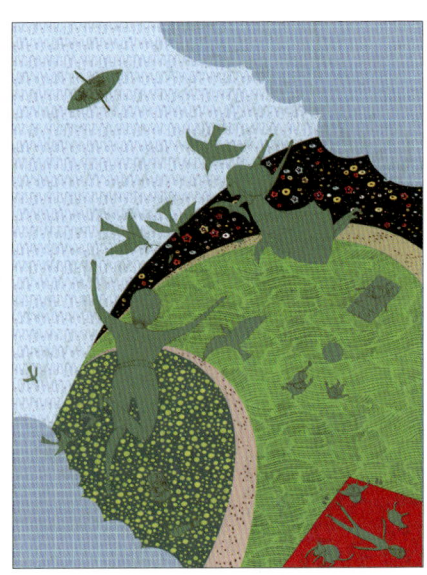

Step. 5   개체들 채색하기

1. Ctrl키를 누른 채 [잔디1], [잔디2], [잔디3]를 선택하고, Ctrl+E키를 눌러 이 레이어들을 하나로 합친다. 합쳐진 레이어의 이름을 [잔디]로 변경한다.

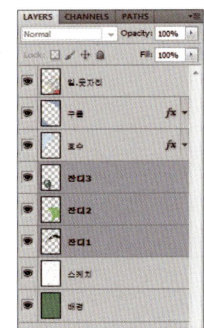
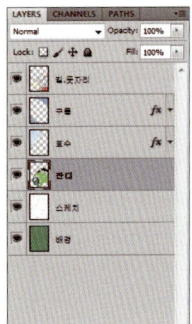

2. [길.돗자리] 위에는 [개체꾸밈]이라는 새 레이어를 만들어 준다.

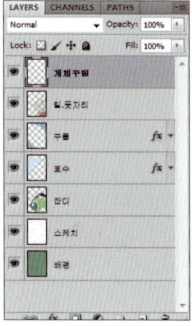

3. 흰색을 선택한 뒤 돗자리 모서리 부분에 흰 사각형을 그린다. 그리고 그 사각형을 복사하여 체크무늬를 꾸민다. 무늬를 반복해서 그리는 건 시간이 너무 많이 소요되기 때문에, 무늬를 복사해서 붙여넣는 방법이 더 낫다. 먼저 올가미 툴로 사각형 주변을 그려 선택영역으로 만들어 준다.

4. Alt+Ctrl키를 누른 채 사각형을 이동시키면 무늬가 복사되어 붙여 넣어질 것이다. 이와 같은 방법으로 체크무늬를 완성시켜 보자.

5. 돗자리 위에서 자는 남자와 하늘을 쳐다보는 남자의 채색을 시작한다. 창을 확대하여 애완동물과 신발도 세세하게 묘사하도록 하자.

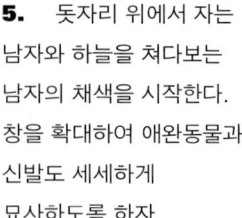  

6. 잔디 위에서 놀고 있는 사람들을 채색한다. 잔디 색이 연두색임을 감안하여 녹색 계열의 색은 제외하고, 밝은 색상을 사용하여 사람들이 돋보일 수 있도록 하자.

7. 하늘을 날고 있는 소년과 애완견을 데리고 산책을 나온 소녀, 새들을 채색한다. 일단 기본 색을 찾아 칠한 뒤 무늬를 입혀 완성한다.

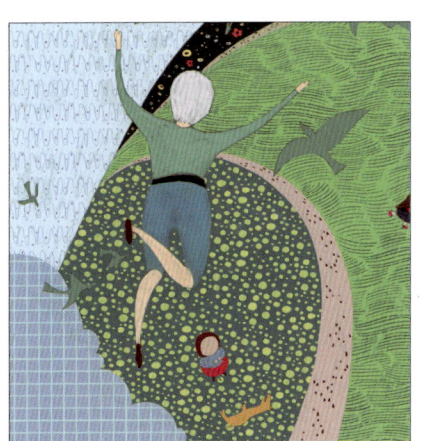 

8. 하늘을 날고 있는 소녀와, 소녀 주변에 모인 새들을 채색한다. 높은 곳에서 공원을 내려다보고 있는 소녀의 모습을 상상하며 그려 주도록 한다. 그리고 창을 확대하여 신발 끈을 물고 있는 새의 부리 부분도 세밀하게 묘사한다.

Creative Artworks - 4   Illustration Style Book : part_03

9. 왼쪽 상단에 있는 배와 그 안에 있는 사람들도 채색해 준다. 배의 색상과 사람들이 옷 색상이 구별되도록, 갈색 계열의 색상을 제외한 색을 사용하여 사람들의 옷을 칠하도록 한다. 마지막으로 배 밑에 그림자를 넣어 이미지를 완성한다.

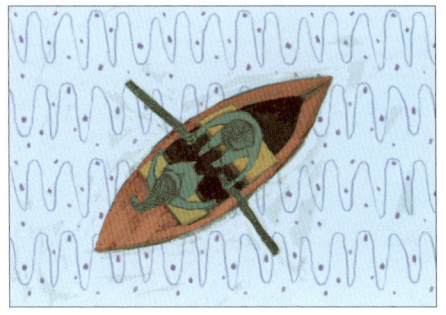 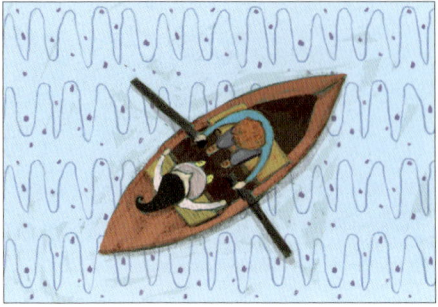

Step. 6 마무리하기

1. 이제 그림자와 사각 프레임 주변을 약간 어둡게 만들어 보자. 먼저 [구름]을 선택한 뒤 패널 하단의 레이어 스타일 아이콘을 클릭한다. 레이어 스타일 창이 띄워졌으면 Outer Glow 메뉴를 선택한다. 레이어 블렌딩 모드를 Normal 모드로 변경한 뒤 검정색을 선택한다. Opacity 값은 5%로 설정한 뒤 OK버튼을 누른다. 구름 주변에 엷은 회색 그림자가 생겼다.

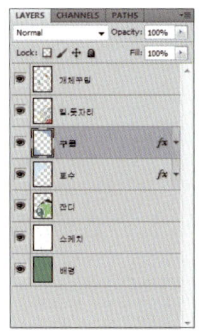 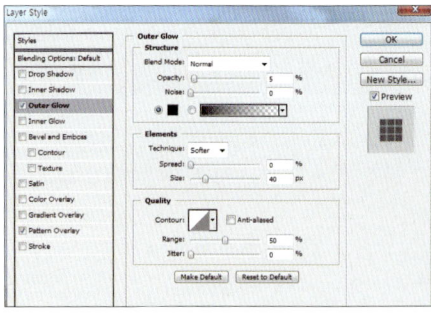 

2. [개체꾸밈] 위에 [마무리]라는 이름의 새 레이어를 만든다. Soft Round 브러시를 선택한 뒤 파란색(#3d79b9)을 선택한다. Opacity 값을 10%로 낮춰준 뒤 이미지의 사각 테두리 주변을 눌러 준다.

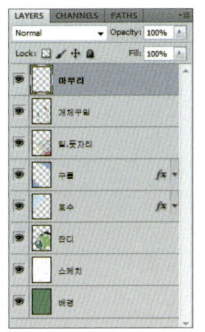 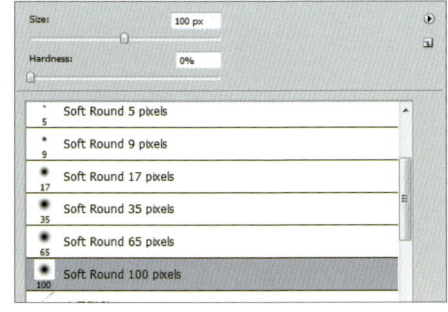 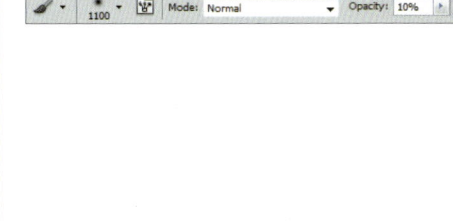

Tip_2

사각 프레임 주변을 눌러주면 시선을 중앙에 집중시키는 효과가 있다. 주제를 드러내고 싶다면 마무리 단계에서 잊지 말고 사용해 보자.

3. 브러시의 Opacity 값을 100%로 설정한 뒤, 흰색의 반짝이는 점들을 찍어 이미지를 완성한다.

tutorial

사용프로그램	Flash CS4
	Photoshop CS4

part 3-3 기하학 도형을 활용하여 초현실 효과 내기

TITLE

믿음

믿음은 진실한 것을 받아들이는 심리 상태이다. 보이지는 않지만 무언가를 잡고 있는 것, 다시 말하면 믿음 곧 굳은 의지라고도 말할 수 있겠다. 우리는 세상을 살아가면서, 사람들과 관계를 맺고, 서로 믿고 사랑하고 의지하며 살아간다. 믿음은 서로를 채워나갈 수 있는 힘이다. 그리고 또한 보이지 않는 응원과 격려이기도 하다. 믿음의 공간을 시각적으로 표현한다면 어떤 장면을 그려낼 수 있을까? 개인적으로 나는 복잡하지 않은 여백의 공간, 진공의 상태가 떠오른다. 투명하고 진실한 공간의 느낌을 강조하기 위해 기하학 도형을 이용해 빛 효과를 내 보려고 한다. 이제부터 반짝이는 믿음의 공간을 상상하며 같이 그려 보도록 하자.

IDEA

믿음의 공간은 보이지 않는 무의식의 세계, 꿈의 세계에 가깝다. 순수한 상상력을 동원해 일상에 존재하지 않는 사물과 기이한 물체나 도형을 이용하여 스케치를 해 보도록 하자. 초현실이란 현실을 뛰어넘는다는 의미이다. 초현실주의 작가들의 작품을 보면, 공간에서 점들의 배열 및 곡선과 면들의 특성을 이용하는 기하학 성격의 도형들이 작품 내에 많이 사용된다는 것을 알 수 있다. 여러 모양의 도형을 이어 붙이는 실험을 계속해 보고 또 활용해 보도록 하자.

Step. 1 　스케치 선 정리하기

1. 포토샵을 실행한 후 Ctrl+O키를 눌러 '믿음-시작.psd', 'background.jpg' 파일을 불러온다. 스케치한 그림과 배경 파일이 열린다.

2. 'background.jpg' 파일을 Ctrl+A키를 눌러 전체를 선택한 다음 Ctrl+C키를 눌러 복사한 뒤, '믿음-시작.psd' 작업 창에 Ctrl+V키를 눌러 붙여 넣는다. 이제 [Layer1]을 [스케치] 아래로 위치를 옮긴다.

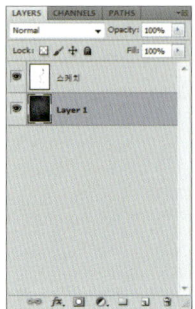

3. [스케치]의 레이어 모드를 Divide 모드로 바꾼 뒤 Opacity 값을 70%으로 설정한다. 스케치 선이 연한 하늘색으로 바뀐 것을 확인할 수 있다.

Step. 2   패스 만들기

이제부터 Line 툴로 패스를 만들어 활용해 보자. Line 툴을 이용하면 일정한 굵기의 패스를 그릴 수 있다. 스케치를 참고하여 기하학 도형을 그려 보자.

1. Line 툴을 선택한 뒤 옵션 바에서 다음과 같이 설정한다. Weight 값은 1px으로 한다. 먼저 도형의 위쪽 변부터 패스를 만들어 주고, 도형의 외각을 따라가면서 패스를 그린다.

2. 도형의 외각 패스가 완성된 모습이다.

3. 패스 패널을 연다. Work Path가 생성된 것을 확인할 수 있다. 마우스를 두 번 클릭하여 [Path1]라는 패스 레이어로 변환한다.

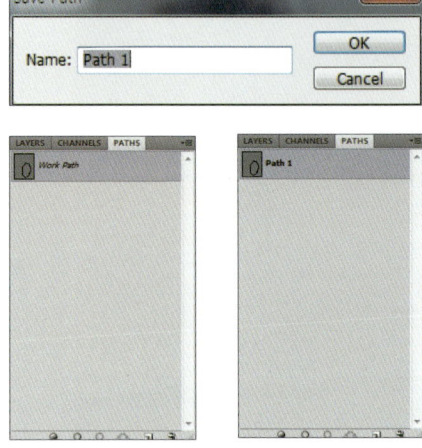

Tip_1   Work Path 상태에서는 새로운 패스를 그릴 때 이전에 그린 패스는 사라지게 된다. 패스를 살리고 싶다면 Work Path를 두 번 클릭해서 Path라는 이름을 가진 패스 레이어로 만들어 줘야 패스가 저장된다.

4. Ctrl키를 누른 채 [Path1]을 클릭하면 패스가 선택 영역으로 바뀐다. 레이어 패널에서 [스케치] 위에 [기하학도형라인]이라는 새 레이어를 만든다.

5. 배경색을 흰색으로 설정한 뒤 Alt+Delete키를 눌러 선택 영역에 색을 입힌 후, Ctrl+D키를 눌러 선택 영역을 해제한다.

6. 패스 패널에서 [Path2]를 만든다. 그리고 Line 툴로 도형의 안쪽 변을 따라 패스를 만들어 준다. 스케치를 참고하여 패스를 그려 보자.

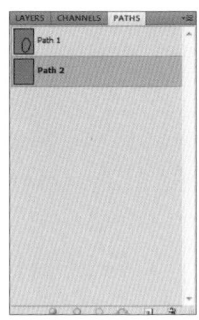

7. Ctrl키를 누른 채 [Path2]를 클릭하면 패스가 선택 영역으로 바뀐다.

8. 배경색을 흰색으로 설정한 뒤 Alt+Delete키를 눌러 선택 영역에 색을 입힌 후 Ctrl+D키를 눌러 선택 영역을 해제한다. 1px의 흰색라인이 완성되었다.

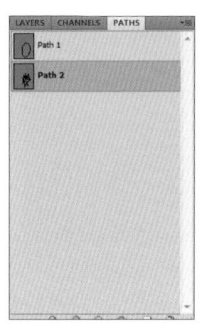

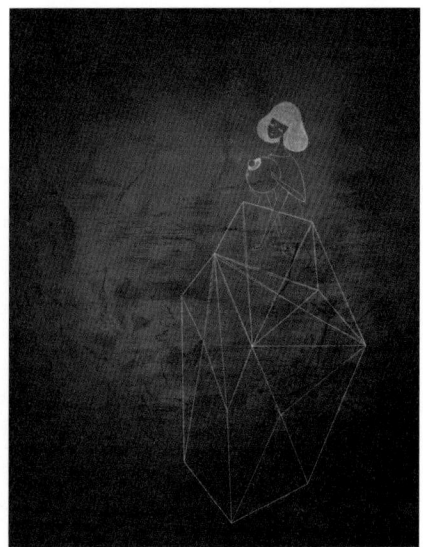

Step. 3   기하학 도형 채색하기

1. 마술봉 툴을 선택한 뒤 옵션 바를 다음과 같이 설정한다. [기하학도형라인]을 선택한 뒤, 다각형 도형의 왼쪽상단에 있는 삼각영역을 선택하면 선택 영역이 만들어진다.

2. 레이어 패널에서 [기하학도형라인] 레이어 위에 [L_01]라는 새 레이어를 만든다. 배경색을 검정색으로 설정한 뒤 Alt+Delete키를 눌러 선택 영역에 색을 입힌 후, Ctrl+D키를 눌러 선택 영역을 해제한다.

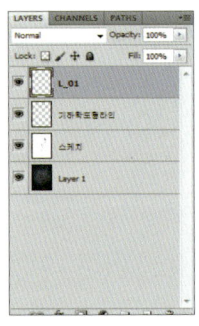

3. 같은 방법으로 다각형의 나눠진 영역을 각각 선택한 뒤 새 레이어를 만들어 검정색으로 색을 입혀 준다. [L_01]에서부터 [L_21]까지 총 21개의 레이어가 만들어 졌을 것이다.

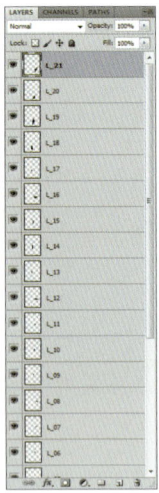

4. 레이어 패널에서 새로운 그룹을 만들어 [L_01]부터 [L_21]까지를 한 그룹 안에 넣어 준 후, 이름을 '도형조각'으로 변경한다.

5. 이제부터 '도형조각' 그룹 안에 있는 레이어마다 레이어 마스크를 씌워 보자. 먼저 [L_21]부터 레이어 패널 하단의 마스크 추가 아이콘을 눌러 마스크를 씌운다. 그라디언트 툴을 선택한 뒤 작업 창에서 클릭한 후 드래그하면 그라디언트가 적용된 것을 확인할 수 있을 것이다.

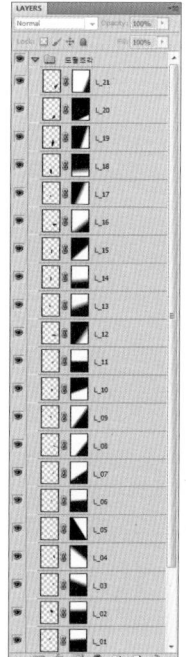

6. [L_20]을 선택한 후 레이어 패널 하단의 마스크 추가 아이콘을 눌러 마스크를 씌운다. 그라디언트 툴을 선택한 뒤 작업 창에서 클릭한 후 드래그하여 그라디언트를 적용시켜 준다.

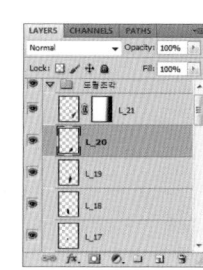

7. 같은 방법으로 각각의 레이어에 마스크를 씌운 뒤 그라디언트를 입혀 주는 과정을 반복한다. 그라디언트는 각도가 가파른 정도에 따라 적절하게 적용시켜야 한다. 도형이 맞닿은 부분은 서로 구별될 수 있게 한 면은 투명하게, 다른 한쪽 면은 불투명하게 조절하는 것이 좋다. 마음에 드는 그라디언트가 나올 때까지 반복시켜 적용해 보자. 많은 시행착오는 완벽한 그라디언트를 만드는 데에 큰 도움이 될 것이다.

8. '도형조각' 그룹을 하나의 레이어로 만들어 보겠다. '도형조각' 그룹을 선택한 뒤 Ctrl+E키를 누르면 그룹이 레이어로 바뀌는 것을 볼 수 있다. 레이어의 Opacity 값은 50%으로 설정한다.

9. [도형조각] 레이어를 Ctrl+J키를 눌러 복제하면 [도형조각 copy]가 만들어 진다. 레이어 모드를 Divide 모드로 바꾼 뒤 Opacity 값은 30%으로 설정한다.

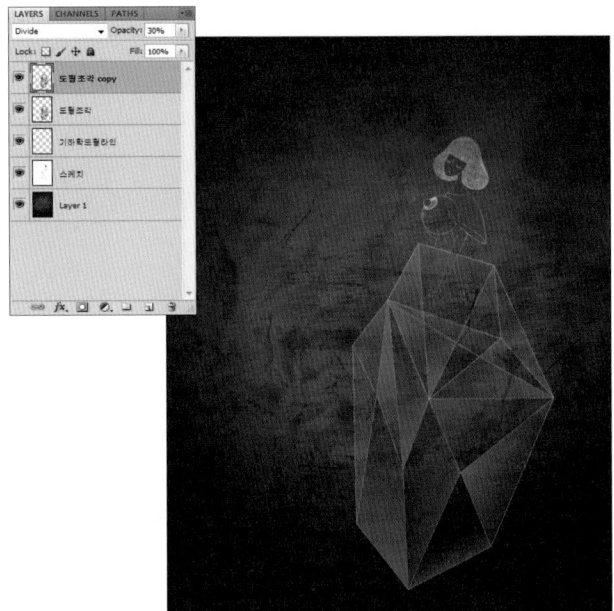

10. 도형조각을 상하대칭 시켜 보자. Ctrl+T키를 눌러 자유변형박스를 띄운 후, 마우스 오른쪽 버튼을 눌러 Flip Vertical 메뉴를 선택한다. 도형이 거꾸로 선 모양으로 바뀌게 된다.

 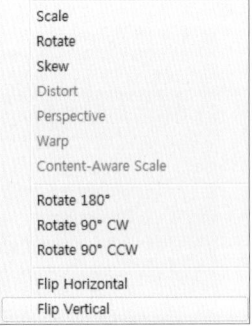 

11. 이제부터 도형에 빛 반사 효과를 내보도록 하자 [도형조각] 레이어 아래에 [빛효과]라는 새 레이어를 만든다.

12. Soft Round 브러시를 선택한 뒤 Opacity값을 80%로 설정하고 빨간색, 노란색, 파란색으로 큰 원을 그린다. 동그란 원들이 색상 별로 적절히 섞일 수 있도록 채색하도록 하자.
(나는 채색된 원 색상이 잘 보이도록 흰 배경 위에 올려놔 봤다.)

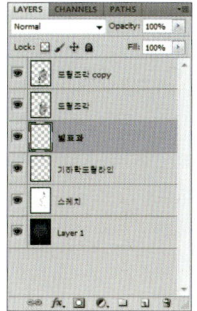

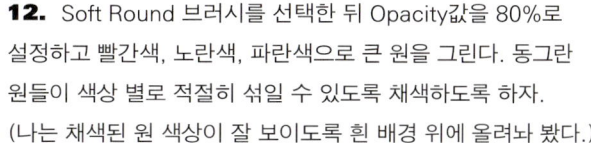

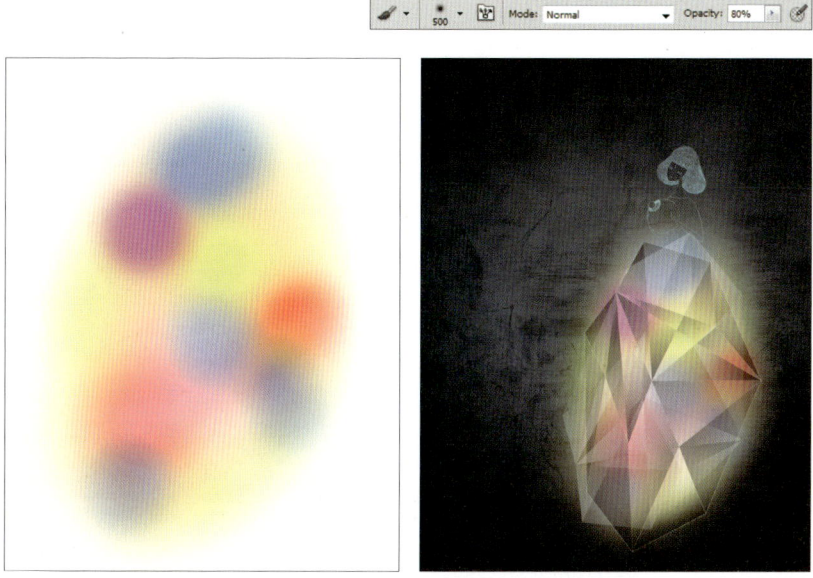

13. [빛효과]의 레이어 모드를 Screen 모드로 바꾼 뒤 Opacity 값을 80%로 설정한다. 빛의 밝기가 조금 흐려진 것을 확인할 수 있다.

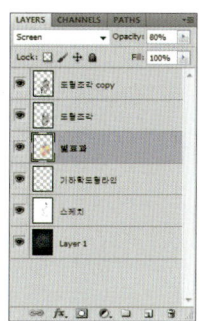

Step. 4 하이라이트 효과 더하기

1. [도형조각 copy] 위에 [하이라이트효과]라는 새 레이어를 만들고, 연한 파란색 (#9eb8df)으로 배경색을 입혀 준다.

2. Filter>Artistic>Film Grain을 선택한 후, Grain: 4, Highlight Area: 0, Intensity: 1로 설정하고 OK버튼을 누른다. 그리고 [하이라이트효과]의 레이어 모드를 Divide 모드로 바꾼 뒤 Opacity 값을 50%로 설정한다.

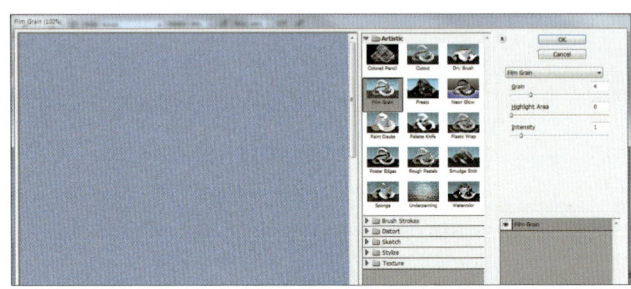

3. [기하학도형라인]을 선택한 뒤 Ctrl+J키를 세 번 눌러, [기하학도형라인 copy], [기하학도형라인 copy2], [기하학도형라인 copy3]라는 새 레이어 3개를 만든다. 먼저 [기하학도형라인 copy]를 선택한 후, Ctrl+T키를 눌러 자유변형박스를 띄우고 다음과 같이 각도, 사이즈, 위치를 조절한다.

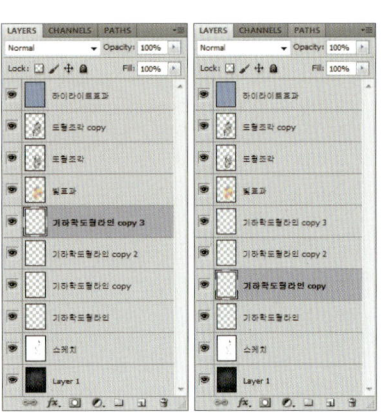

4. [기하학도형라인 copy2], [기하학도형라인 copy3]에 있는 도형선 역시 Ctrl+T키를 눌러 각도, 사이즈, 위치를 조절해 주어 다음과 같이 만든다.

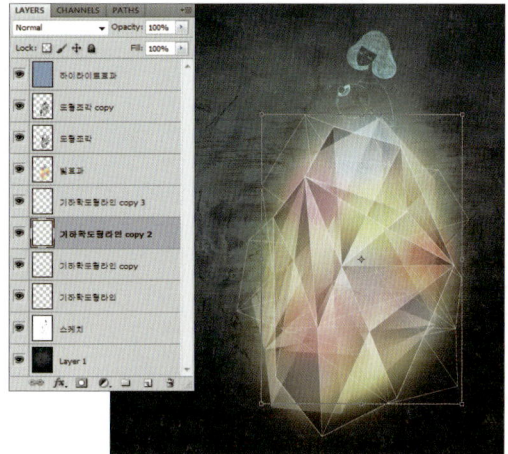 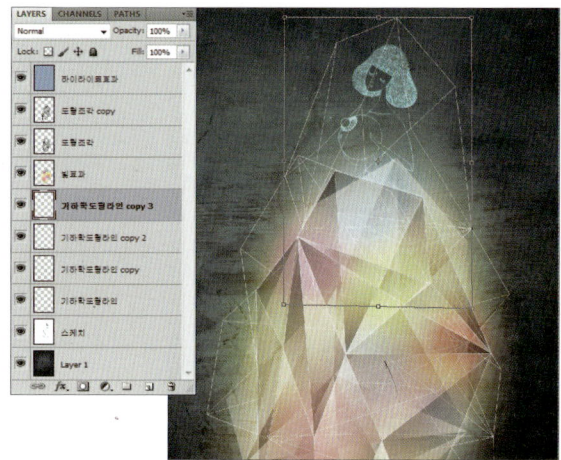

5. Ctrl키를 누른 채 [기하학도형라인 copy], [기하학도형라인 copy2], [기하학도형라인 copy3]을 선택한 후, Ctrl+E키를 눌러 레이어를 합친다.

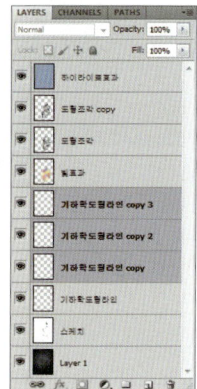 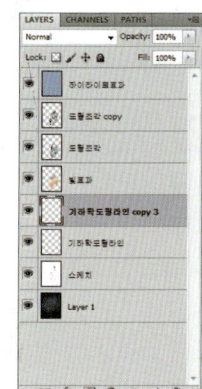

Step. 5 개체들 채색하기

1. 이제부터 소녀와 물방울들을 채색해 본다. [스케치] 위에 [개체꾸밈]이라는 새 레이어를 만들고 Brush 패널에서 Chalk 브러시를 선택한다.

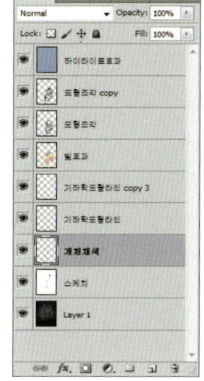 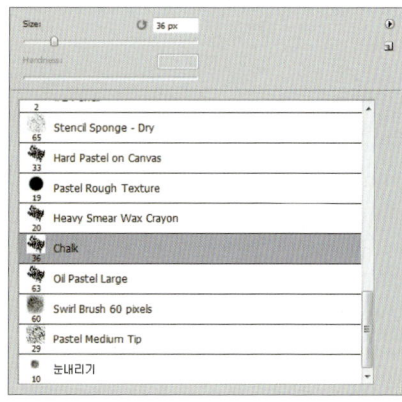

2. 브러시의 Opacity 값을 80%로 설정한 뒤 연두색(#ffe0c7)으로
소녀의 얼굴, 목, 손, 다리를 채색한다.

3. 브러시의 Opacity 값을 60%로 설정한 뒤 연한
파란색(#669bc6)으로 소녀의 머리를 채색하고, 남색(#181e2d)으로
드레스와 리본장식을 그린다. 그리고 난 후 흰색을 사용하여 드레스에
다음과 같이 무늬를 그려 준다.

4. 갈색 계열의 색(#593001, #dda05e)으로 눈썹과 눈, 코와 입술과 볼을 그린다.

5. 분홍색(#fc627c)으로 물방울들의 외각라인을 채색한다. Dodge 툴과 Burn 툴을 사용하여 물방울들의 밝고 어두운 부분을 만든 후, 짙은 분홍색(#b24b3f)으로 구멍 난 물방울 안쪽을 칠해 준다.

6. Brush 패널에서 눈 내리기 브러시를 선택한 후, 브러시의 Opacity 값을 80%로 설정한 뒤 분홍색(#fe8d9c)을 선택한다. 그리고 도형 위에서 아래영역까지 S자형으로 마우스를 드래그하면 분홍색 눈이 흩뿌려진 것 같이 표현될 것이다.

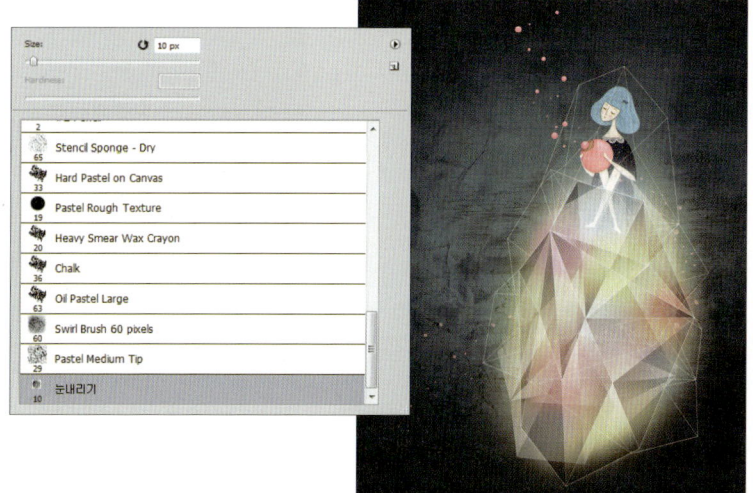

Step. 6 마무리하기

7. 이제 배경을 조금 어둡게 만들어 빛 효과가 잘 드러나도록 해 보도록 하자. 먼저 [Layer1]을 선택한 후, Ctrl+U키를 눌러 Hue/Saturation 창을 띄운다. Hue: 0, Saturation: -37, Lightness: -39로 설정한다.

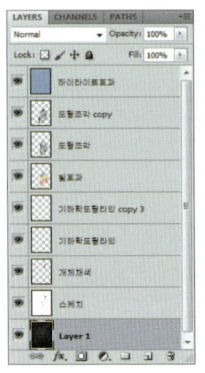
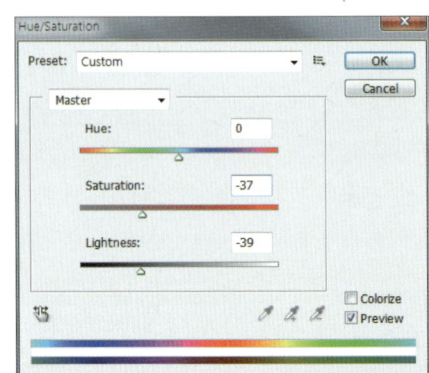

8. 배경이 검정색에 가까운 짙은 남색으로 바뀌었을 것이다. 이제 기하학 도형을 활용한 초현실 이미지를 완성해 냈다. Shift+Ctrl+S키를 눌러 '믿음-완성.jpg' 파일로 저장한다.

Creative Artworks - 4

Illustration Style Book

카툰 느낌의
드로잉 작업

NJ   part **4**

NJ 성낙진

프리랜스 일러스트레이터
http://blog.naver.com/mcnj

project team "mogurige"
2NE1, 티아라, 블랙펄 등 뮤직비디오 배경 작업 참여
에스콰이어, 맨즈헬스, 어메이징인베스터 등 잡지 일러스트 작업
네이트 광고 일러스트레이션

interview

part 4

스타일의 국적

그 동안 한국 일러스트레이션 스타일은 일본 일러스트레이션의 영향을 많이 받아 왔다. 그만큼 대중들은 일본 일러스트레이션을 대할 때엔 큰 거부감을 갖지 않지만, 반면 비교적 국내에 잘 소개되지 않은 유럽이나 미국 일러스트레이션을 대할 때엔 큰 거리감을 느끼는 편이다. 따라서 국내 일러스트레이션 트렌드는 유럽과 미국의 일러스트레이션 경향과는 별개로 흘러가는 경향이 있다.

국내의 여느 일러스트레이터들과는 다르게, 성낙진은 해외의 다양한 일러스트레이션을 골고루 흡수하여 자신만의 독특한 스타일로 재해석해 낼 줄 아는 아티스트이다. 어떤 일러스트레이션이라도 편견을 갖지 않고 유연하게 받아들일 줄 아는 그의 천성 덕분이다. 또한 만화에 대해 품고 있는 그의 각별한 애정은, 작품 속에서 카툰 느낌의 뉘앙스로 발현된다. "그림을 봤을 때 짧은 시간 내에 구체적으로 주제를 알 수 있는 그림, 한 번에 표현된 그림을 좋아합니다. 그림을 오랫동안 그려 오긴 했지만 그 동안 회화보다는 만화 스타일의 그림을 그리다 보니, 자연스럽게 일러스트레이션 쪽에 관심을 갖게 된 것 같습니다."
테라다 카츠야(寺田克也), 타케히코 이노우에(井上雄彦), 애슐리 우드(Ashley Wood), 데이비드 킨지(David Kinsey), 앤드류 헴(Andrew Hem), 알베르토 세리테노(Alberto Ceriteno), 타일러 스타우트(Tyler Stout) 등 다양한 아티스트들에 관심을 기울이고 있는데, 이는 일러스트레이션에 대한 그의 시야가 얼마나 넓은지 간접적으로 암시해 준다.

일러스트레이션과 문화

성낙진이 해외 일러스트레이션 콘셉트들을 특별한 편견 없이 수용할 수 있었던 배경은 다름 아닌 음악이다. 힙합 음악에 열광하는 성작가는 자연스레 힙합 문화에 빠져들었고, 현재 음악 이외에도 그래피티나 힙합 일러스트레이션 등의 힙합 문화 전반에 관심을 기울이고 있다. 그리고 이런 하위 문화에 대한 그의 관심은 그래픽 노블 작업으로 이어지고 있는데, 하위 문화와의 협업은 쉽지만은 않기 때문에, 시행착오를 계속 거치면서 다양한 실험을 하는 중이다. "만약 그래픽 노블을 만들게 되면, 저의 평소 아트워크 스타일들 중의 하나로 가게 될 것 같습니다. 매우 거친 스타일로 말이죠. 하지만 최근에는 시간이 없어서 대략적인 얼개와 글만 써놓고 작업은 별로 진행하지 못했습니다."

fellas

카툰 느낌의 디지털 일러스트레이션

성낙진의 작품들에서는 카툰 느낌이 강하게 난다. 그리고 수작업보다는 디지털 작업의 느낌이 훨씬 풍기는 편이다. 전통 만화 세대가 모든 작업을 수작업으로 진행하고, 최종 작업을 할 때에만 디지털 작업을 조금 가미하는 것에 비해, 성작가는 디지털 툴을 적극적으로 활용하여 작업한다. 이에 대한 그의 대답은 참 솔직하다. "그게 참 애매한데요. 전 수작업으로 하기 귀찮아서 디지털 작업을 하고 있습니다. 아마도 많은 일러스트레이터분들이 비슷한 이유로 디지털 작업에 비중을 두시는 걸로 알고 있는데요. 두 작업 모두 장단점이 있습니다. 디지털 작업이 좋은 점은 수정이 쉽다는 것, 그리고 여러 가지 결과물을 내기에도 굉장히 편리합니다. 저는 연필 선을 그릴 때에도 실제 연필보다는 페인터를 활용하는 편입니다. 시간을 굉장히 단축하는 효과가 있죠. 그럼에도 불구하고, 디테일한 수작업의 묘미는 아직도 수작업 고유의 것으로 남아있다고 생각하긴 합니다. 다만 국내의 내로라하는 갤러리들은 디지털 일러스트레이션을 무시하는 경향이 있는데 이 점이 조금 아쉽습니다."

urban guy

forthelife

Motel M05 뉴욕시티

wkoc

크로스미디어 디자인 스킬

성낙진이 가장 즐겨 사용하는 툴은 포토샵과 페인터이다. 두 프로그램 중 하나를 골라 사용하는 경우도 있지만, 보통은 두 가지 툴을 번갈아 가면서 사용한다. 이유는 명확하다. "일단 두 프로그램에서 제공하는 브러시들이 다른 만큼 낼 수 있는 채색의 느낌도 서로 다르기 때문입니다. 아무리 비슷한 느낌을 내려고 해 봐도, 포토샵으로 표현한 작품과 페인터로 만든 작품은 색감과 터치감 면에서 엄청난 차이가 납니다. 그리고 개인적으로 편집 기능에 있어서는 페인터보다 포토샵이 낫다고 생각해서 편집할 때엔 포토샵을 주로 사용합니다." 툴에 대한 정확한 이해는 그로 하여금 개성 있는 작품 스타일을 구축할 수 있도록 해 준 주요한 요소이다.

11M

프로 일러스트레이터가 되는 길

현재 일러스트레이션 산업은 포화 상태이다. 성작가는 프리랜스 일러스트레이터로서 성공하기 위해서는 현실을 직시할 줄 알아야 한다고 말한다. "최근 몇 년 사이 일러스트레이션 분야가 엄청나게 성장했습니다. 심지어 어느 대학의 학부에는 일러스트레이션 전공이 생기기도 했지요. 속 아픈 이야기를 하자면, 아주 소수의 몇몇 일러스트레이터를 제외하고, 거의 모든 일러스트레이터들은 좋은 대우를 받지 못하고 있습니다. 보통 대부분의 일러스트레이터들은 프리랜스로 작업을 하고 있는데, 프리랜스의 성격 상 월급이 제때에 나오는 경우는 거의 없습니다. 미래가 보장되지도 않고요. 제 주위를 살펴봐도, 몇 년 째 프리랜스로 일하셨지만, 돈을 모으기는커녕 하루하루 생활하기에 급급한 분들이 많습니다."

대부분의 일러스트레이터 지망생들은 꿈과 열정, 그리고 낭만만을 갖고 일러스트레이터 직업을 선망하고 있지만, 꿈 속의 목표를 현실에서 실현시키기 위해서는 좀 더 냉정한 판단이 필요하다. 성작가는 프리랜스의 조건을 "돈을 벌 수 있는"이라는 간결한 단어로 표현한다. "막연히 멋있어 보인다는 이유로 일러스트레이션을 시작하신다면 아마 굉장한 패배감과 절망을 맛보실 겁니다. 남들보다 그림을 잘 그리니까 일러스트레이션을 해 보자고 생각하시는 분들 말고, 부디 그림으로 돈을 벌겠다는 꿈을 가진 분들이 일러스트레이션계에 뛰어 드셨으면 좋겠습니다."

men's life

music make me high

달리는 거야

Creative Artworks - 4

Illustration Style Book : part_04

tutorial

| 사용프로그램 | Photoshop CS5 |
| | Painter CS5 |

part 4-1 도구를 효율적으로 사용하여 그림 그리기

TITLE BIG ATTACK

치과에 관한 기억은 사람마다 모두 다르겠지만, 치과에 갈 때마다 나는 드릴이 치아의 신경을 건드리는 고통의 순간이 되살아나는 것 같다. 그리고 모든 환자들이 입을 벌리고 있고, 치과 의사들이 그들의 입 속을 치료하고 있는 풍경을 바라보고 있자면, 마치 외계인의 실험실을 마주하는 듯하다. (치아 위생을 위해 땀 흘리시는 분들께는 대단히 죄송하지만) 개인적으로 치과라는 공간은 폭력이 난무하는 현장으로 느껴진다. 바로 그것이 내가 이번 작품에서 내가 표현하고자 했던 의도이다.

디지털 툴은 좋은 그림을 만들기 위한 수많은 그림 도구 중 하나에 불과하다. 물론 수작업보다는 좀 더 쉽게 작업할 수 있다는 장점이 있지만, 나는 디지털 작업과 수작업을 필요에 따라 번갈아 가며 사용하는 편이다. 하지만 보통의 경우에는 연필로 스케치를 시작하는 편인데, 이는 디테일을 구현하는 면에 있어서 디지털 툴보다는 수작업이 월등하다고 생각하기 때문이다. 따라서 나의 작업 과정은 연필로 먼저 스케치를 한 후, 포토샵과 페인터를 사용해서 채색하는 순서로 이루어진다.

포토샵은 이미지 편집을 위해 만들어진 프로그램인 만큼, 그림을 쉽게 편집할 수 있고, 다양한 효과를 낼 수 있다. 그리고 포토샵 브러시는 고유한 효과와 느낌을 가지고 있기 때문에, 필요하다면 포토샵만으로 그림을 그리기도 한다. 반면 페인터는 애초에 드로잉이나 채색을 위해 만들어진 프로그램이기 때문에, 그림의 느낌을 충분히 살리기에 매우 적합하다. 하지만 포토샵 보다는 편집 기능이 부족하기 때문에, 이미지 편집은 포토샵에서 주로 하는 편이다.

Resource NJ_sketch.jpg, 방사형집중선.ai, 텍스처_1.jpg, 텍스처_2.jpg, 텍스처_3.jpg

Step. 1 　스케치하기

1.　구상하기 썸네일을 기본으로 스케치를 구상한다.

2.　스케치하기 스케치를 하면 종이가 더러워지기 때문에 두 번에 나누어 스케치를 해 보자. 먼저 아주 거친 선으로 대략의 형태를 잡은 후, 디테일한 부분까지 그려 넣어 보자. 이것이 1차 스케치 과정이다. 완성된 1차 스케치 위에 종이를 새로 얹어 스케치 선을 그대로 베껴 낸다. 이로서 2차 스케치가 완성되었다.

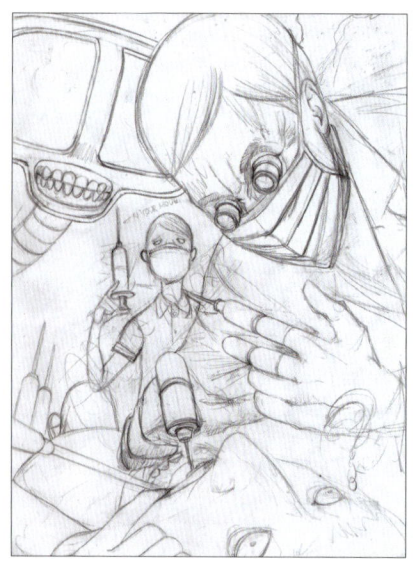

3. 스캔 후 선 정리

스케치를 스캔한다. 아무리 지우개로 지워냈다고 해도, 완벽하게 지워지지 않았던 오염들이 눈에 보일 것이다.

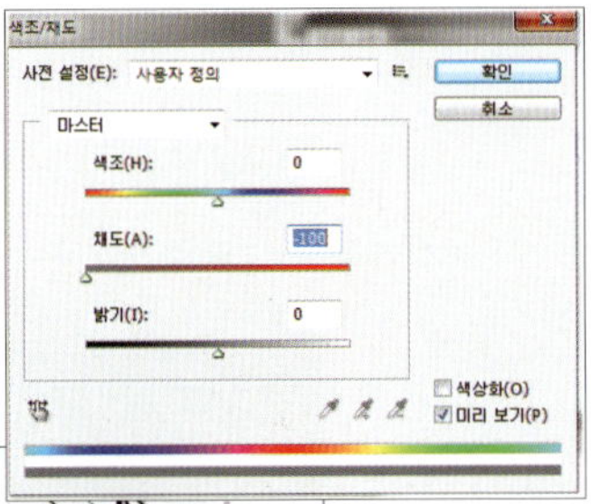

이미지>색상/채도에서 채도를 -100으로 조절해 이미지를 완전히 흑백으로 만들고, 이미지>조정>곡선을 눌러(Ctrl+M), 원하는 색감의 연필 선이 나올 때까지 곡선의 포인트를 당겨 준다.

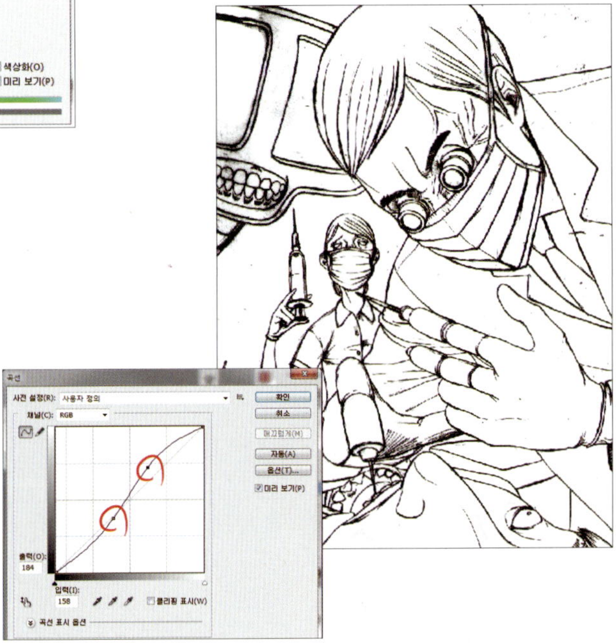

새 창을 열어 종이의 흰색과 바탕의 흰색을 비교해 가면서 작업하면, 최대한 수정을 줄이고 깔끔한 선을 얻어낼 수 있다. 이미지>조정>노출 메뉴를 사용하면 더 정교한 색감을 얻어낼 수 있다.

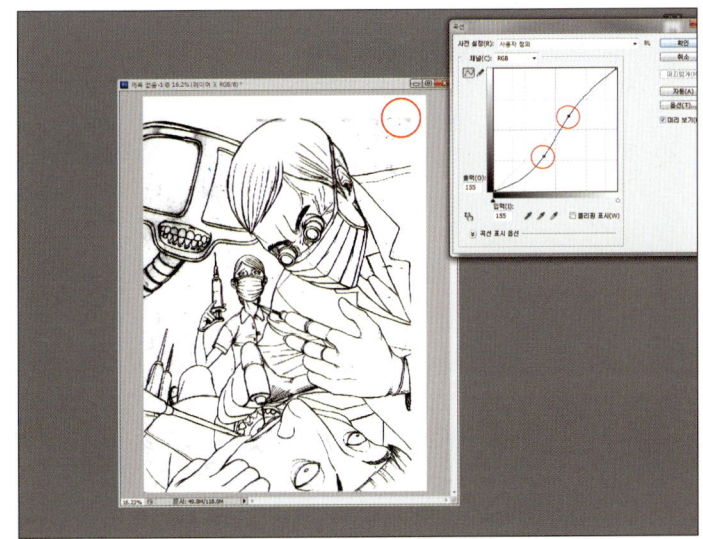

4. 선 분리하기

채색의 편의를 위해 배경의 흰색과 연필 선을 분리해 보자. Ctrl+A키를 눌러 전체를 선택한 후 Ctrl+C키를 눌러 복사한다.

레이어 패널 옆에 있는 채널 패널에 들어가 채널 레이어를 생성한다.

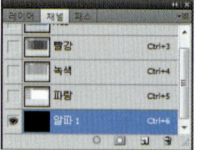

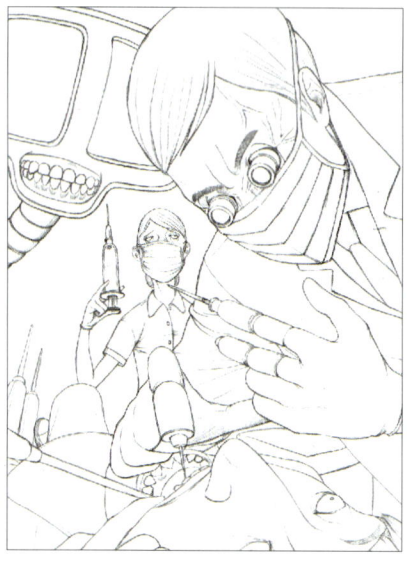

까만 알파 레이어가 생성되었다. 이 레이어는 맨 아래에 놓이게 된다.

이 레이어 위에, 아까 복사한 것을 Ctrl+V키를 눌러 그대로 붙여 넣는다.

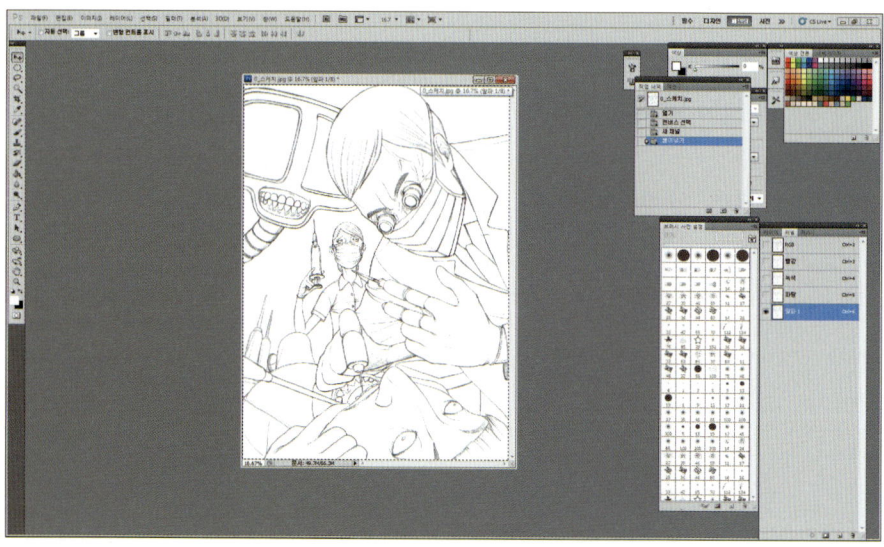

Ctrl+I키를 눌러 이미지를 반전하면,
이미지는 검정색 바탕과 흰 선으로 보여질
것이다.

Select〉Load Selection을 눌러 New Selection을 선택한다.

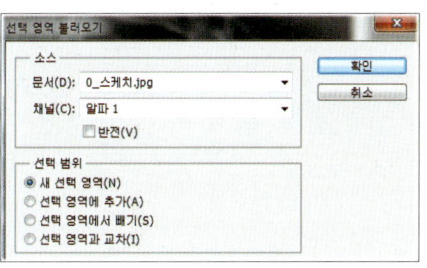

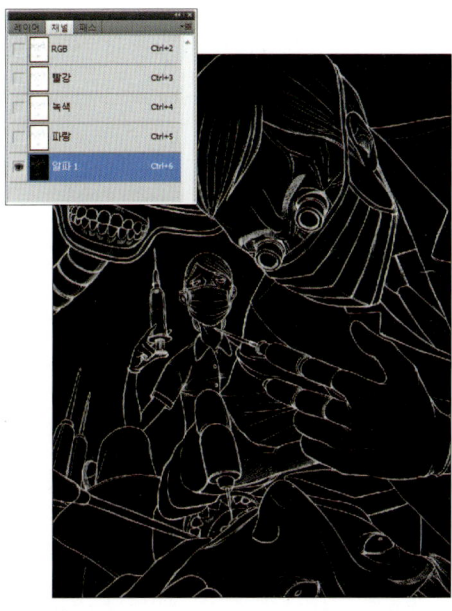

선택 영역을 Ctrl+C키를 눌러 복사한 후 레이어 패널 하단의
Create New Layer를 선택하여 새 레이어를 만든다. 그리고
Ctrl+V키를 눌러 선택 영역을 붙여 넣어 준다.

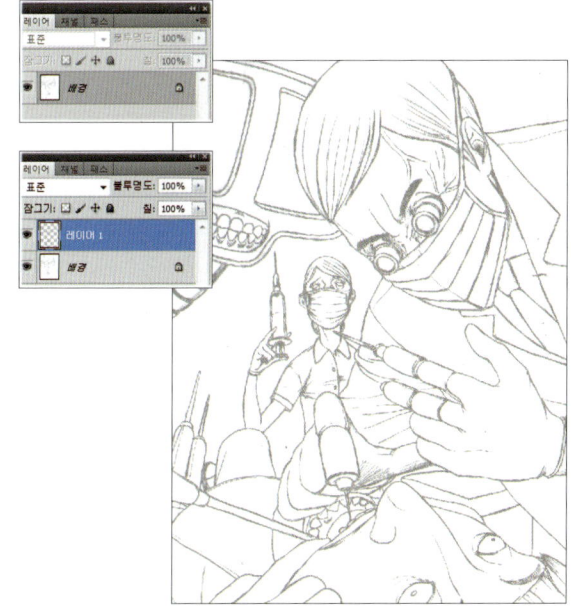

붙여 넣은 이미지는 뿌옇게 보일 것이다. [레이어1]의
잠그기 박스를 클릭하여 자물쇠를 잠그고 브러시를
이용하여 원하는 색으로 칠해 준다. 이 때 배경은
하얗게 지워주도록 한다.

Step. 2　채색하기

기초 채색은 그림의 가장 큰 색감과 분위기를 좌우한다. 한 군데에만 집중하지 말고, 전체를 먼저 색칠한 후 세부적인 채색으로 나아갈 수 있도록 한다.

1. 기본 채색하기

채색을 위해 페인터를 연다. Detail Airbrush 브러시를 선택하여 기초 색감을 넣는다. 처음 채색을 시작할 때엔 큰 브러시를 사용한다.

기본 색감을 조절해 가면서 전체가 조화를 이루도록 균형을 잡는다. 균형을 잡은 후엔 Artists' Oils 브러시를 사용하여 이미지 전체의 색감을 조절해 나간다. Artists' Oils 브러시를 사용하면, 브러시 색과 밑색이 자연스럽게 섞이며, 끝을 문지르면 문지를 수록 더욱 자연스럽게 섞이게 된다.

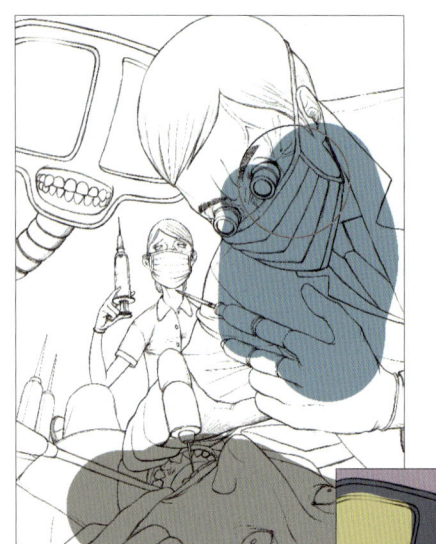

↑ 페인터에서 브러시로 밑색과 섞인 모습

그림 좌측 상단에 시술 장면을 비추는 조명이 있기 때문에, 빛의 방향을 염두에 두고 채색을 진행한다. 물론 광원이 있는 좌측 상단 부분이 밝아지게 될 것이다.

2. 디테일 채색하기

배경은 일단 지워 버리고, 인물 얼굴 윤곽이나 옷의 주름 등 세부적인 묘사를 시작한다.

인물들의 표정, 환자의 입 속 등도 세밀하게 채색해 보자. 웬만큼 디테일이 완성되었으면 이제 배경을 채색해 준다.

Step. 3   그림 살리는 효과 넣기

디지털 페인팅의 장점은 평면에서 가능한 거의 모든 것들을 표현할 수 있다는 것이다.
지금부터 할 작업은, 그림을 강하거나 혹은 예쁘게 보이도록 위해 꼭 필요한 후반 작업이다.

1. 그림자 넣기

포토샵에서 그림을 열고, 먼저 그림자를 잡아 준다. 채색한 그림에 그림자를 넣는 방법은 여러 가지가 있는데, 가장 간단한 방법인 곱하기 모드(Multiply)를 사용하여 그림자를 잡아 보자.

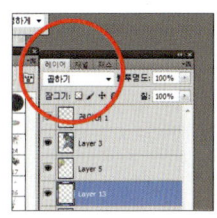
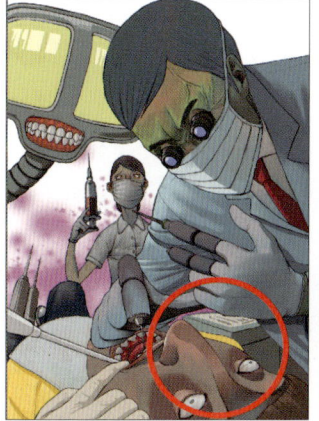

2. 디테일 살리는 효과 넣기

2-1. 좌측 상단의 외계인 조명 색상을 더 예쁘게 보이도록 만들기 위해, 툴 박스의 자동선택도구를 이용하여 노란색의 조명을 따로 그린다. 그 후, 레이어를 잠그고 기존 노란색보다 좀 더 강한 색조의 노랑 계열 색상을 선택하여, 부드러운 기본 브러시로 문질러 그라데이션 효과를 내 본다.

조명 상단에는 좀 더 밝은 색상을 넣어, 빛을 내뿜는 조명 눈을 표현해 본다. 이때 이 레이어들은 [의사] 아래에 있어야 한다.

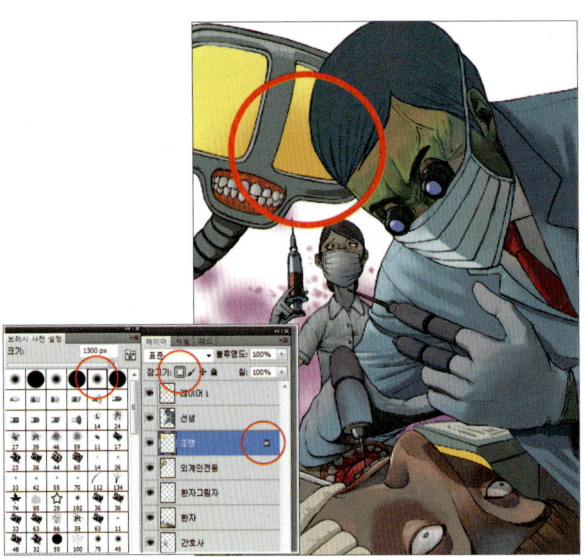

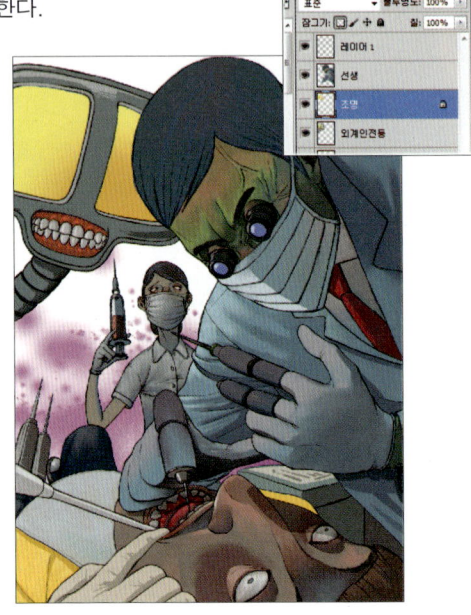

2-2. 환자의 입 안에서 행해지는 치료 행위가 빛을 발산하는 느낌을 내기 위해, 입 안은 비교적 밝은 색으로 표현해 본다. 일단 [환자] 위에 [입속]이라는 새 레이어를 만든 후, 밝은 색상으로 입 안을 채색한다.

레이어 블렌딩 모드 중 오버레이를 선택한다. 입 속이 밝아진 것을 확인할 수 있다. 같은 방법으로 의사 선생의 손에 입 속의 빛이 반사되는 것을 표현해 보자.

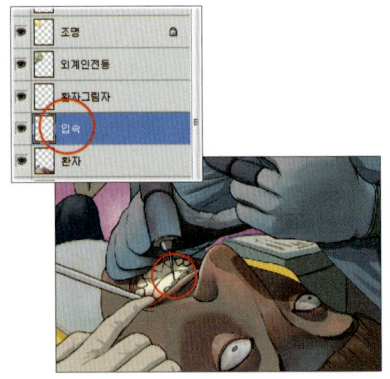

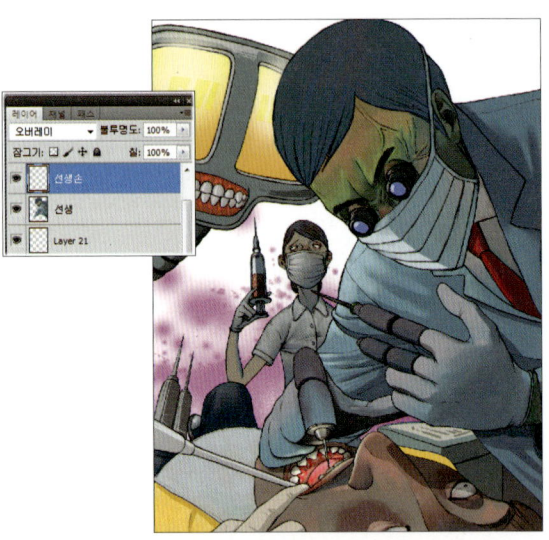

3. 집중 효과 넣어주기

이제 그림을 마무리 하는 단계이다. 그림에 재미있는 포인트를 더하기 위해 약간의 효과를 가미해 보자. 그림에서 가장 포인트가 될 환자의 입을 강조하기 위해 집중선을 넣어 준다. 집중선을 사전에 일러스트레이터에서 만들어 놓은 후, 포토샵으로 가져 오도록 한다.

 방사형 집중선의 크기를 조절할 때 개체의 해상도 손상을 방지하기 위해 벡터 고급 개체(Vector Smart Object) 형태로 가져오도록 한다. 벡터 형식 레이어에서는 원하는 작업을 할 수 없기 때문에, 먼저 원하는 크기로 집중선의 크기를 조절한 후 레이어를 레스터로 바꿔 주도록 한다.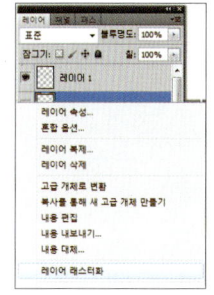

집중선은 밑색을 밝게 만드는 역할을 하기 때문에 [선생손] 위에 집중선을 놓고 작업한다. 필요한 부분을 제외한 나머지는 지우개 툴로 지워 준다.

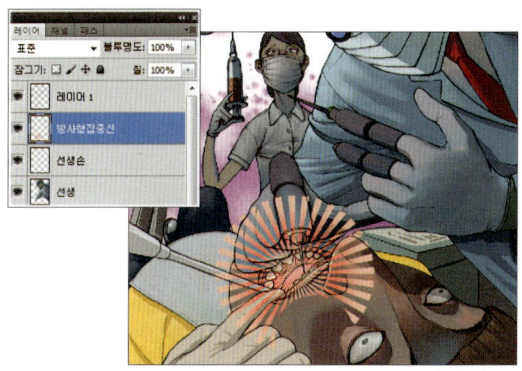

이제 자연스럽게 빛이 퍼지는 느낌을 끝부분에 내 보자. 지우개 툴의 브러시를 브러시 사전 설정 창에서 기본 브러시 중 부드러운(부드러운 원 압력 불투명도) 브러시로 바꿔준다. 바꾼 브러시로 끝 부분을 잘 지워주면 간단하게 빛 퍼짐 효과를 만들 수 있다.

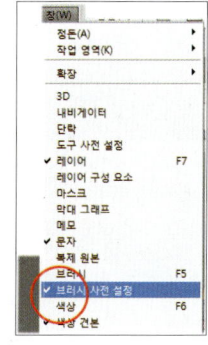

지운 집중선은 그 자체로는 발광하는 느낌이 나지 않기 때문에, 색상을 변경해 준다. 그리고 레이어 블렌딩 모드에서 소프트라이트 모드를 선택한다. 소프트라이트 모드는 그림의 밑색을 한꺼번에 밝게 만드는 효과를 낸다. 빛이 퍼져 나오는, 입 안의 발광 지점을 부드러운 브러시를 사용하여 같은 색으로 찍어 준다.

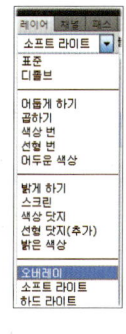

표준 모드와
소프트 라이트
모드의 비교 →

같은 방법을 사용하여 배경에 붉은 사선을 넣어 준다. 이 때, 배경 사선 위에 있는, 흩뿌려진 듯한 [배경1]의 레이어 블렌딩 모드를 표준 모드(Normal)에서 곱하기 모드(Multiply)로 바꿔 준다. 그러고 나면 아래에 있던 레이어가 보일 것이다.

4. 만화 느낌 효과 내기

조명에 만화 느낌을 더하기 위해, 스크린 톤 느낌이 나는 도트 무늬를 넣어 준다. 미리 일러스트레이터에서 작업한 후 포토샵으로 가지고 와 [조명] 위에 올려 준다.

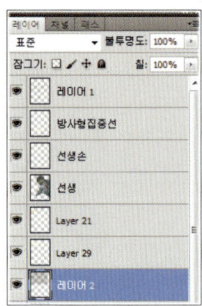

[조명]에서 자동선택도구를 이용해 조명
외부를 선택하고 도트가 있는 레이어를
선택하여 불필요한 도트들을 한꺼번에 지워
준다. 그리고 블렌딩 효과가 잘 일어나도록
도트 색상을 회색으로 조절한 후, 레이어
블렌딩 모드와 색상 번 모드(Color Burn)로
색상을 조절한다.

색상 번 모드는 마치 불에 탄 듯한 색 효과를 내기 때문에, 그림은
더 선명해지고, 색상은 불에 탄듯한 느낌으로 변할 것이다. 하지만
레이어의 색상을 다 태워 버리는 게 아니라면, 불투명도를 조절해 줄
필요가 있다. 레이어 이름을 [도트]로 바꿔 주고, [선생] 밑에 있는
[조명 효과] 위에 올려 주면 도트가 더 또렷이 보일 것이다.

Step. 4 풍부함을 주는 텍스처 넣기

디지털 일러스트레이션은 종이 혹은 그 외 캔버스 등에 직접 그리는 수작업에 반해 비교적 표면이 매끄럽다.
하지만 자칫 보면 너무 밋밋해 보일 수 있기 때문에, 그림의 완성도를 위해서는 부족한 부분을 채색으로
메워 주어야 하고, 텍스처를 이용하여 적절한 효과를 내 주어야 한다.

1. 세부적으로 텍스처 효과 넣기

먼저 의사 선생의 얼굴을 더 외계인 같이 만들어
보자. 준비된 '텍스처_1.jpg' 파일을 포토샵에서
연다. 텍스처를 선생 얼굴 위에 올리고
Ctrl+T키를 눌러 크기를 조절한다. 얼굴에
맞추어, 필요하지 않은 부분은 지우개 툴로
지운다. 레이어 블렌딩 모드에서 소프트라이트
모드를 선택하고 불투명도를 57%로 조절하여,
그림과 자연스럽게 어울리도록 만든다.

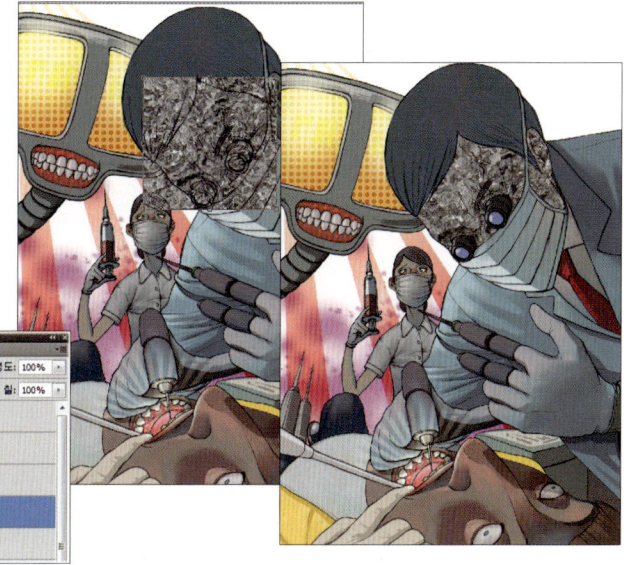

1-2. 같은 방법으로
'텍스처_2.jpg'를 맨 아래에 있는
[박스주사] 위에 놓고, 그림 위에
텍스처를 자연스럽게 입힌다.
그리고 레이어 블렌딩 모드를 곱하기
모드(Multiply)로 옵션을 변경한다.

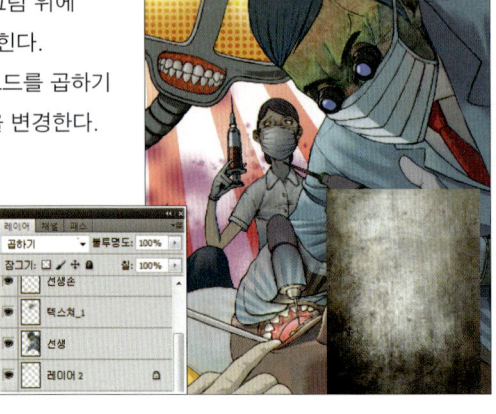
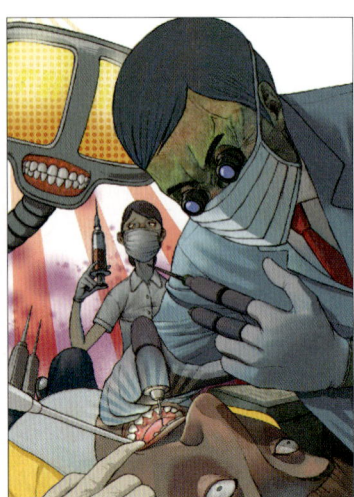

2. 배경 마무리

조명에 사용했던 도트를 배경에도 넣도록 한다. 레이어
블렌딩 모드에서 색상 번 모드(Color burn)를 선택하고,
불투명도를 50%로 올려 만화의 느낌을 가미해 보자.

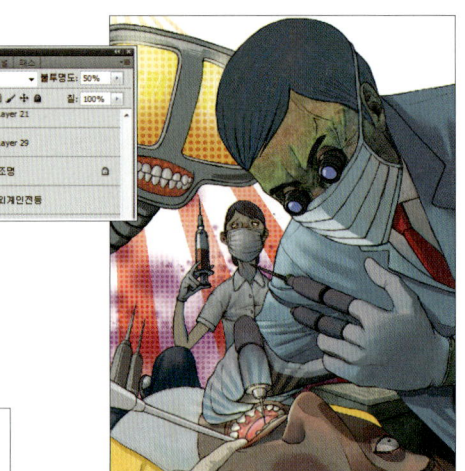

3. 그림의 분위기 업그레이드시키기

마지막으로 전체 그림의 분위기를 업그레이드하기 위해,
준비된 '텍스처_3.jpg' 파일을 레이어들의 맨 위에 올려 준다.

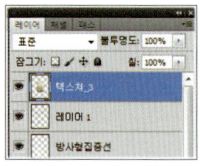
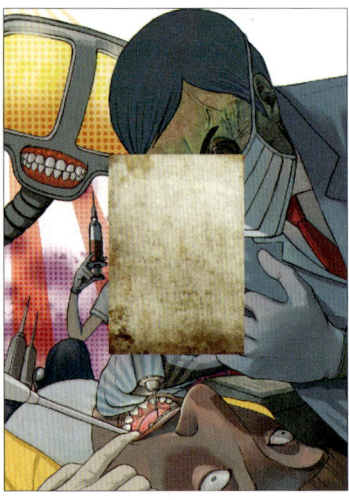

텍스처 파일은 색상 번 모드를 이용하여 색 조절을 해준다.

불투명도를 조절하여 텍스처가 그림과 동떨어져 보이지 않도록 만든 후, 그림을 마무리 한다.

tutorial

사용프로그램: Painter, Photoshop

part 4-2 포토샵에서 면으로 그림 그리기

TITLE

HipHop Guy

이 작품은 우연히 어느 외국 작가의 그림을 보다가 갑자기 영감을 받아 작업한 것이다. 이 작품에서는 사실 내가 예전에 만들어 놓은 캐릭터를 사용하긴 했지만, 평소 스타일과는 조금 색다른 방법으로 캐릭터를 표현해 봤다. 작품 자체도 재미있고, 작품 속에 캐릭터성도 잘 표현한 것 같아서 개인적으로 이 작품을 매우 좋아한다.

Resource

뉴잭.psd, 뉴잭배경.psd, 텍스쳐_종이.jpg, 텍스쳐_2.bmp, 텍스쳐_3.jpg, 텍스쳐_4.jpg, Dark_Wood_VI_by_cloaks.jpg

Step. 1 스케치하기

포토샵 CS5 한글 버전을 기준으로 만들었다.

1. 스케치 사전설정

포토샵에서 새 창을 연다.(나는 보통 기본 A4 크기의 용지에 300dpi의 해상도의 창을 선택한다.) 브러시 사전 설정 창에서 기본 브러시 중 선명한 선 압력크기 브러시를 선택한다. 그리고 화면 상단의 브러시 옵션 창에서 태블릿 압력 컨트롤 불투명도를 눌러서 압력에 따라 브러시의 투명도가 변화하도록 설정한다.

2. 스케치

인물의 비율을 잡아 보자. 나는 머리가 크고 다리는 짧은, 3-4 등신의 인물을 그려 보고자 한다. 인물을 그릴 때엔 관절 위주로 그리면 빠르고 쉽게 그릴 수 있다.

스트리트 스타일의 남자를 그릴 예정이기 때문에, 모자, 백팩, 운동화 등을 캐릭터의 특징으로 잡아서 그려 보았다.

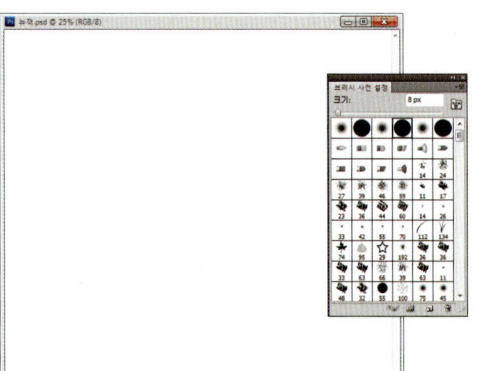
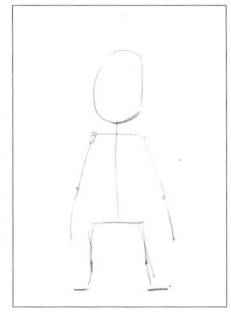

Step. 2 채색하기

1. 선을 면으로 만들며 채색하기

채색은 스케치 뼈대를 기준으로 진행한다. 스케치를 할 때엔 현재 색칠하는 색상도 보여야 하고 기존 스케치 선도 보여야 하기 때문에 그림을 위 아래로 올렸다 내렸다 반복하면서 채색한다. 이 때 채색의 모든 단계별로 레이어를 만들어 준다. (예) [가방], [피부] 등) 이렇게 해 놓으면 차후에 수정하기도 쉽고, 효과를 넣기에도 편리하다.

기본적인 면들을 다 채색했다면 이제 레이어들을 정리할
차례이다. 이 때 그림을 쌓아 올리듯 순서에 맞추어
정리하는 것이 중요하다. [가방]은 맨 아래에 두고, [피부]
위에는 [티셔츠]와 [모자]를, [바지] 위에는 [신발]을
올리는 등 레이어들을 차례차례 배치한다.

캐릭터의 얼굴과
티셔츠의 로고는 따로
작업해서 올리도록
하고, [가방 끈]이라는
새 레이어를 만들어
[티셔츠] 위에 올린다.

2. 명암 입히기

이제 그림에 명암을 넣어 입체감을 더해 보자. 명암을 넣는 방법은 간단하다. 나는
그라디언트 툴을 쓰지 않고, 브러시만 사용하여 그라데이션 효과를 내 보도록 하겠다.

브러시 사전 설정 창에서 부드러운 압력 불투명도
브러시를 선택하여, 사용하고자 하는 색을 살살 문질러
준다. 이 때 영역 밖까지 채색하지 않도록 레이어는
잠그고 채색한다.

이제 피부에 그림자를 넣는
단계이다. 차후에 할 수정
작업을 대비해 피부 위에 새
레이어를 만든다. 새로 만든
레이어의 블렌딩 모드를
곱하기 모드(Multiply)로
놓고 그림자를 그려 준다.
그림자는 너무 진하지 않은 회색
계열 색상으로 칠하면 더욱
자연스럽다.

157

그림자를 칠한 다음에는, 지저분하게 삐져나온 부분을 정리해야 한다. 채색이 이루어지지 않은 [피부] 영역을 자동선택(wand)툴로 선택한다.

영역을 선택한 채로 레이어를 그림자로 옮기고 Delete키를 눌러 삭제한다.

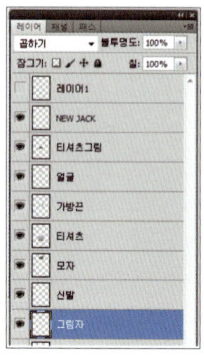

같은 방법으로 가방과 바지 주름에도 그림자를 넣는다.
그러고 나서 눈과 치아를 칠한다.

티셔츠 위에 목걸이를 그린다.
하지만 이 상태에서는 목걸이가 티셔츠 위에 있는 건지, 티셔츠에 목걸이 프린트가 있는지 잘 구분이 가지 않기 때문에 목걸이에 그림자를 넣도록 한다. [목걸이]를 더블 클릭하여 레이어 스타일을 불러 온다. 레이어 스타일 창에서 그림자 효과를 클릭하여 혼합모드: 곱하기, 불투명도: 75%, 각도: 120도, 거리: 5px, 크기: 5px으로 설정하고 확인을 클릭한다. 그림자가 생겼다.

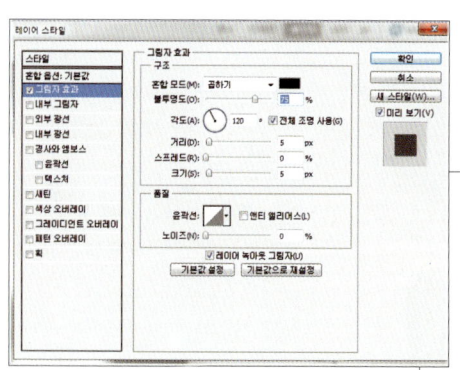

목걸이 위에 장식을 그려주고, 레이어 스타일의 경사와 엠보스 메뉴에서 알맞은 장식 크기를 선택한다.

생기 발랄한 장난꾸러기 같은 얼굴을 만들기 위해, 코를 조금 더 밝게 해주겠다. 코의 선을 따라 채색한다.

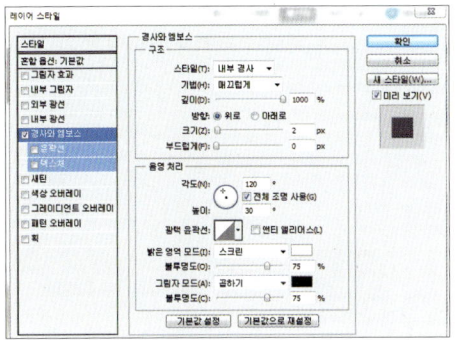

레이어 블렌딩 모드를 하드라이트 모드로 바꾼다. 이는 코의 색상을 피부색과 같은 계열의 색상으로 바꾸기 위함이다.

각각의 레이어 위에는 그에 맞는 텍스처를 입힌다. 그리고 앞서 피부 그림자를 만들 때 썼던 방식으로 필요 없는 부분들은 잘라 낸다.

각각 텍스처 아래에 놓인 색상들이 잘 보일 수 있도록, 텍스처가 있는 레이어들의 블렌딩 모드를 변경한다. [모자]는 소프트라이트 모드 100%로, [티셔츠]는 선형 번 모드(Liner burn) 57%로, [피부]는 어두운 색상 모드(Dark) 100%로, [바지]는 곱하기 모드(Multiply) 100%로 설정한다. 마지막으로 흰 장식 선으로 캐릭터를 마무리 했다.

캐릭터만 달랑 만들어 놓고 나니 그림이 다소 허전한 느낌이 든다. 허전함을 없애기 위해 배경을 만들어 보자. 일단 배경을 만들기 전에, 새 창을 열어 캐릭터를 가져와 위치를 잡아 준다. 이 때 파일의 무게를 가볍게 하기 위해 레이어들은 모두 [캐릭터]라는 이름의 한 레이어로 통합시켜 가져오도록 한다.

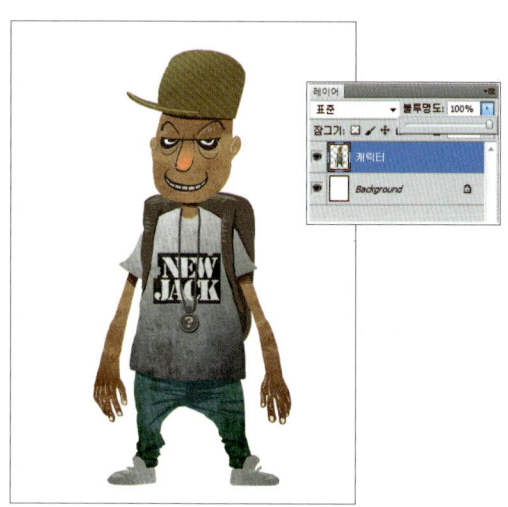

도시 느낌을 주기 위해 배경에 건물을 그려 보도록 한다. [캐릭터]는 불투명도를 낮추어 흐릿하게 만든 후, 건물들의 선이 깔끔하게 떨어지도록 패스 툴을 사용하여 건물을 그려 넣기 시작한다.

앞에 놓인 건물과 뒤에 놓인 건물에 명암 차이를 주고, 간단한 사각형 창문을 만들어 건물 위에 올린다. 뒤쪽에 놓인 건물들까지 창문을 넣으면 그림이 자칫 너무 복잡해질 수 있기 때문에 앞쪽 건물들에만 창문을 넣어 주자.

캐릭터가 배경과 잘 어울리도록, 캐릭터 발 밑에 바닥도 만들어 넣어 준다.

나무 질감의 배경을 뒤에 깔아주고, 페인트가 칠해진 듯한 느낌을 내 보자. 아직까지는 미완성 느낌이 많이 날 것이다.

그림의 색을 좀 더 강렬하게 만들기 위해, 나무 배경에 푸른 색의 레이어를 만든다. 이 때 [나무 질감]의 블렌딩 모드를 곱하기 모드(Multiply)로 만들어 주면, 어느 정도 조화롭게 색이 어우러질 것이다.

3. 캐릭터 돋보이게 만들기

지금까지의 작업을 검토해 보자. 지금 캐릭터와 배경은 모두 붙어있는 상태라서, 채도가 비슷한 부분은 이 부분이 캐릭터 부분인지 배경 부분인지 분간이 잘 되지 않고 있다. 따라서 캐릭터를 배경과 분리시키는 작업이 필요하다.
일단 건물을 그린 패스 레이어들을 Shift키를 눌러 선택하고 마우스 오른쪽 버튼을 클릭하여 레이어 병합(Merge Layers)을 눌러 레이어들을 통합한다.

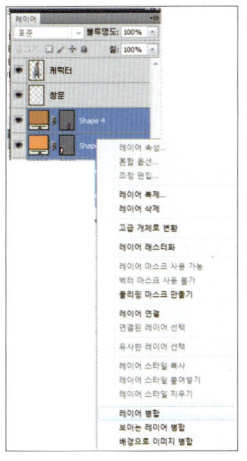

병합된 레이어를 더블 클릭하여 레이어 스타일 창을 연 뒤 그림자 효과를 준다. 나는 혼합모드: 곱하기, 불투명도: 75%, 각도: 120도, 거리: 37px, 스프레드: 4, 크기: 73px으로 설정했다.

같은 방법으로 캐릭터와 바닥에 그림자를 만든다. 물론 레이어에 따라 설정 값은 얼마든지 바뀔 수 있다.

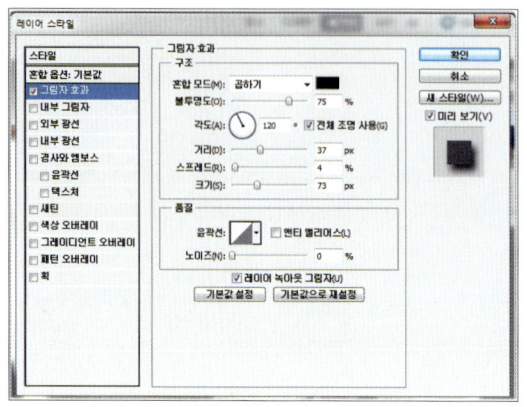 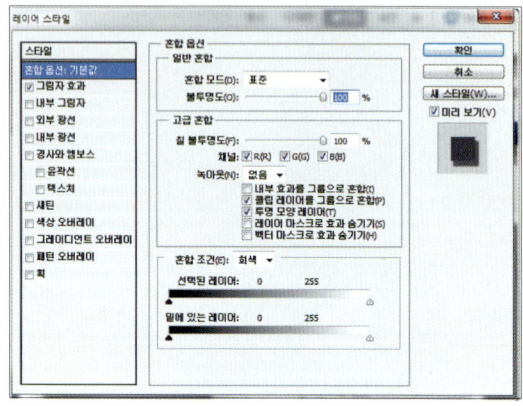

그림자를 만들었으면, 이제 완성단계만 남았다. '텍스처_4.jpg' 파일을 열어 작품 전체 위에 올려 준다. 캐릭터는 이미 텍스처가 입혀진 상태이기 때문에, 배경에만 올려 주기로 한다.

마지막으로 브러시 사전설정 창에서 기본 브러시를 납작하게 만든 뒤 적절한 위치에 서명을 넣어주고 그림을 마무리한다.

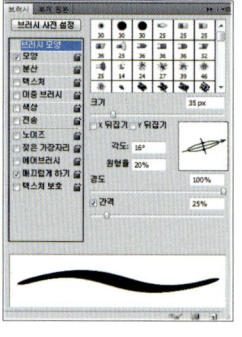

Creative Artworks - 4

Illustration Style Book

풍부한 색감이
살아있는
벡터 아트

junga

part 5

박정아

프리랜스 일러스트레이터
http://www.j-illust.com

여행 동화 『당신의 빨간 고래는 안녕한가요』
2006 - 2008 ≪Design505≫ 전
제3회 WAVE 세계 미술 교류전
『마틸다』, 『오즈의 하이힐』 등 소설 일러스트레이션

interview
part 5

디자이너에서 일러스트레이터로

그림 그리기를 좋아하는 사람으로서, 그림을 그리는 직업을 갖는다는 건 큰 축복이다. 하지만, 돈에 연연하지 않고 자신이 그리고 싶은 것을 그리면서 살아가는 건 더 큰 축복이다.
광고 회사에서 디자이너로 일하던 시기 박정아는 굉장한 침체를 겪고 있었다. "9년 전, 대학에서 디자인학과를 졸업한 후 광고 회사에서 디자이너로 일을 시작했어요. 솔직하게 그 당시엔 디자인은 제가 갈 길이 아니라는 생각까지 했었지만, 사실 그 때 제가 디자인 이외에 특별히 할 수 있는 분야도 없었죠. 어쩔 수 없이 현실에 적응하면서 살고 있었어요." 그러나 이 침체기를 탈출하기 위해 어느 날 대단한 모험을 감행한다. "평소 책을 읽으면서 그림을 그리는 걸 매우 좋아했는데, 이런 취미가 직업이 될 수 있다는 생각까진 하지 못했었어요. 하지만 아무튼 전 일러스트레이터라는 직업이 있다는 걸 알게 되었고, 그 길로 당장 회사를 그만두고 프리랜스 일러스트레이터로 일하기로 결정했답니다."

그림, 여행을 떠나다

디자이너에서 일러스트레이터로의 변신은 박작가의 인생에 굉장히 큰 전환점이었다. 하지만 박작가는 어떻게 자신만의 일러스트레이션 스타일을 만들어 나갈 것인지 고민에 고민을 거듭했지만, 해답은 쉽사리 떠오르지 않았다. 그런 고민 끝에, 박작가는 여행을 떠나기로 결정했고 통장을 탈탈 털어 그리스로 향하는 비행기에 올라 탔다.
때때로 이국적인 외국의 자연 풍경은 작가들에게 영감을 주기도 하는데, 그리스가 박작가에겐 그랬다. "그리스를 여행하면서 지중해에 가 본 적이 있어요. 지중해의 모습은 정말로 인상 깊었죠. 눈이 시릴 정도로 파란, 아주 파란 바다가 눈 앞에서 끝도 없이 흐르는데, 마치 지친 저를 바다가 포근하게 위로해 주는 것 같았어요."
그림을 그리는 가장 본능적이고 원초적인 이유는 기억을 기록하기 위해서다. 박작가는 그리스에서 있었던 크고 작은 일들을, 일종의 여행 수기 혹은 그림 일기처럼 담아내기 시작했다. "그리스 여행 이후 전 프리랜스로 일하면서 벌어 놓았던 돈으로, 그림을 그리기 위한 여행을 다니기 시작했어요. 여행을 다니면서 쌓은 추억들을 그림으로 표현하면서 나름의 이야기를 재구성해 갔지요. 이런 작업을 통해서 나만의 스타일이란, 내가 하고 싶은 이야기에서부터 나온다는 사실을 알게 되었어요. 이를테면 몽셸미셸의 밤바다가 자아내는 황량한 느낌이 제가 하고 싶은 말이면, 이제 몽셸미셸을 가장 황량하게 보이도록 할 구도, 색, 그리고 질감을 찾아내서 작품을 창작하는 거예요."

풍부한 색감이 살아있는 벡터 아트　　　　박정아　　　　　　　　　　　　　　　　interview

여행을 그리는 일러스트레이터

처음에는 스타일을 찾기 위해 시작한 개인 작업들이 해를 거듭할수록 프리랜스의 업무에도 영향을 미치기 시작했다. "처음 프리랜스 일러스트레이터로 일을 시작 했을 때에는 학습지나 잡지에 들어가는 삽화를 주로 그렸어요. 그런데 개인 작품인 여행 그림이 조금씩 알려지면서, 그 그림들을 보고 의뢰하는 클라이언트가 많아지기 시작했지요. 삽화 이외에 소설 책이나 벽화, 기업의 콘셉트 일러스트레이션 일도 맡게 되었고요. 다양한 작업들을 하기 시작하니까, 저만의 색이 묻어나는 작업을 하기가 더 수월해 졌어요."

그는 그 동안 여행하면서 자신만의 스타일을 찾기 위해 노력했던 과정들을, 그의 첫 작품집『당신의 빨간 고래는 안녕한가요』에서 공개한다. 그가 여행 도중 느꼈던 수많은 감정들은 고스란히 작품으로 드러난다. 여행을 그리는 일러스트레이터, 바로 이것이 일러스트레이터 박정아만의 스타일이다. 그의 작품과 여행은 이제 떼려야 뗄 수 없는 관계로 굳게 자리 잡았다. 지금도 여행은 그에게 작품으로 표현할 수많은 이야깃거리들을 제공하며, 그 작품을 통해 그는 그만의 스타일을 꾸준히 구축해 나가고 있다.

풍부한 색감이 살아있는 벡터 아트　　　박정아　　　　　　　　　　　　　　interview

Relax & Warm

그림에 감정을 담고 싶다는 것은 박작가를 포함한 많은 일러스트레이터들의 목표다. "저에게 있어서 영감의 원천은 따뜻하고 행복했던 순간입니다. 따뜻함과 행복을 자아내는 건 기분 좋은 가을 햇살이나 포근한 봄바람일 수도 있고 길가에 핀 이름 모를 잡풀이 될 수도 있지요. 또는 사랑하는 사람일 수도 있어요. 제가 행복했던 순간은 꼭 그림으로 남겨서 두고두고 기억하고 싶어요. 그리고 그 기억을 다른 사람들과도 공유하고 싶고요."
박정아는 주로 여행에서 영감을 받아 작품을 창작하지만, 때때로 일상 생활이나 주위의 감정들에 영감을 받아 그림을 그리기도 한다. 그러나 영감을 어디서 얻든 간에 그의 작품은 매우 편안하고 직관적이다. "제 작품 대부분은 편안한 구도를 가지고 있고, 따뜻한 색상으로 이루어져 있어요."
최근 그는 따뜻한 이야기가 좀 더 가미된 그림들을 그리고 싶다고 한다. "요즈음의 제 관심사는 그림책을 만드는 거예요. 제가 여행 다녔던 곳을 배경으로 아름다운 이야기를 만들어 보고 싶어요. 전 일러스트레이션을 좋아하는 이유가 바로 그림에 이야기를 담아낼 수 있어서예요. 전 따뜻한 메시지를 담은 책을 만들어서, 그림이 주는 감동과 글이 주는 감동을 동시에 구현해 내고 싶어요."

디지털? 아날로그? 결론은 감성

일러스트레이터 박정아는 디지털 툴과 아날로그 툴에 대해서, 그건 어디까지나 도구의 문제라고 말한다. "전 작업할 때 디지털 툴과 아날로그 툴을 뚜렷하게 구분하지 않아요. 예를 들어 현재 주로 사용하는 프로그램은 벡터 프로그램인 일러스트레이터이지만, 꼭 일러스트레이터로만 그리겠다는 생각은 안 해요. 일러스트레이터는 단지 저의 감성을 표현하는 수많은 도구 중 하나일 뿐이에요. 작품에 따라 포토샵, 페인터, 수작업을 병행하는 경우도 있고, 제 의도를 표현할 수 있는 새로운 수단이 생기면 그 도구도 사용할 수 있겠죠. 정말 중요한 건 메시지이지 도구가 아니에요."『당신의 빨간 고래는 안녕한가요』에는 수작업 스케치와 디지털 일러스트가 함께 담겨있지만, 전체적으로 위화감이 없다. 이는 바로 그의 작품에 담긴 메시지가 스타일에 앞서 있다는 증거이다.

풍부한 색감이 살아있는 벡터 아트   박정아   interview

175

tutorial

사용프로그램 | Illustrator CS5

part 5-1 섬세하고 풍부한 색감으로 여행 풍경 그리기

TITLE

이 작품은 몇 년 전 이탈리아를 여행할 때, 부라노 섬에서 바라 보았던 마을의 풍경이다. 부라노 섬은 이탈리아의 베네치아와 가까운 곳에 있는 작은 섬으로, 화려한 원색의 집들로 유명한 지역이다. 집들이 마치 눈깔사탕처럼 알록달록하게 반짝이고 있어, 이 곳에 도착하자마자 나는 놀이동산에라도 놀러 온 아이 마냥, 설레는 마음을 안고 마을을 돌아다녔다. 이 때의 마음을 달콤한 색상으로 표현해 보고자 했다. 본 예제에서는 이탈리아 부라노 섬의 달콤한 풍경을 그림으로 풀어나가는 전 과정을 소개할 것이다.

내가 추구하는 스타일을 간단히 말하자면 SIMPLE+BASIC+SOFT이다. 단순하면서 깔끔하고 부드러운 느낌을 선호하는 나의 이러한 성향을 표현하기 위해 일러스트레이터를 주로 사용하고 있다. 일러스트레이터는 벡터 프로그램이기 때문에 형태를 보다 매끄럽고 단순하게 다듬을 수 있고, 색상을 입힐 때에도 메시 툴로 섬세하고 고운 그라디언트 작업을 할 수 있도록 한다. 일러스트레이터의 또 다른 장점은 작업을 할 때 작품 사이즈의 제약을 받지 않는다는 것이다. 이 점은 완성된 작품을 프린트한다거나 화면으로 볼 때, 사이즈 편집이 용이하여 그림의 활용도를 높이는 데에 도움을 준다.

일러스트레이터의 메시 툴로
섬세한 그라디언트 만들기

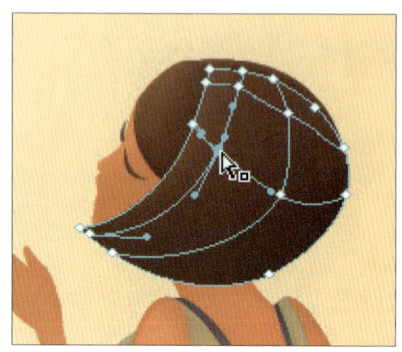

DATA ex1-1.ai, ex1-2.ai, ex1-3.ai, ex1-4.ai, ex1-5.ai, ex1-6.ai, ex1-7.ai

Step. 1   발상 단계

1. 이탈리아 부라노 섬은 색색의 집들이 옹기종기 모여 있는 예쁜 섬 마을이다. 사탕처럼 달콤한 부라노 섬의 오후를 콘셉트로 밑그림을 그려 보자. 보통 나는 현장에서 직접 밑그림을 그리거나 사진을 찍어서 풍경을 기록한다.

2. 알록달록한 집들이 돋보이도록 하기 위해, 화면 양쪽으로 벽을 그려 넣는다. 벽과 마을이 면적과 색상 차원에서 서로 대비되도록 한다.

Step. 2
패스로 형태 만들기

앞 단계에서 만든 스케치를 따라 일러스트레이터에서 패스로 면을 만들어 보자.

1. 일러스트레이터를 실행시키고 'ex1-1.ai' 파일을 불러 온다. 필자가 연필로 스케치한 밑그림이 들어 있는 예제파일이 열릴 것이다. 스케치 선에 맞추어 패스로 된 면을 만들어 보자.

Tip_1 곡선 그리기   일러스트레이터에서 패스란 쉽게 말해 선을 의미한다. 형태를 만들기 위해 선으로 그림을 그리듯 일러스트레이터에서는 패스로 그림을 그린다. 패스라는 단어를 번역하면 길 또는 경로라는 뜻이다. 다시 말하면, 시작점과 도착점 사이를 잇는 것을 말한다. 즉 일러스트레이터에서 선을 그리기 위해서는 두 개 이상의 점을 만들고 그 사이를 연결시켜야지만 선이 생성된다. 일러스트레이터에서의 선은 항상 두 개 이상의 점을 전제하고 있기 때문에, 패스라 부르는 것이다. 패스의 점과 선은 결과물에 나타나지 않는다.

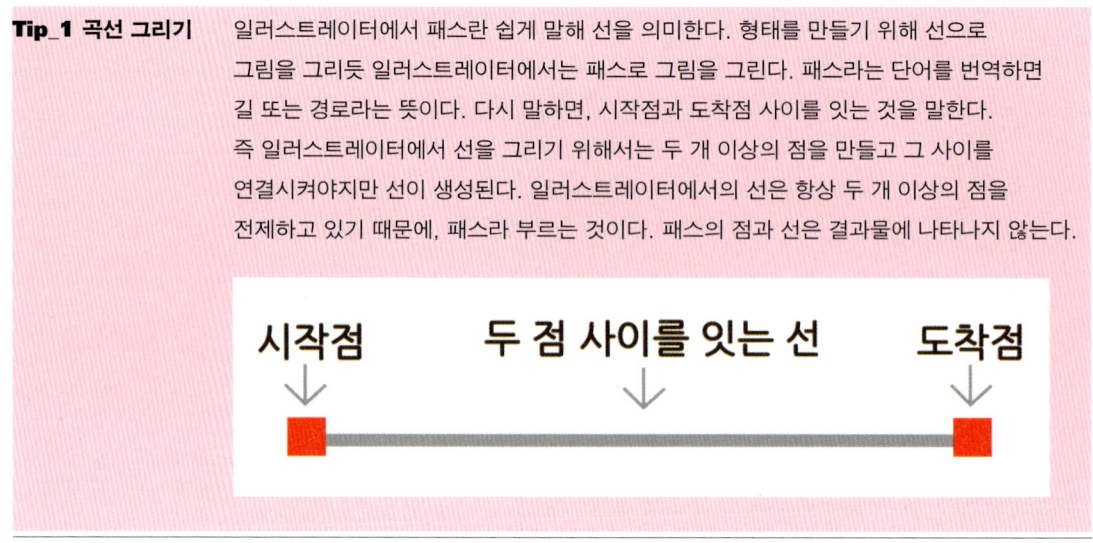

2. 아트 보드 위에 있는 밑그림을 클릭하여 선택하고 Transparency 패널에서 블렌딩 모드를 Multiply 모드로 설정한다. Layers 패널에서 밑그림 레이어의 잠금 박스를 클릭한다. 자물쇠가 생긴다. 밑그림이 고정되었음을 알 수 있다.

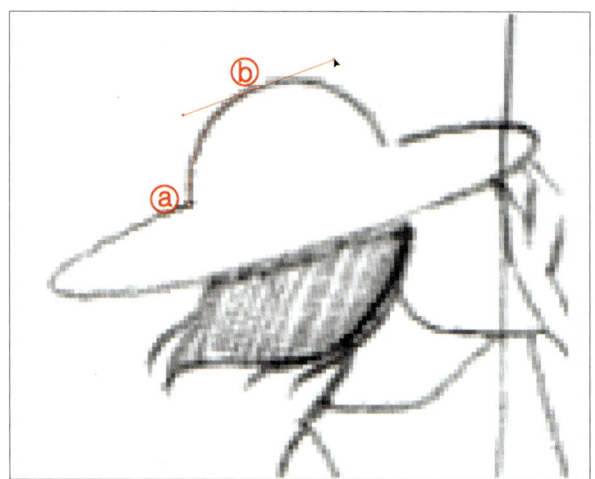

3. 먼저 사람부터 만들어 보자. Layers 패널에서 [Layer2]를 클릭한다. Tool 패널에서 펜 툴을 클릭한다. ⓐ지점을 클릭한 후, ⓑ지점을 클릭하고 마우스에서 손가락을 떼지 않은 상태로 오른쪽으로 드래그 하여 밑그림에 곡선을 맞춘다.

4. ⓑ지점을 클릭하면 기준선 한쪽이 삭제된다. ⓒ지점을 클릭하고 마우스에서 손가락을 떼지 않은 상태로 아래로 드래그하여 밑그림에 곡선을 맞춘다.

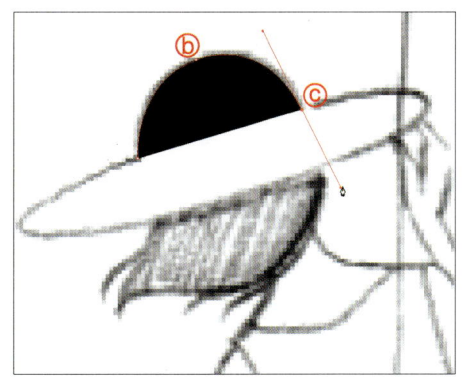

5. 다시 ⓒ지점을 클릭한다. 기준선 한쪽이 삭제된다. ⓐ지점을 클릭하고 왼쪽으로 살짝 드래그 하여 아래로 둥근 곡선을 만들면서 패스를 닫아 모자의 윗면을 완성시킨다.

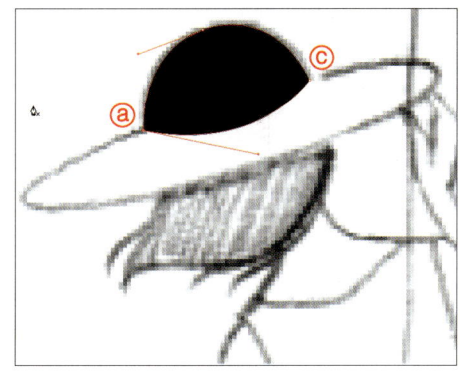

6. 모자의 색상과 투명도를 설정해 보자. Color 패널에서 색상 값을 C: 0%, M: 85%, Y: 72%, K: 0%로 설정한다. Transparency 패널에서 Opacity 값을 80%로 설정한다.

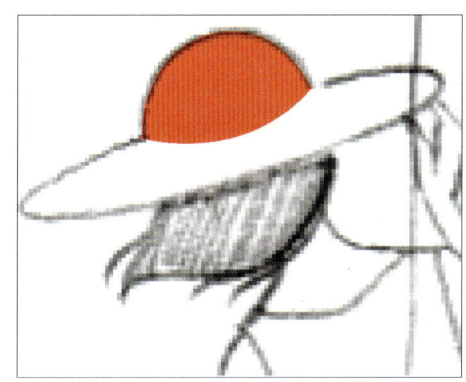

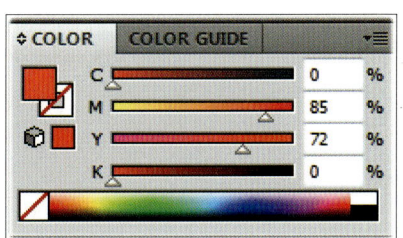

7. 지금까지 익혔던 방법을 이용하여 소녀의 형태를 완성시켜 본다. 반드시 스케치 밑선에 꼭 맞출 필요는 없다.

| Tip_2 | 7번까지 완성된 파일은 ex1-2.ai에 있다. |

8. Layers 패널에서 [Layer2]의 잠금박스를 클릭하여 자물쇠로 고정시킨다. Create New Layer를 클릭하여 새 레이어를 만든다. 새로 생긴 [Layer3]을 [Layer2] 아래로 드래그하여 이동시킨다.

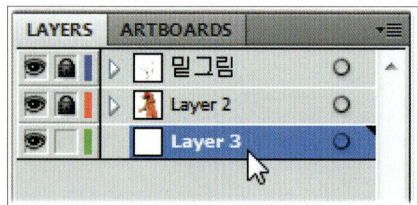

9. Tool 패널에서 펜 툴을 클릭한다. 그리고 벽면을 만들고 색상을 달리 하여 창문도 만든다.

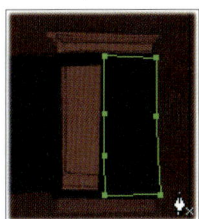

| Tip_3 | 7번까지 완성된 파일은 ex1-3.ai에 있다. |

10. 같은 방법으로 새 레이어를 만들어 뒷부분의 알록달록한 건물들도 만들어 나간다. 마지막으로 Layers 패널에서 [밑그림]을 클릭하고 휴지통 버튼을 클릭한다. [밑그림]을 삭제하겠냐는 물음의 대화상자가 나타나면 Yes를 클릭한다. [밑그림]이 삭제된다.

[완성파일] ex1-4.ai

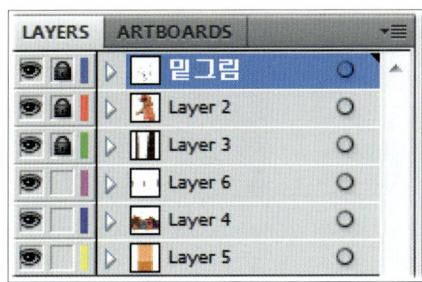

Step. 3 메시 툴로 섬세한 그라디언트 적용시키기

앞 단계에서 만든 면에 메시 툴로 섬세한 그라디언트를 적용해 보자.

1. Tool 패널에서 Selection 툴을 클릭한다. 그리고 알록달록한 집들 중 분홍색 벽면을 클릭하여 선택한다.

2. Tool 패널에서 메시(Mesh) 툴을 클릭하고 분홍색 벽면의 중앙을 클릭한다. 기준점이 추가 된다.

3. Color 패널에서 옵션 버튼을 클릭하여 색상모드를 HSB로 선택한다.

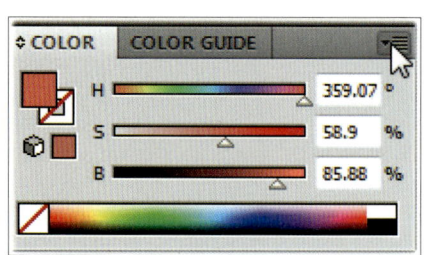

Tip_4 HSB는 Hue, Saturation, Brightness의 약자로 각각 색상, 명도, 채도를 뜻한다.

4. S의 슬라이드 바를 왼쪽으로 살짝 옮기고, B의 슬라이더 바를 살짝 오른쪽으로 옮긴다.

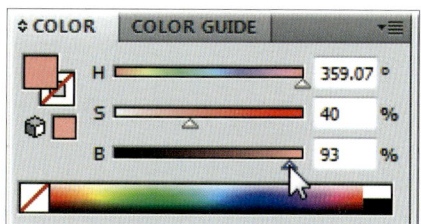

Tip_5 현재 분홍색 벽면의 가운데 부분이 S(채도)는 떨어지고 명도(B)는 올라간 상태이다.

5. 같은 방법으로 메시 툴로 모든 면에 섬세한 그라디언트를 적용시켜 부드러운 느낌이 나도록 한다.

[완성파일] ex1-5.ai

Step. 4 투명 마스크로 물에 비친 집 표현하기

마스크(Mask)란 특정부위를 가려 보이지 않게 하는 탈을 뜻한다. 이번 스텝에서는 마스크 기능을 사용하여, 물에 반사된 집들을 표현해 보자.

1. Layers 패널에서 알록달록한 집이 있는 레이어를 제외하고 모두 움직이지 않도록 잠근다. Ctrl+A키를 누르고, Ctrl+G키를 눌러 알록달록한 집만 그룹화해 놓자.

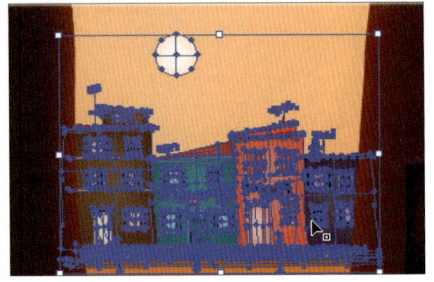

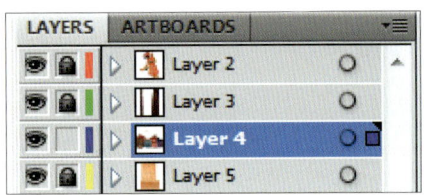

2. 그룹화된 집을 선택한 상태에서 오른쪽 마우스를 클릭한다. 메뉴가 나타나면 Transform>Reflect를 클릭한다.

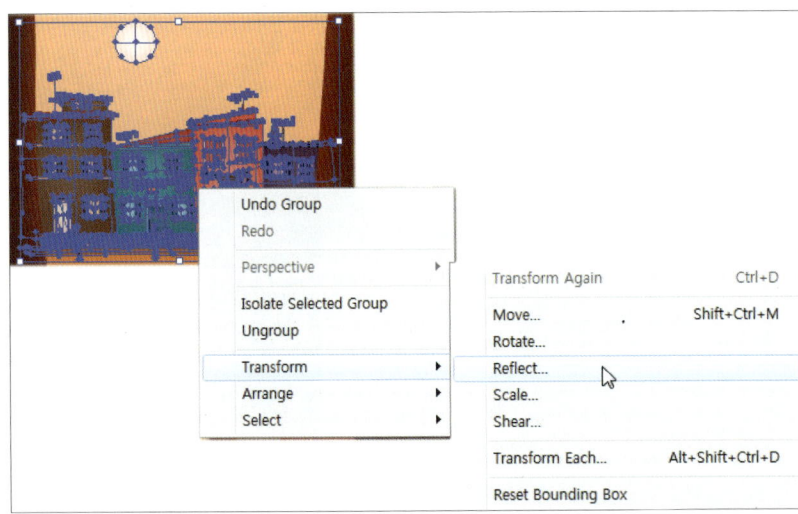

3. Reflect 대화상자가 나타나면 Horizontal에 체크를 하고 Copy 버튼을 클릭한다.

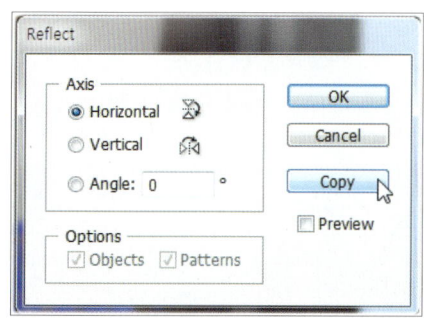

4. 반전된 집을 물 위로 위치를 변경한다. Transparency 패널에서 옵션 버튼을 클릭하고 Make Opacity Mask를 클릭한다.

5. Transparency 패널에서 검정색 사각형을 클릭한다. 아트보드 위의 집이 사라진다. 현재 알록달록한 집들이 마스크 모드로 변했다는 뜻이다.

6. Tool 패널에서 사각형 툴을 클릭한다. Transparency 패널 옆의 Gradient 패널 탭을 클릭한다. Gradient 패널에서 Type을 Linear로 설정하고 각도를 -90으로 입력한다. 그리고 아트보드에서 물 위에 집이 있던 부분을 드래그한다.

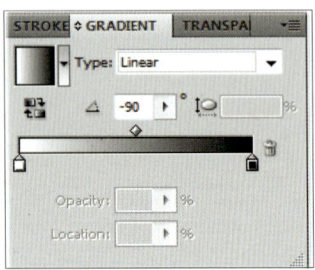

Tip_6	Transparency 패널 옆에 Gradient 패널이 보이지 않는다면 Ctrl+F9키를 누른다.
Tip_7	마스크를 씌운 상태에서는 흰색과 가까울수록 잘 보이는 부분이 된다. 현재 흰색에서 검정색으로 그라디언트 되어 있기 때문에 흰색 부분은 명확히 보이고 검정색에 가까울수록 사라진 것처럼 보이는 것이다.

7. 다시 Gradient 패널 옆의 Transparency 패널을 클릭한 후, 알록달록한 집이 있는 사각형을 클릭한다. '마스크 모드'에서 빠져 나오게 된다.

8. Transparency 패널에서 블렌딩 모드를 Multiply 모드로 설정한다. 물 위에 비친 집들의 모습이 완성되었다.

[완성파일] ex1-6.ai

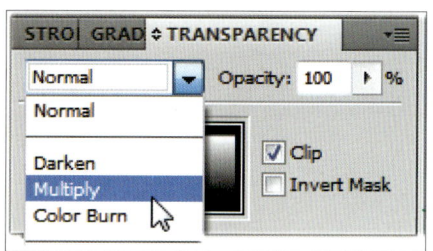

Step. 5 블렌딩 모드로 풍부한 색 표현하기

블렌딩 모드로 노을이 화면 전체에 깔리도록 하여, 작품의 색감을 좀 더 풍부하게 표현해 보자.

1. Tool 패널에서 사각형 툴 〈t_rectangle.jpg〉을 클릭한다. Gradient 패널에서 Type: Radial로 설정한다. 맨 왼쪽의 첫 번째 색상 칩을 클릭하고 Color 패널에서 색상 값을 C: 0%, M: 20%, Y: 60%, K: 0%로 설정한다.

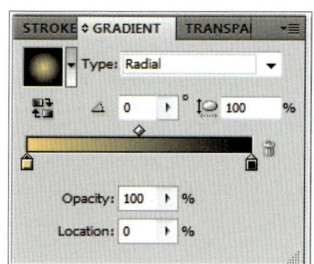
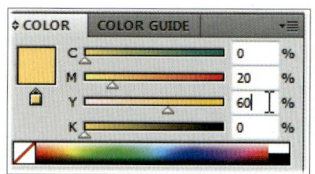

Tip_8 Color 패널에서 CMYK 모드로 되어 있지 않다면 옵션버튼을 클릭하여 색상모드를 변경한다.

2. Gradient 패널에서 노란색 칩 옆의 비어 있는 공간을 클릭한다. 칩이 추가된다. Color 패널에서 색상 값을 C: 7%, M: 60%, Y: 100%, K: 0%로 설정한다. 색상이 주황색으로 설정되었다.

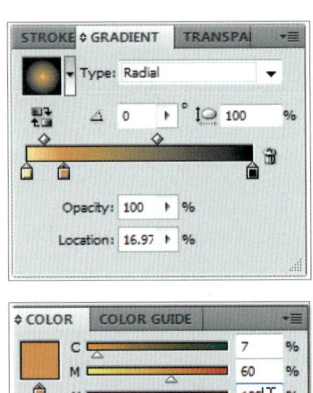

Tip_9 색상 칩 옆의 비어있는 공간에 마우스를 가져가면 커서의 모양이 〈t_arrowP.jpg〉으로 변한다. 바로 그 자리에서 클릭을 하면 색상 칩이 추가된다.

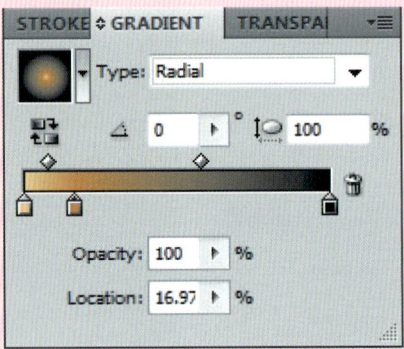
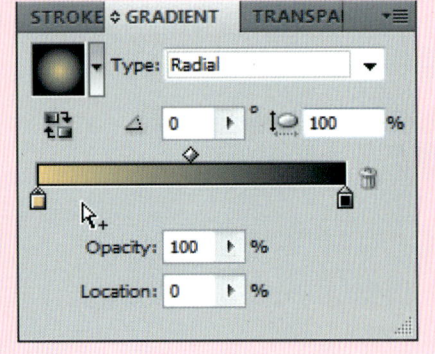

3. Gradient 패널에서 같은 방법으로 주황색 칩 옆에 비어있는 공간을 클릭하고 새로운 칩을 추가 한다. Color 패널에서 색상 값을 C: 40%, M: 90%, Y: 90%, K: 60%로 설정한다. 맨 오른쪽의 색상 칩을 클릭하고 Color 패널에서 C: 55%, M: 66%, Y: 80%, K: 80%로 설정한다.

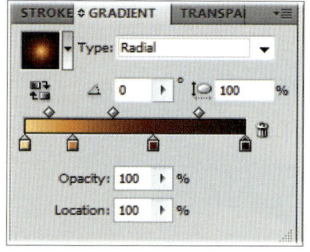
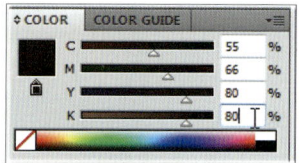

4. 아트 보드 위를 다 덮을 정도로 크게 드래그 한다. 드래그를 따라 원형 그라디언트가 적용된 사각형이 만들어 질 것이다.

Tip_10 알록달록한 집이 있는 레이어 상에서 사각형을 드래그해야 한다.

5. Transparency 패널에서 블렌딩 모드를 Screen 모드로 설정한다

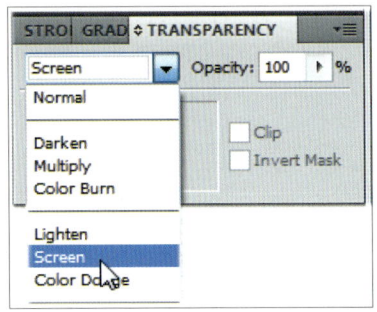

6. Tool 패널에서 Gradient 툴을 클릭한다. 아트 보드에서 해를 시작점으로 하여 아래로 크게 드래그 한다. 드래그 하는 대로 그라디언트의 위치와 영역이 설정된다.

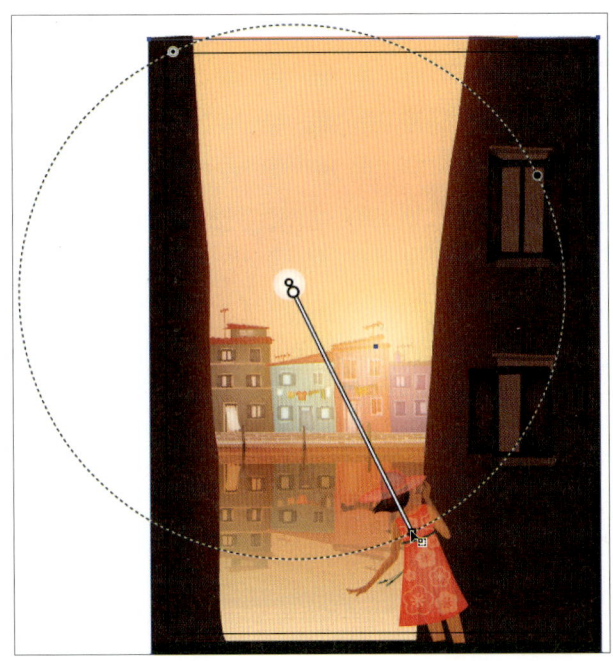

7. 여러 가지 색이 적용된 원형 그라디언트를 알록달록한 집들과 블렌딩하여 풍부한 색감을 만들어 보았다. [완성파일] ex1-7.ai

Creative Artworks - 4   Illustration Style Book : part_05

tutorial

사용프로그램　Illustrator CS5

part 5-2 태블릿을 이용하여 강약있는 벡터 드로잉하기

TITLE

일러스트레이션에 있어서 드로잉이란 매우 큰 비중을 차지하기 때문에, 일러스트레이션 툴이 제공하는 드로잉 기능 또한 매우 중요하다. 일러스트레이터엔 많은 드로잉 툴이 있지만, 난 Paintbrush Tool을 가장 즐겨 쓴다. 태블릿으로 Paintbrush Tool을 사용하면, 벡터로 자연스럽고 부드러운 선을 만들 수 있기 때문이다. 태블릿 정보는 http://www.wacomkorea.com을 참고하도록 하자.

일러스트레이터에서는 선의 강약이 조절되는 브러시부터 회화적인 느낌을 낼 수 있는 강모 브러시까지 굉장히 다양한 브러시 툴을 제공하고 있다. 그리고 매해 새로운 버전이 나올 때마다 브러시는 점점 더 다양해지고 있다. 본 테마에서는 태블릿을 이용하여 강약이 있는 선을 사용한 드로잉을 해 볼 것이다.

브러시 툴의 사용 예

바람에 흩날리는 나뭇잎 표현

자연스러운 잔디밭과 선의 강약을 사용한 머리카락 표현

야자나무의 자연스러운 선 표현

DATA ex2-1.ai, ex2-2.ai, ex2-3.ai

Step. 1 브러시 툴 살펴보고 나만의 브러시 만들기

일러스트레이터 CS5에서는 Wacom 6D Brushes 브러시를 제공하고 있다. Wacom 6D Brushes 브러시를 선택하고 태블릿으로 아트 보드 위를 드래그하면 태블릿의 필압에 따라 선의 두께가 결정된다. 마치 붓으로 직접 그림을 그리듯, 힘을 주어 세게 누르면 선이 굵어지고 힘을 약하게 주면 선은 얇아진다. 본격적인 예제를 따라 하기 앞서 Step.01에서는 필압에 따라 굵기가 결정되는 Wacom 6D Brushes 브러시에 대해 알아 보겠다.

풍부한 색감이 살아있는 벡터 아트   박정아   tutorial

1. 태블릿이 컴퓨터에 연결되어 있는지 확인한다. 일러스트레이터 CS5를 실행시키고 새 아트 보드를 생성한다. 메뉴에서 Window>Brush Libraries>Wacom 6D Brushes>6D Art Pen Brushes를 클릭하면 아트 보드에 6D Art Pen Brushes 패널이 나타날 것이다.

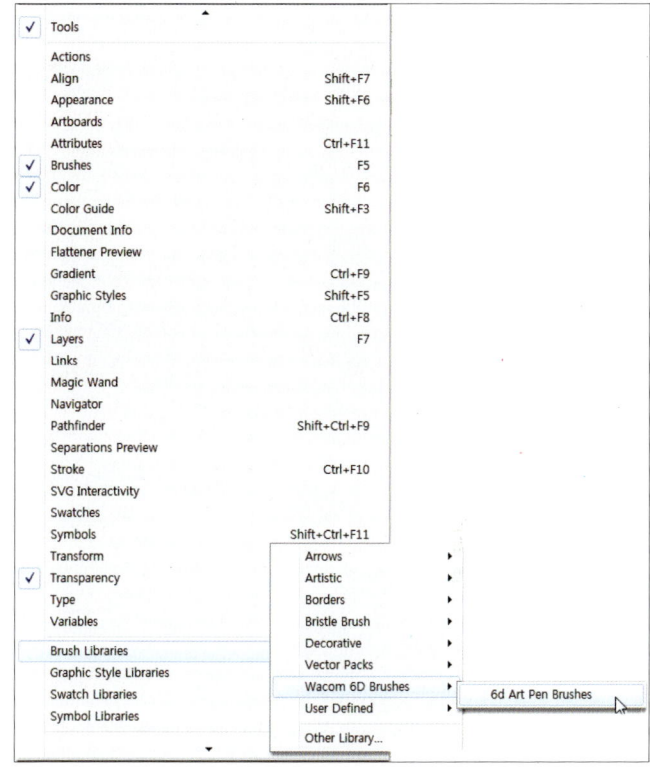

2. 6D Art Pen Brushes 패널 안에 있는 브러시는 와콤사의 태블릿과 연동되어 태블릿의 필압에 따라 두께가 정해지도록 설정되어 있다. 6D Art Pen Brushes 패널에서 첫 번째 칸에 있는 브러시를 클릭하면 Brushes 패널에 브러시가 등록이 된다.

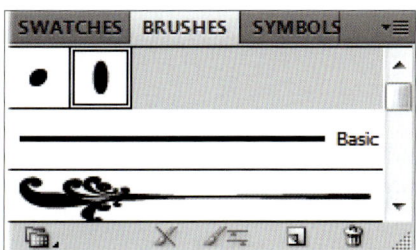

3. Brushes 패널에서 새로 등록된 브러시를 더블 클릭하면 Calligraphic Brush Options 대화 상자가 나타난다. Brush Shape Editor에서 타원 위의 점을 바깥 방향으로 드래그해서 타원이 정원으로 펴지도록 한다.

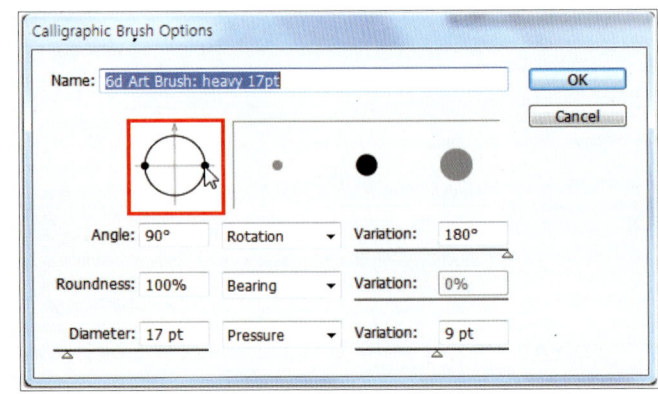

4. Diameter의 Variation 슬라이더 바에서 세모를 오른쪽 끝까지 드래그한다. 브러시의 강약이 더 커질 것이다. OK버튼을 클릭한다.

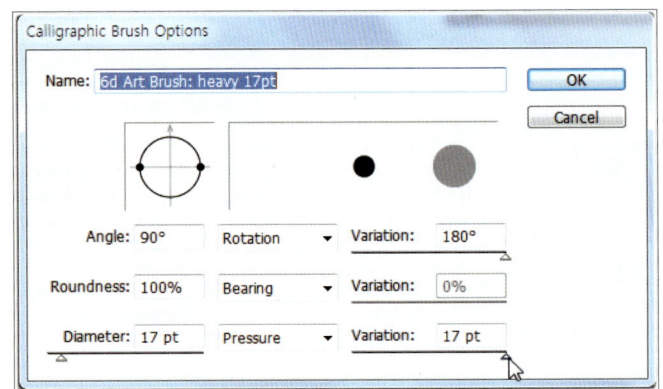

5. Tool 패널에서 페인트 브러시 툴을 클릭한다. 아트 보드 위에 곡선을 자유롭게 드로잉 해 볼 것이다. 태블릿 펜에 힘을 약하게 주었다가 강하게 주면서 선을 그어 보자. 필압에 따라 선 두께가 결정되는 걸 확인할 수 있다.

Step. 2 브러시 툴로 자연스러운 드로잉 하기

앞 단계에서 만든 강약 있는 브러시로 자연스러운 드로잉을 해 보자.

1. 일러스트레이터를 실행시키고 'ex2-1.ai' 파일을 불러온다. 밑그림이 들어 있는 예제파일이 열린다. 회색 밑그림에 맞추어 선에 강약을 넣어 드로잉을 해보도록 한다.

Tip_1 이미 Brushes 패널로 선택한 브러시가 등록된 상태이기 때문에 6D Art Pen Brushes 패널은 닫아도 상관 없다.

2. 아트 보드 위에 있는 밑그림을 클릭하여 선택하고, Transparency 패널에서 블렌딩 모드를 Multiply 모드로 설정한다. Layers 패널에서 [밑그림]의 잠금 박스를 클릭한다. 자물쇠 가 생기면서 밑그림은 고정되었다.

3. 먼저 배경을 넣어보겠다. Tool 패널에서 사각형 툴을 클릭한다. Color패널에서 색상 값을 C: 0%, M: 40%, Y: 70%, K: 0%로 설정한다. Layers 패널에서 [Layer2]를 클릭한 후, 아트 보드와 같은 크기의 사각형을 드래그한다.

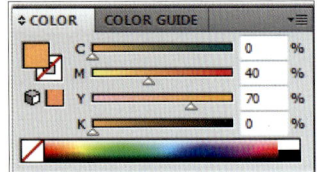 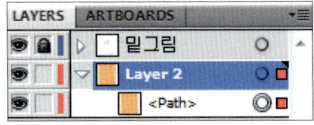

4. Tool 패널에서 메시 툴을 클릭하고 해당 지점을 클릭한다.

5. Color 패널에서 색상 값을 C: 0%, M: 5%, Y: 20%, K: 0%로 설정한다. 바로 전 단계에서 클릭했던 지점이 밝아질 것이다.

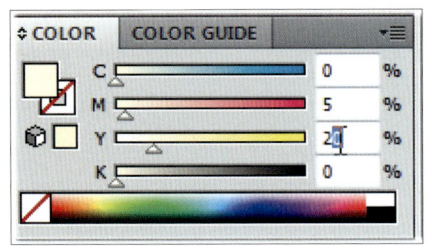

6. Layers 패널에서 [Layer2]의 잠금 박스를 클릭해서 오렌지 빛 배경을 고정시킨다.

7. Layers 패널의 하단의 Create New Layer 를 클릭한다. [Layer3]이라는 새 레이어가 생성되었다. 이제 앞으로는 [Layer3] 위에서 작업을 하도록 한다.

8. Tool 패널에서 페인트 브러시 툴을 클릭한다. Color 패널에서 선 색을 흰색으로 설정한다. 그리고 Brushes 패널에서 강약이 있는 브러시를 클릭하여 선택한다.

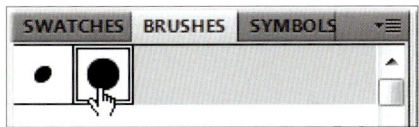

Tip_2 강약이 있는 브러시는 Step.1 단계에서 만들어 놓았다. 강약이 있는 브러시가 Brushes 패널에 없다면 Step.1 단계로 돌아가 브러시를 다시 만들어 놓자.

9. 풀밭부터 그려보겠다. ⓐ지점에서 ⓑ지점으로 태블릿 펜에 힘을 약하게 주었다가 강하게 주면서 선을 그린다. 선이 얇아졌다가 굵어지는 것을 확인할 수 있다.

10. 같은 방법으로 선에 강약을 주어 풀을 여러 개 그린다.

11. Tool 패널에서 선택 툴을 클릭한다. 흰색 풀을 모두 선택하고 Ctrl+G키를 눌러 그룹화시킨다.

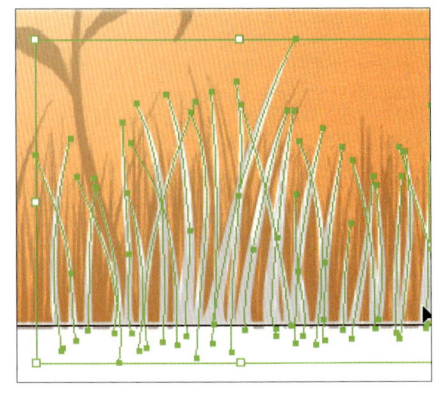

12. 12. 그룹화된 흰색 풀 무더기를 Alt키를 누른 채 옆으로 이동시켜 복제한다.

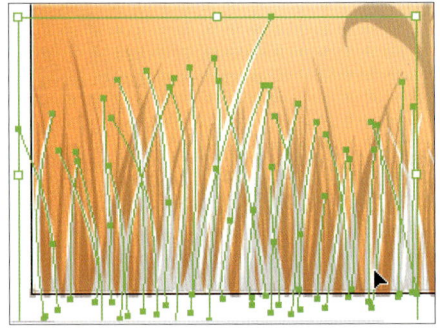

13. 그룹화된 흰색 풀 무더기를 Alt키를 누른 채 가운데로 한번 더 이동시켜 복제한다.

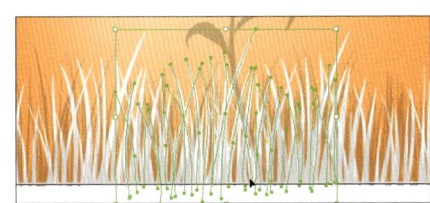

14. Stroke 패널에서 Weight를 0.5pt로 설정한다. 선 두께가 얇아질 것이다.

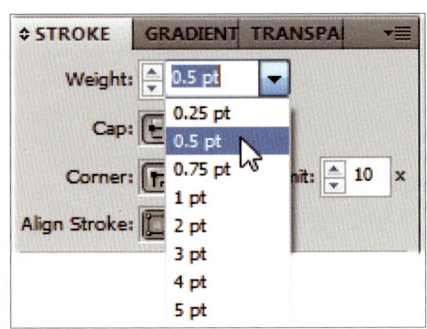

15. Layers 패널에서 [Layer3]의 잠금 박스를 클릭하여 고정시킨 후, Create New Layer을 클릭하여 새로운 레이어를 생성한다.

16. 꽃잎을 그려보겠다. Tool 패널에서 페인트 브러시 툴을 클릭한다. Color 패널에서 선 색을 C: 0%, M: 70%, Y: 100%, K: 0%으로 설정한다.

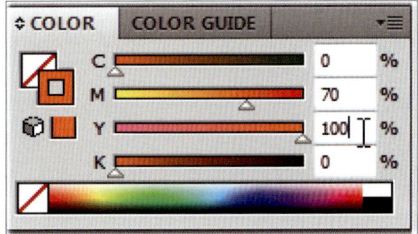

17. 키보드에서 [ ] 을 10번 누른다. 그리고 ⓐ지점에서 ⓑ지점으로 태블릿 펜에 힘을 약하게 주었다가 강하게 주면서 선을 그린다.

| **Tip_3** | 키보드에서 [ ] 을 누르면 브러시의 굵기가 두꺼워진다. 반대로 [[ ] 을 누르면 브러시의 굵기가 얇아진다. 누른 횟수만큼 굵기가 조절되는 방식이다. |

18. Tool 패널에서 직접 선택 툴을 클릭한다. 전 단계에서 그린 꽃잎을 드래그하면 패스가 나타날 것이다. 기준점을 옮기거나 기준선을 드래그하여 원하는 형태로 수정을 해 본다.

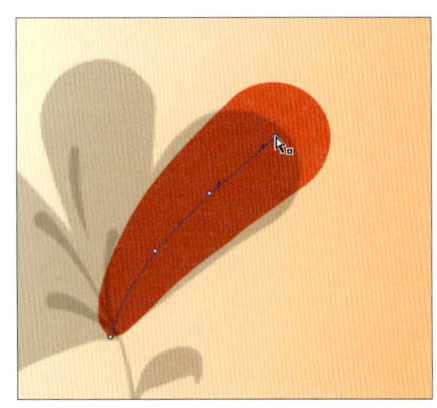

Tip_4 벡터로 드로잉을 할 때 가장 큰 장점은, 예전에 그려 놓았던 선을 자유자재로 수정할 수 있다는 것이다. 기준점과 기준선을 이용하여 선을 원하는 형태로 다듬어 보자.

19. 같은 방법으로 나머지 꽃잎들도 드래그하여 그려 넣는다.

Tip_5 밑그림과 똑같이 맞출 필요는 없다. 마음 가는 대로 드래그를 하여 꽃잎을 그려 넣어 보자.

20. 이번에는 꽃술과 꽃가루를 그려 보겠다. Color 패널에서 선 색의 색상 값을 C: 0%, M: 70%, Y: 100%, K: 50%으로 설정한다.

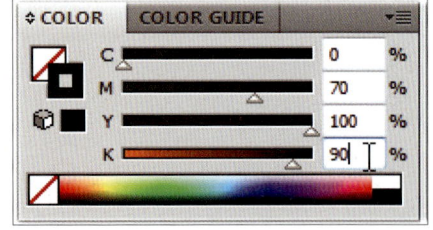

21. Tool 패널에서 페인트 브러시 툴을 선택한다. 키보드에서 [[ ]을 20번 정도 누른 후 밑그림을 따라 꽃술을 그린다. 마찬가지로 힘을 약하게 주었다가 강하게 주면서 그려나간다. 필압의 차이에 따라 선의 굵기가 달라질 것이다.

22. 같은 방법으로 꽃술을 모두 그린다. 맨 위로 날라가는 꽃가루는 가장 얇다. [ ]을 여러 번 눌러 선을 얇게 한 다음 꽃술을 그린다.

23. 이번에는 꽃대를 그려보겠다. 밑그림을 따라 S라인의 꽃대를 그린다. 마찬가지로 힘을 약하게 주었다가 강하게 주면서 그려 본다.

Tip_6 키보드에서 [ ]와 [ ]키로 굵기를 조절해 가면서 그린다. 물론 다 그려놓고 나서 Stroke 패널에서 굵기를 조절할 수 있지만 키보드의 키를 이용하면 좀 더 시간을 단축시킬 수 있다.

24. 잎을 그려보겠다. 힘을 약하게 주었다가 강하게 주고 다시 약하게 주면서 ⓐ지점에서 ⓑ지점으로 곡선을 그린다.

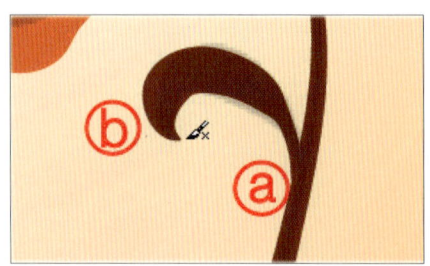

25. 같은 방법으로 나머지 잎을 마저 그려 넣는다.

26. Layers 패널에서 [밑그림]을 클릭하고 휴지통 버튼을 클릭한다. [밑그림]을 삭제하겠냐는 확인 메시지가 나오면 OK를 클릭한다. 비로소 선에 강약을 주어 드로잉 하는 과정이 끝났다.

[완성파일] ex2-2.ai

Step. 3

선을 면으로 변환하여 그라디언트 넣고 완성하기

앞 단계에서 드로잉한 선을 모두 그라디언트가 들어간 면으로 변환하여, 분위기 있는 일러스트레이션을 완성해 보도록 하자.

1. Ctrl+A키를 누른다. 선이 모두 선택된 상태에서 메뉴의 Object〉Path〉Outline Stroke를 클릭하여 선을 모두 면으로 바꾼다.

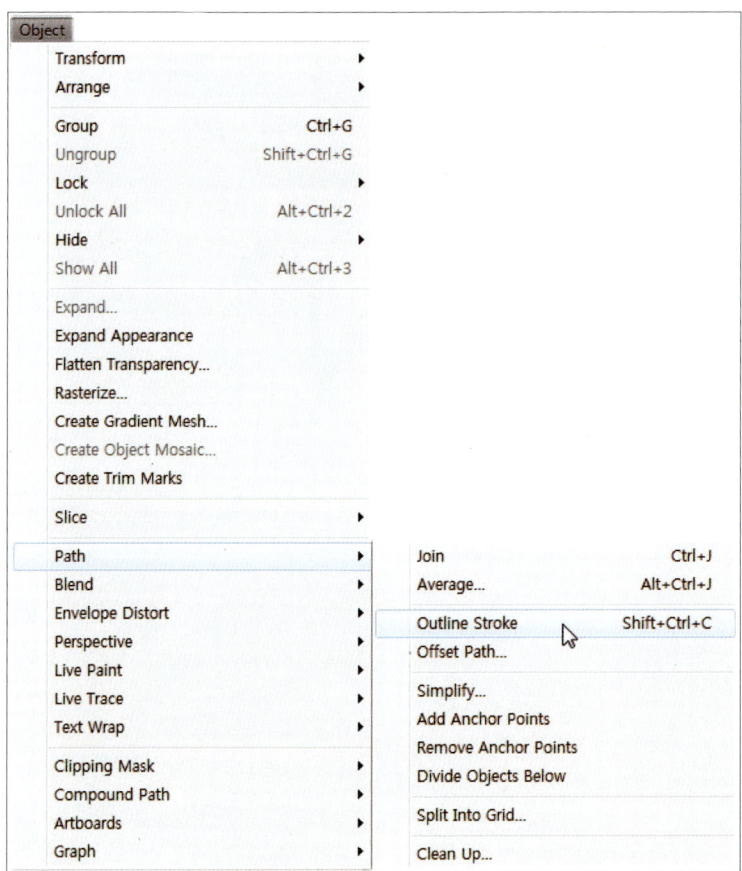

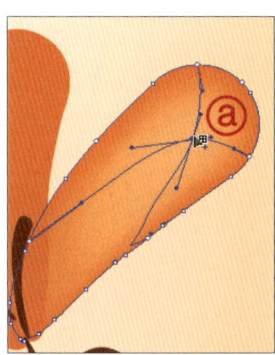

2. 비어 있는 바탕화면을 클릭해 선택 해제 시킨다. 그리고 Tool 패널에서 메시 툴을 클릭한다. Color 패널에서 면의 색상 값을 C: 0%, M: 40%, Y: 70%, K: 0%로 설정한 후, ⓐ지점을 클릭한다. 클릭한 지점을 중심으로 그라디언트가 적용될 것이다.

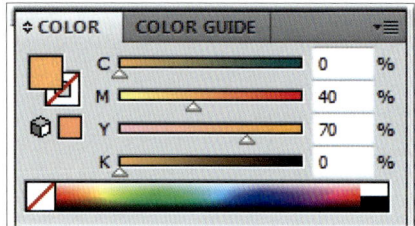

3. ⓑ지점, ⓒ지점, ⓓ지점, ⓔ지점을 클릭한다.

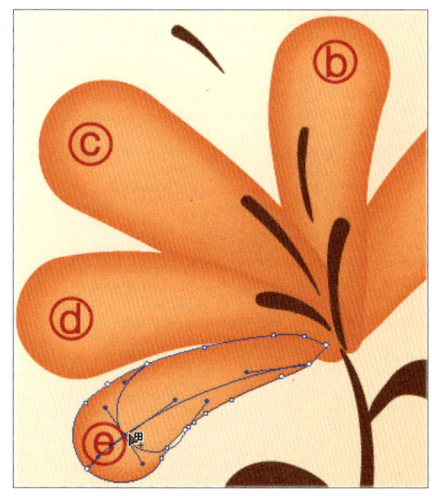

4. Tool 패널에서 선택 툴을 클릭한다. Shift키를 누른 채 5개의 꽃잎을 클릭하여 꽃잎만 모두 선택한다. Transparency 패널에서 블렌딩 모드를 Multiply 모드로 설정한다. 서로 겹치는 꽃잎 면들이 생길 것이다.

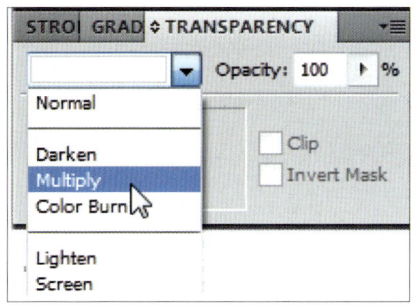

5. 꽃잎만 선택된 상태에서 Ctrl+G키를 눌러 그룹화한다. Tool 패널에서 회전 툴을 클릭한다.

6. ⓐ지점을 클릭하여 기준점을 ⓐ지점으로 이동한다. Alt키를 누른 채 오른쪽으로 돌리면, 꽃잎이 ⓐ지점을 기준으로 회전하면서 복제될 것이다.

209

7. 복제된 꽃잎을 선택한 상태에서 Transparency 패널에서 Opacity 값을 50%로 설정한다.

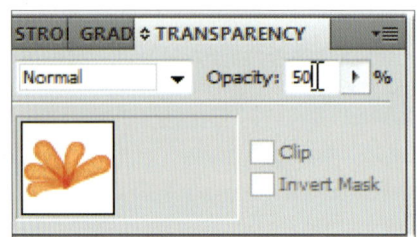

8. 꽃이 완성되었다. 같은 방법으로 다른 모양의 꽃들을 옆에 그려 넣어 일러스트를 완성시켜 본다.
[완성파일] ex2-3.ai

Creative Artworks - 4

Illustration Style Book

디지털 툴을

활용한 동화

일러스트레이션

yougjun

part

6

Creative Artworks - 4   Illustration Style Book : part_06

조용준

프리랜스 일러스트레이터
http://jjoon.pe.kr

국민대학교 강사
≪Tokyo Design Festa≫ Vol.27~Vol.28 참가
드림갤러리 제10회 ≪질료의 모색전≫ 참가
iPad를 위한 동화책 애플리케이션 '알라딘과 마법 램프Aladdin and the Magic Lamp' 제작 중

interview
part

자연스럽게 일러스트레이터가 된 디자이너

동화책 일러스트레이션으로 유명한 일러스트레이터 조용준은 사실 회화나 일러스트레이션이 아닌, 의상 디자인을 전공했다. 그 탓에 그는 포토샵이나 일러스트레이터보다 플래시 프로그램에 더 익숙하다. 다른 일러스트레이터들과 다른 경로를 걸어왔지만, 그는 만화나 게임, 영화 등의 그래픽 문화 전반에 상당한 관심을 갖고 있으며, 조예 또한 깊다. 그만의 이런 지식과 경험들은 자연스럽게 그가 그림을 시작하는 바탕으로 작용했다.

디지털 일러스트레이션의 첫 세대인 조용준은 자신이 일러스트레이터가 된 경위와, 그 과정 속에서 겪었던 시행착오들을 현재 강의를 통해 학생들에게 착실하게 가르치고 있다. "그림을 시작하려면 어떻게 해야 하냐는 문의를 하시는 분들이 종종 있습니다. 그림을 처음 시작하는 분들에게 가장 중요한 것은 무엇일까요? 명암이나 투시, 혹은 색상에 대한 이해가 가장 중요할 수도 있고, 발상이 가장 중요할 수도 있겠죠. 사람에 따라 대답이 모두 다를 거예요. 하지만 개인적으로 전 그림을 꾸준히 그리는 습관이 가장 중요하다고 생각합니다." 그림을 꾸준히 많이 그리는 일은 당신을 그림에 관해 고민하도록 할 것이며, 그림과 관련된 지식을 쌓을 수 있도록 할 것이며, 다른 작가들의 그림들을 자연스럽게 찾아보도록 만들 것이다. 그림을 많이 그려 본다는 일은 어찌 보면 화가에겐 굉장히 평범하고 당연한 일일지도 모르겠지만, 실제로 당신의 작품의 발전을 도와 줄 아주 특별한 습관이 될 것이다.

그림 그리는 습관

"미술학원에 가 보신 적이 있으신가요? 미술학원에 처음 가면 하는 게 뭘까요? 바로 선 연습입니다. 한동안 스케치북에 선을 그으면서 선을 사용하는 감각을 손에 익힙니다. 선 연습이 끝나면 이제 원이나 구, 정육면체 등을 반복적으로 그리기 시작하죠. 이런 것들을 시키는 이유는 학생들로 하여금 그림에 대한 기초적인 명암을 익히게 하기 위해서이기도 하지만, 더 중요한 이유는 학생들에게 앉아서 그림을 그리는 습관을 들이기 위해서 입니다. 아무 의미도 없어 보이는 이런 반복적인 행위들을 통해 학생들은 그림을 그리기 위해 앉아 있는 습관을 몸에 익히게 되고, 그 습관이 있어야지만 그림에 대한 조형과 원리를 공부할 수 있게 되는 것입니다."

미술학원에서 배운 기술이, 학생들의 상상력을 제한한다는 비판의 목소리가 들리기도 하지만, 적어도 미술학원에 있는 동안 그들은 몇 시간이고 앉아서 그림을 그리는 연습을 할 수 있다. "저는 그림을 그리고 싶다는 분들께 꾸준히 시간을 들여서 그림을 그리시라고 말씀을 드리고 싶습니다. 일주일에 적어도 3일 정도는 하루에 3시간씩 그림을 그리세요. 그렇게 1년만 투자를 하시면 정말 몰라보게 그림이 발전하는 것을 느끼실 겁니다. 이러한 과정 없이 당장 "왜 발전이 없을까?"에 관해 고민하는 건 굉장히 사치스러운 일입니다."

Creative Artworks - 4   Illustration Style Book : part_06

눈의 여왕

디지털 툴을 활용한 동화 일러스트레이션　　조용준　　　　　　　　　　　　　　interview

멀티 인스퍼레이션

그림을 꾸준히 그릴 수 있는 수준이 되면, 이제 자신만의 스타일을 잡아야 한다. 이것은 모든 일러스트레이터가 거쳐야 할 숙명과도 같은 과정이다. 이와 관련하여, 그는 좋은 지름길로서 무엇이든지 경험해 볼 것을 추천한다. 특히 그는 영상 문화에 관심을 가져 보라고 조언한다. 영상 문화는 그림을 그리는 사람들이 비교적 접근하기 쉬운 장르이며, 그림을 창작하는 데에 있어 다양한 경험과 영감들을 제공해 줄 가능성이 많기 때문이다.

조용준은 영화, 게임, 만화, 애니메이션 등 장르를 가리지 않고 다양한 그래픽 문화에 관심이 많다. 일러스트레이션은 기본적으로 회화적인 기법을 사용하지만, 일러스트마다 지향하는 목표가 각각 다르기 때문에, 조작가의 풍부한 영상 경험은 일러스트레이션을 작업하는 데에 큰 도움을 준다. "저는 영화를 많이 보는 편이에요. 엄밀하게 이야기 하면, 구도를 중점적으로 보죠. 영화 각 장면들은 그 상황에 딱 맞도록 구도가 설정되어 있어요. 만약 제가 동화책을 작업한다고 가정해 봐요. 전 동화책 속에서 스토리와 캐릭터를 동시에 구현해 내야 해요. 그리고 한 컷의 그림에서 앞, 뒤 정황을 모두 보여 주어야 하지요. 영화 속 구도들은 이러한 점들을 해결하는 데에 많은 도움을 줄 수 있어요."

미무스

La Fete – The Stories of Flamenco

일러스트레이터답지 않게 영상에 조예가 깊은 그는 최근 아이패드의 애플리케이션 제작에까지 손을 뻗치고 있다. "아이패드란 건 일종의 TV같은 거예요. 우리가 즐길 수 있는 오락거리들과 재미있는 영상들을 다운 받아서 볼 수 있도록 하는 매체죠. 그 동안 제가 해 왔던 동화책의 2D 일러스트 디자인과 상호작용이 가능한 애플리케이션 디자인은 근본부터 다르다고 생각합니다. 일러스트 설계 단계부터 제작 과정까지 완벽하게 차이가 나죠. 하지만 전 제 영상 경험을 애플리케이션 제작 과정에서 충분히 살릴 수 있을 거라고 믿습니다."

실수는 실수대로, 그림은 그림대로 일보전진

현재 일러스트레이터로서 성공적이라고 할 수 있을 정도로 다양한 분야를 막론하고 활발히 활동을 하고 있는 그 역시 여러 번의 실패를 겪었다. 다만, 실패를 공개하지 않을 뿐이다. "때로는 제 작품 중에서도 정말 마음에 들어 계속 다시 꺼내 보게 되는 작품도 있지만, 마치 빚쟁이를 만난 듯이 절대로 마주치고 싶지 않은 작품도 있어요. 그런 작품은 저 조차도 찾을 수 없는 폴더 속에 봉인해 버리죠. 물론 그 누구도 볼 수 없도록 jpg 파일 하나 남겨 두지 않습니다."

하지만, 그 역시 그림이 좋아서 일러스트레이터로서 활동을 시작했고, 지금까지 걸어 온 길에 후회는 없다고 말한다. "사람들이 종종 일러스트레이션을 택한 걸 후회하지는 않는지 질문합니다. 하지만 그럴 때마다 전혀 후회하지 않는다고 대답하죠. 전 그림쟁이고, 그림쟁이의 삶은 그림 속에서 그려져요. 그림을 좋아하는 사람에게 그림쟁이로 사는 것만큼 행복한 일이 어디 있겠어요? 물론 그림 때문에 힘이 들 때도 있죠. 하지만 저는 언제나 앞만 바라보려고 해요. 그리고 매일 한 걸음씩이라도 나아가려고 하죠. 언젠가 정상에 도착하면 다시 뒤돌아 볼 수 있으리라 생각합니다. 힘들었지만 그래도 괜찮았다고."

Alice in Wonderland

디지털 툴을 활용한 동화 일러스트레이션   조용준   interview

붉은 방

Creative Artworks - 4 Illustration Style Book : part_06

모차르트

황새

Creative Artworks - 4   Illustration Style Book : part_06

아이패드 동화책 앱, 〈알라딘〉 그래픽

아이패드 동화책 앱, 〈알라딘〉 그래픽

Once upon a time
a very poor woodcutter
lived in a tiny cottage in the forest
with his two children, Hansel and Gretel.
His second wife often ill-treated the children
and was forever nagging the woodcutter.

"There is not enough food in the house for us all.
There are too many mouths to feed!
We must get rid of the two brats," she declared.
And she kept on trying to persuade her husband
to abandon his children in the forest.

tutorial

사용프로그램: Painter, Photoshop

part 6-1 디지털 툴을 활용한 동화 일러스트레이션

TITLE

헨젤과 그레텔: 어둠 속의 빛

빛은 짙은 어둠이 있어야 비로소 의미를 가질 수 있다. 어둠이 짙으면 짙을수록, 더욱 밝게 존재감을 드러내는 빛에 대해 그림을 그려 보도록 한다.

그림 형제의 많은 이야기들처럼, 『헨젤과 그레텔』은 재미있는 동화로 잘 알려져 있지만, 사실은 먹을 것이 없어서 아이들을 잡아먹거나, 아이들을 숲 속에 버리던 중세의 무서운 악습에 관한 이야기이다. 이번 작품에서는 『헨젤과 그레텔』의 어둡고 음습한 분위기에 초점을 맞추어 봤다. 부모님과 함께 하던 밝은 빛의 세계를 뒤로 하고, 숲의 어둠 속으로 빨려 들어가는 헨젤과 그레텔의 모습을 작품에 담아 보았다.

보통 그림을 그릴 때 내가 가장 많이 고민하는 부분은 빛과 레이아웃이다. 작품으로 이야기를 표현하기 위해, 어떤 레이아웃을 택할 것이며, 어떤 빛(조명)을 사용할 것인지 결정하는 일은 굉장히 어려운 일이고, 어려운 만큼 시간도 오래 걸리는 일이다. 이번 작업을 할 때에도 전 빛의 존재감을 어떻게 강조할 수 있을 것인지에 관해 정말 오랜 시간 동안 고민했었다. 이번 작품 〈헨젤과 그레텔〉을 그리는 데엔 12시간 밖에 걸리지 않았지만, 작업을 시작하기 전에 자료들을 찾아보고 이미지를 상상하고 또 구상해 보는 데에는 꼬박 3일이나 걸렸다.

이 작품에서는 일반적으로 페인터를 사용하는 사람들이 가장 많이 사용하는 툴인 Digital Watercolor/New Simple Water(새 간단한 수채화) 브러시와 Oil Pastels/Chunky Oil Pastel Pastel(거친 오일 파스텔) 브러시 그리고 Calligraphy/Grainy Pen(그레인 모양 펜) 브러시를 주로 사용했다.

Step. 1 기초그림 구성

1. 가로 21.0cm, 세로 29.7cm, 해상도 300dpi의 새로운 캔버스를 만든다.

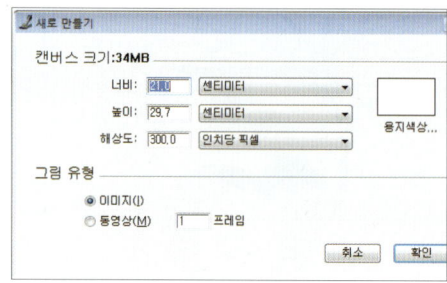

2. Layers 패널에서 새로운 레이어를 만들고 Oil Pastels/Chunky Oil Pastel Pastel 브러시를 이용하여 스케치를 그린다. 이 레이어의 이름은 [스케치]로 바꿔 준다.

3. Layers 패널에서 캔버스를 선택하여 전체적인 색과 빛의 흐름과 어울리도록 밑바탕을 칠해 준다. 브러시의 선택에 제한은 없지만, 여기에서는 질감을 살리기 위해 Oil Pastels/Chunky Oil Pastel Pastel 브러시를 사용했다.

4. Effects>Tonal Control>Brightness/contrast를 선택해서 명도와 대비를 조절한다.

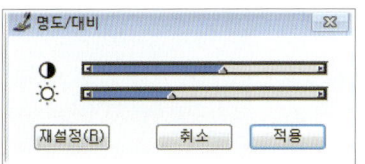

5. 새로운 레이어에 Airbrushes/Digital Airbrush 브러시를 이용하여 푸른 빛이 도는 밝은 부분을 그려 준 후에 Layers>Drop을 선택해서 레이어를 캔버스와 합쳐준다.

6. 새로운 레이어를 만들고 블렌딩 모드를 Multiply 모드로 변경한 후에 Oil Pastels/Chunky Oil Pastel Pastel 브러시로 나무의 실루엣을 그린다. 이 때 Layers 패널에서 Pick Up Underlying Color의 선택을 해제한다.

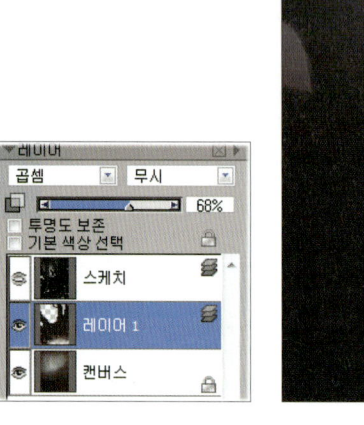

7. 새로운 레이어를 만들고 블렌딩 모드를 Multiply 모드로 변경한다. 그리고 앞의 나무보다 약간 흐린 색으로 조금 더 뒤에 있는 나무를 그린다.

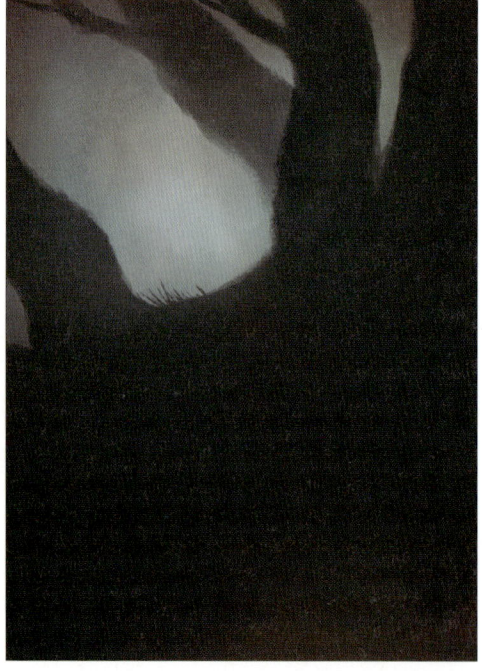

8. 마찬가지로 앞의 나무들보다 약간 더 뒤에 있는 나무를 그린다.

9. 마찬가지로 한 단계 더 뒤에 있는 나무를 그린다.

10. 마찬가지로 한 단계 뒤에 있는 나무를 그린 후에 Layers>Drop을 선택해서 아래에서부터 레이어를 하나씩 차례차례 캔버스와 합쳐 준다.

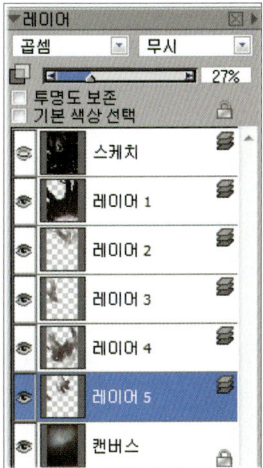

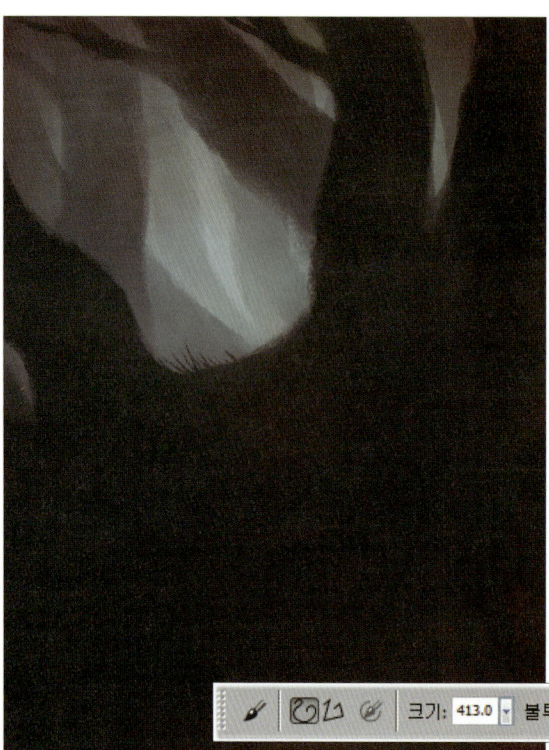

11. Airbrushes/Digital Airbrush 브러시를 이용하여 숲 속에 안개가 자욱이 낀 듯한 느낌을 내 본다.

12. Effects〉Tonal Control〉Brightness/contrast를 선택해서 그림의 밝은 곳과 어두운 곳이 좀 더 명확해지도록 명암과 대비를 조절한다.

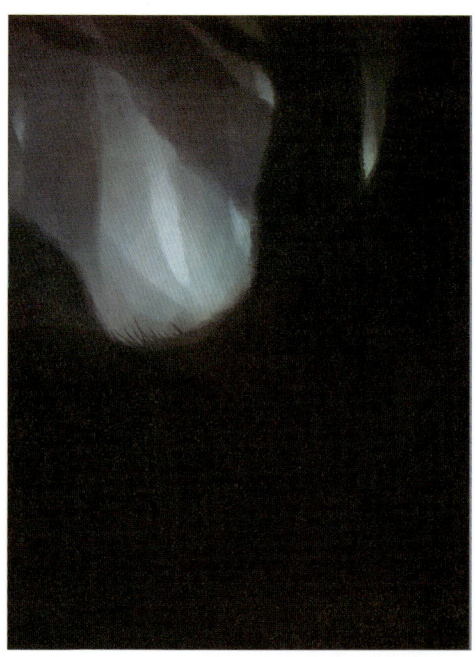

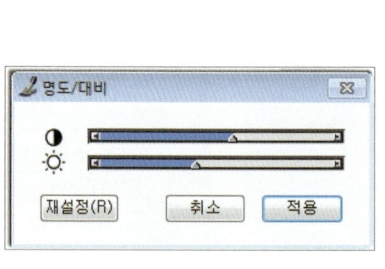

Step. 2   배경 채색하기

1. 툴 박스의 Magic Wand 툴로 나무의 빛을 받는 부분에 선택 영역을 만든다. 그리고 그 안에 Oil Pastels/ Chunky Oil Pastel Pastel 브러시로 강약을 조절하여 푸른색을 넣어준다. 선택 영역을 아예 푸른색으로 채워 넣는 것이 아니라, 푸른색을 살짝 가미한다는 느낌으로 칠해 준다.

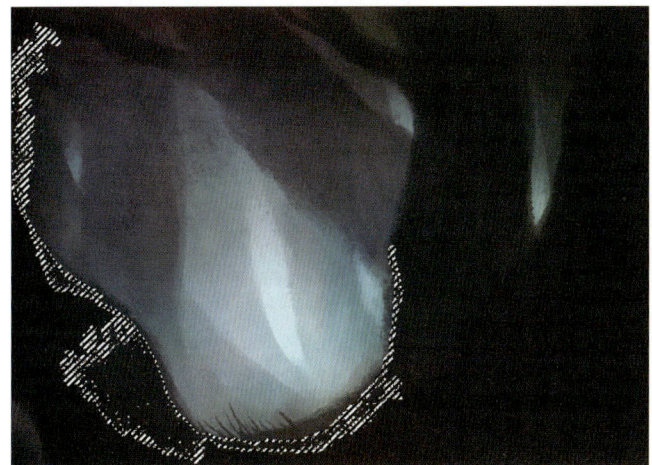

2. 같은 방법으로 반대편의 나무에도 선택 영역을 만들고 푸른색을 넣는다.

3. 그림의 하단 부분에도 군데군데 푸른색을 넣어주어 그림의 단조로움을 없앤다. 이때, 자유롭게 고유한 선택 영역과 빛의 변화를 만들어 보자.

4. Digital Watercolor/New Simple Water 브러시를 이용하여 그림에 푸른빛이 돌도록 색을 넣어 준다. 그리고 꼭 Layers>Dry Digital Watercolor를 선택해서 Digital Watercolor/New Simple Water 브러시로 넣은 색을 캔버스와 합쳐주어야 한다. 앞으로도 Layers>Dry Digital Watercolor 단계는 따로 언급하지 않아도, 계속 실행해 주자.

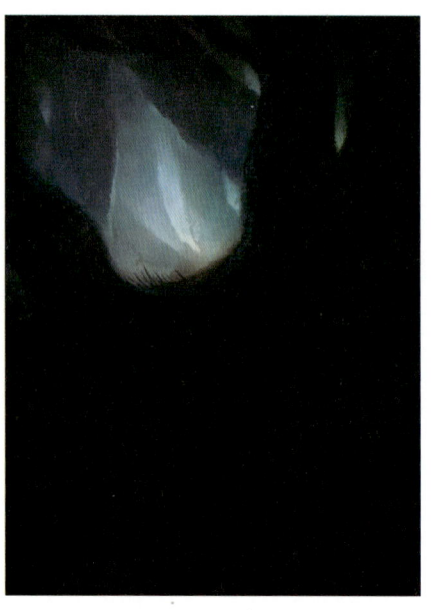

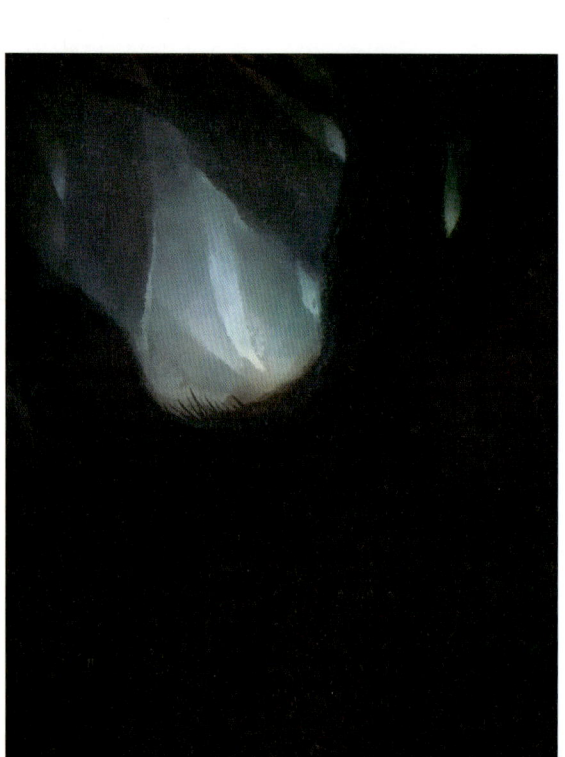

5. Airbrushes/Digital Airbrush 브러시를 이용하여 붉은 빛도 넣어 주었다. 이렇게 여러 가지 색이 칠해지고 겹치면서 결과적으로 다양한 색의 조합을 만들어 내게 된다.

6. Effects>Tonal Control>Brightness/contrast를 선택해서 명도와 대비를 조절한다.

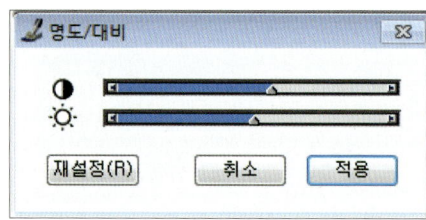

7. Airbrushes/Digital Airbrush 브러시로, 채도가 높지 않은 붉은 색으로 그림 하단 부분의 흙을 표현한다.

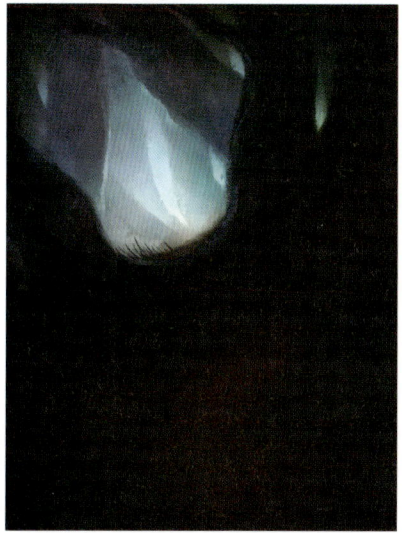

8. Digital Watercolor/New Simple Water 브러시를 이용하여 나무에 푸른색을 좀 더 넣는다. 색을 너무 강하게 쓰지 말고 태블릿 펜에 힘을 조절하여 연하게 넣도록 한다.

9. Digital Watercolor/New Simple Water 브러시를 이용하여 명암과 양감을 조절한다.

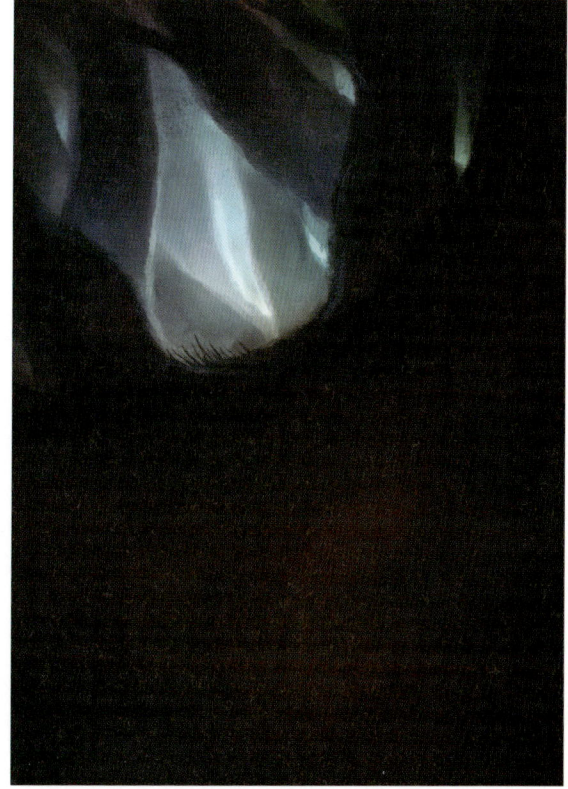

10. Airbrushes/Digital Airbrush 브러시를 이용하여 어둠 속으로 들어오는 빛의 산란을 표현한다. 푸른 계열의 색상이 주를 이루던 기존 그림에, 따뜻한 색감을 추가하여 이미지 분위기에 변화를 주자.

Step. 3 배경 형태 다듬기

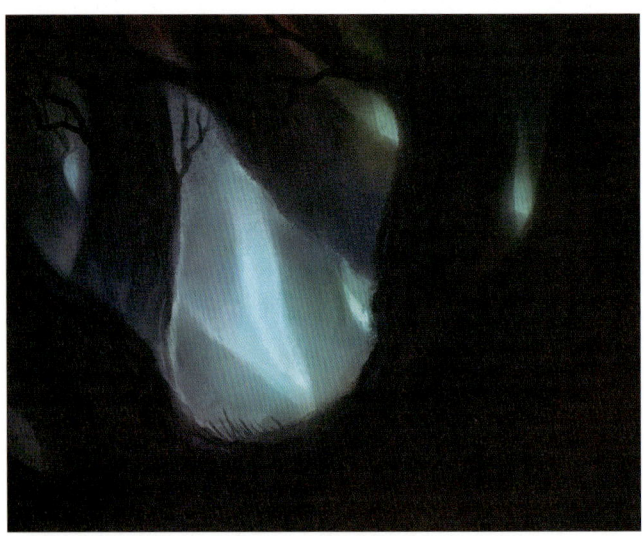

1. Digital Watercolor/New Simple Water 브러시를 사용하여 나무 표면의 질감을 표현한다. 질감을 표현할 때엔 강약을 조절해야 자연스러운 나무 표면의 질감을 낼 수 있다.

2. Layers>Dry Digital Watercolor를 선택해서 색을 캔버스에 고정시킨 후에, 한 번 더 나무 표면을 표현한다.

3. 같은 방법을 사용하여, 좀 더 밝은 색으로 뒤쪽 나무들에도 표면의 질감을 표현한다. 그리고 Layers>Dry Digital Watercolor를 선택해서 색을 캔버스에 고정한다.

4. 툴 박스의 Magic Wand 툴로 선택 영역을 만든다. 원하는 선택 영역을 만들기 위해서 메뉴 바의 Tolerance(허용 오차) 값을 조절한다.

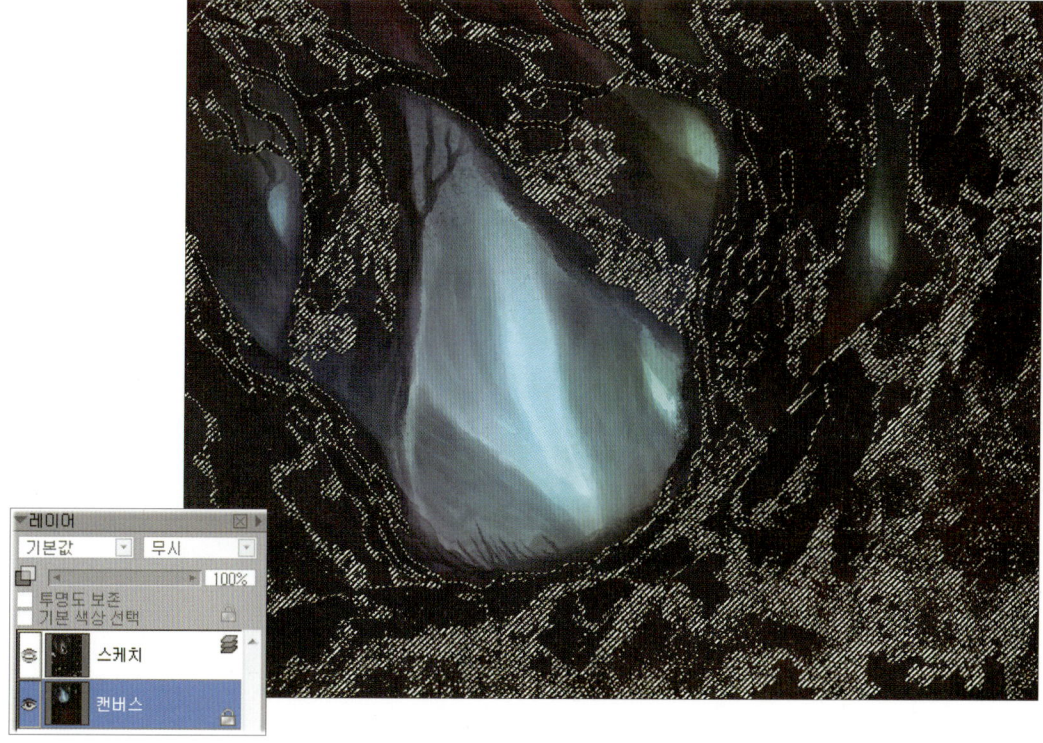

5. 키보드의 Alt(혹은 Option)를 누른 상태에서 툴 박스의 Layer Adjuster 툴로 선택 영역을 클릭하여, 선택 영역을 새로운 레이어로 복제한다. 그리고 레이어의 블렌딩 모드를 Multiply 모드로 변경한다.

6. Layers 패널의 Pick Up Underlying Color의 선택을 해제한 상태에서 Oil Pastels/Chunky Oil Pastel Pastel 브러시로 군데군데 색의 경계를 풀어주어, 어두운 부분과 배경이 자연스럽게 어울릴 수 있도록 만들어 준다. 그리고 Layers>Drop All를 눌러 캔버스와 합쳐 준다.

7. Layers 패널에서 새로운 레이어를 만들고 Calligraphy/Grainy Pen 브러시로 빛을 받는 나무 외곽쪽에 경계선을 무작위로 그린다.

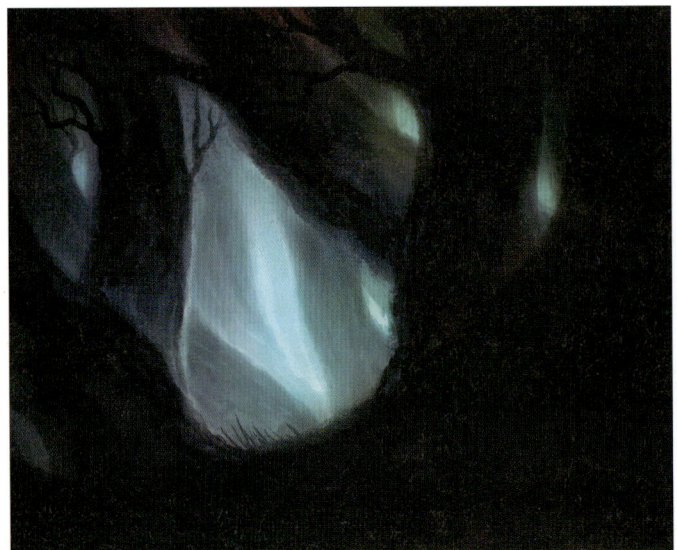

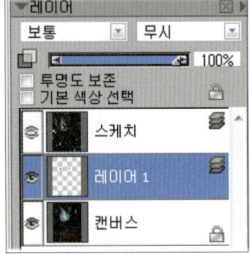

8. Layers 패널에서 캔버스를 선택한 후에 Digital Watercolor/New Simple Water 브러시로 어두운 부분의 명암을 다듬는다.

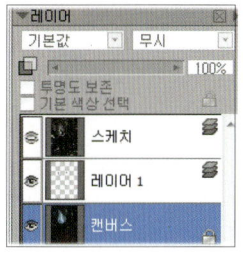

9. 툴 박스의 Magic Wand 툴을 이용하여 무작위로 선택 영역을 만든다.

10. 선택 영역을 이용하여 어둠 속에 다양한 색을 연하게 넣는다.

11. Effects>Tonal Control>Brightness/contrast를 이용하여 밝은 곳과 어두운 곳의 명도와 대비를 정리한다.

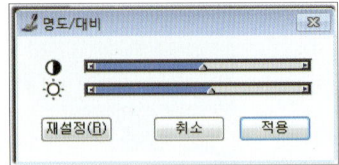

Step. 4   세부 배경 묘사 하기

1. 툴 박스의 Magic Wand 툴로 Tolerance의 값을 조절하여 중간에 있는 나무에 선택 영역을 만든다.

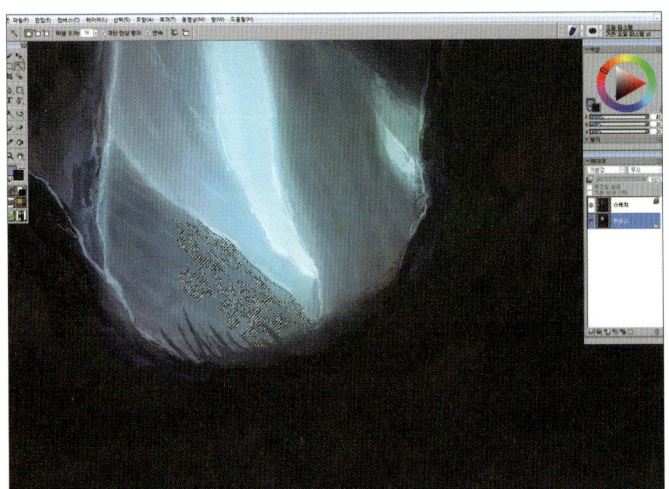

2. Airbrushes/Digital Airbrush 브러시를 이용하여 나무에 비치는 빛의 반사 조각들을 표현한 후에 Ctrl+D키를 눌러 선택 영역을 해제한다.

3. Layers 패널에서 새로운 레이어를 만들고 Calligraphy/Grainy Pen 브러시로 다양한 색을 이용하여 풀과 꽃을 그린다. 이 그림에서는 작은 부분 보다는 전체적인 조화를 중시하기 때문에 너무 자세하게 그릴 필요는 없다.

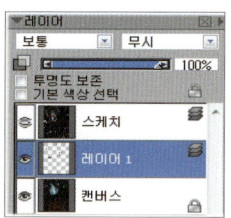

4. 같은 방법으로, 나무줄기와 풀, 꽃 등을 그린다. 빛을 받는 부분은 조금 더 밝은 색을, 빛을 받지 않는 어두운 부분은 조금 더 어두운 색을 사용하여 그린다.

5. 어두운 부분이 단조로워지지 않도록 하기 위하여, 새로운 레이어를 만든 후에 채도와 명도가 낮은 색으로 풀을 그려 준다.

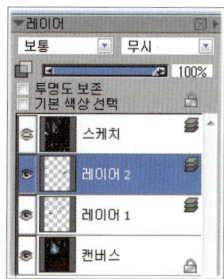

6. 새로운 레이어를 만들고 그 위에 다시 새로운 풀과 꽃을 그린다.

7. 반대쪽에도 마찬가지로 풀을 그려 넣는다.

8. 새로운 레이어를 만들고 배경색과 어울리는 어두운 색으로 울타리를 그린다.

9. 그림의 구석구석에 풀을 그려 넣어, 그림이 단조로워지지 않도록 해 준다.

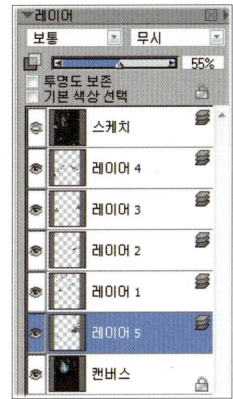

10. 새로운 레이어를 만들고 Palette Knives/ Loaded Palette Knife 브러시를 이용하여 새로운 풀을 그린다. Palette Knives/ Loaded Palette Knife 브러시는 Calligraphy/Grainy Pen 브러시와는 다른 질감을 보여주기 때문에 그림 속에 다양한 질감을 추가할 수 있다.

11. 어두운 부분이 단조로워지지 않도록 하기 위하여, 새로운 레이어를 만든 후에 채도와 명도가 낮은 색으로 풀을 그려 준다.

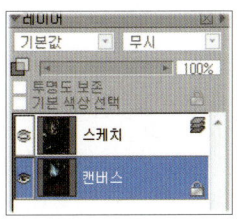

12. Pencils/Cover Pencil 브러시와 Airbrushes/ Digital Airbrush 브러시를 이용하여 어둠 속에 숨어있는 눈동자를 그려 준다.

13. 지금까지의 그림을 저장한 뒤, 포토샵에서 다시 불러내어 나뭇잎을 그림 하단에 추가해 준다.

Step. 5 헨젤과 그레텔 그리기

1. Layers 패널에서 새로운 레이어를 만든 후에 블렌딩 모드를 Multiply 모드로 바꾼다. 그리고 Oil Pastels/Chunky Oil Pastel Pastel 브러시을 이용하여 헨젤과 그레텔의 대략적인 형태를 그린다. 이 때 Layers 패널의 Pick Up Underlying Color의 선택은 해제되어 있어야 한다.

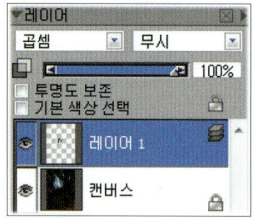

2. 헨젤과 그레텔 레이어의 Opacity 값을 40%로 변경한다.

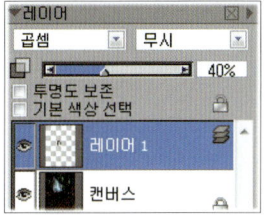

3. 새로운 레이어를 만들어서 Calligraphy/Grainy Pen 브러시로 헨젤과 그레텔의 실루엣을 다시 한 번 자세하게 그린다. 앞에서 Oil Pastels/Chunky Oil Pastel Pastel 브러시로 그린 레이어를 삭제하지 않는 이유는 인물의 외곽선이 배경과 단절되는 것을 피하기 위함이다.

4. 새 레이어를 만들어서 머리카락과 옷을 그린다.

5. Layers 패널에서 레이어 마스크를 만든다.

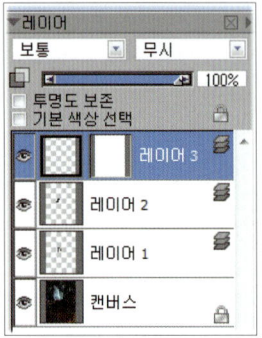

6. Airbrushes/Digital Airbrush 브러시로 검은색을 이용하여 몸의 안쪽 부분을 지운다. 레이어 마스크로 지운 부분은 제거되지 않는다. 다만 우리의 눈에 안 보이도록 그 부분을 감춰 주어서 차후에 수정 작업을 가능하게 한다.

Step. 6   마무리

1. 동화책은 다른 일러스트레이션들과 다르게, 그림을 묘사하는 글이 들어가야 비로소 마무리가 된다. 물론 글이 없는 동화책도 있지만 대부분의 동화책은 글과 함께 하기 때문에, 글을 넣는 것이 동화 일러스트레이션의 마무리라고 할 수 있다. 나는 포토샵에서 행간과 서체의 크기 등을 조절하여 우측정렬로 글을 넣어 보았다. 페인터에서도 글을 넣을 수는 있지만, 편집이나 도구의 사용이 포토샵만큼 편리하지 않기 때문에 나는 포토샵을 이용하여 글을 넣었지만, 실제로 인쇄 전용 작품을 만들 때엔 전문 편집 소프트웨어에서 글을 넣기 때문에 글을 넣는 부분에 크게 신경 쓸 필요는 없다.

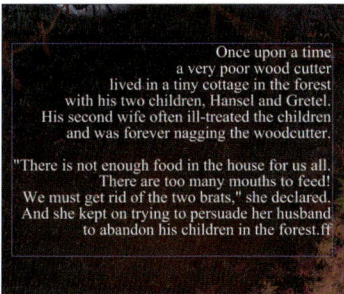

A very long time ago,
in mid winter, when
the snowflakes were falling
like feathers from heaven,
a beautiful queen sat sewing at her
window, which had a frame of black ebony.
As she worked, she looked sometimes
at the falling snow, and it happened that
she pricked her finger with her needle,
so that three drops of blood fell upon the snow.
How pretty the red blood looked upon
the dazzling white! The Queen said to
herself as she looked it, "Ah me! If only
I had a dear little child who
had skin as white as the snow,
lips as rosy as the blood,
and hair as black
as the ebony
window-frame."

tutorial

사용프로그램: Painter, Photoshop

part 6-2 디지털 툴을 활용한 동화 일러스트레이션

TITLE 백설공주: 빛 속의 그림자

빛이 밝게 보이는 이유는 빛 옆에 자리 잡은 그림자의 존재 때문이다. 밝게 빛나는 햇살을 굳게 지탱하는 그림자에 대해 그려 보도록 한다.

공교롭게도 이번에 그리는 백설공주 역시 그림 형제의 동화이다. 앞에서도 말했듯이 그림 형제의 이야기는, 아이들을 위한 동화라기보다는, 잔혹한 현실을 적나라하게 풍자하고 묘사한 설화와 전설의 모음집이다. 헨젤과 그레텔의 원작만큼 백설공주의 원작 또한 인간의 뒤틀린 추악함을 보여 주는 잔인한 이야기이다. 하지만 이번 그림에서는 어두움이나 잔인함에 대한 메타포는 제거하고, 우리가 보편적으로 알고 있는 백설공주의 밝은 이미지에 초점을 맞추어서 그리도록 하겠다.

백설공주를 그리기 위해서 여러 자료를 뒤적이다가 2001년 크리스틴 크룩(Kristin Kreuk)이 주연으로 나온 영화 〈백설공주〉를 발견했다. 이 영화에서 백설공주는 순백의 드레스 대신 욕망을 상징하는 붉은 드레스를 입고 등장한다. 이 장면을 보고 나니, 원작의 어두운 메타포를 제거한다고는 했지만, 붉은 드레스는 절대로 포기할 수 없다는 생각이 들었다. 아무리 밝은 빛으로 가득한 그림을 그리려고 마음먹었다 해도 말이다. 그리고 시각적으로도 흰 드레스보다 붉은 드레스가 밝은 햇살에 더 어울릴 것 같았고, 관객의 눈을 더 즐겁게 해 줄 것 같았다.

〈백설공주〉 작업은 〈헨젤과 그레텔〉 작업보다 더 오래 걸렸다. 그림을 그리는 데에만 15시간이 걸렸고, 레이아웃과 빛의 구상을 하는 데에는 무려 5일이 걸렸다. 늘 느끼는 일이지만, 머릿속의 그림을 손으로 그려 내는 것도 물론 힘들지만, 아무 것도 없는 상태에서 머릿속에 그림을 상상해 낸다는 건 훨씬 힘든 일이다.
이번 〈백설공주〉 작품에서도, 페인터에서 가장 보편적으로 사용되는 브러시 툴인 Digital Watercolor/New Simple Water(새 간단한 수채화) 브러시와 Oil Pastels/Chunky Oil Pastel Pastel(거친 오일 파스텔) 브러시 그리고 Calligraphy/Grainy Pen(그레인 모양 펜) 브러시를 주로 사용했다.

Step. 1   주인공 표현하기

1. 가로 21.0cm, 세로 29.7cm, 해상도 300 dpi의 새 캔버스를 만든다.

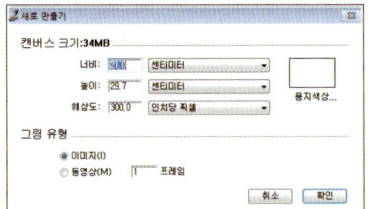

2. Layers 패널에서 새 레이어를 만든 후에, Oil Pastels/Chunky Oil Pastel Pastel 브러시를 이용하여 백설공주의 밑그림을 그린다. 레이어 이름은 [스케치]로 변경한다.

3. Layers 패널에서 캔버스를 선택하여 전체적인 색과 빛의 흐름과 어울리도록 밑바탕을 칠해 준다. 브러시의 선택에 제한은 없지만, 여기에서는 질감을 살리기 위해 Oil Pastels/Chunky Oil Pastel Pastel 브러시를 사용했다.

4. 새 레이어를 만들고 블렌딩 모드를 Multiply 모드로 변경한다.

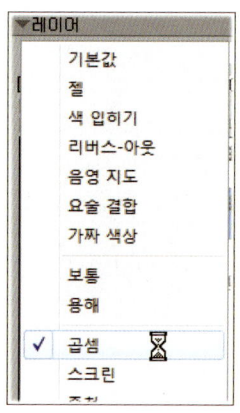

5. 캔버스에서 백설공주의 형태를 다듬는다.

6. 새로운 레이어를 만들고 블렌딩 모드를 Multiply 모드로 변경한 후에 Oil Pastels/Chunky Oil Pastel Pastel 브러시로 나무의 실루엣을 그린다. 이 때 Layers 패널에서 Pick Up Underlying Color의 선택을 해제한다.

7. Oil Pastels/Chunky Oil Pastel Pastel 브러시를 이용하여, 빛을 받는 부분을 난색 계열로 표현한다.

8. Oil Pastels/Chunky Oil Pastel Pastel 브러시를 이용하여, 그림자 부분을 채도가 낮은 한색 계열로 표현한다

9. 드레스의 색보다 채도가 좀 더 낮은 색으로 드레스의 주름을 표현한다.

10. 인물에 붉은 빛이 돌도록 하기 위하여 Digital Watercolor/New Simple Water 브러시로 연분홍색을 인물 전체에 칠한다.

11. 새 레이어를 만들고 얼굴의 거친 부분을 부드럽게 수정한다.

12. 새 레이어를 만들고, 흰색 Oil Pastels/Chunky Oil Pastel Pastel 브러시로 백설공주의 외곽 부분을 정리한다. 이 때 Layers 패널의 Pick Up Underlying Color는 선택된 상태이다.

Step. 2   인물 표정 그리기

1. 새 레이어를 만들고 Oil Pastels/Chunky Oil Pastel Pastel 브러시를 이용하여, 화장을 할 때처럼 얼굴의 하이라이트 부분에 밝은 색을 칠해 준다.

2. 새 레이어를 만들고 머리카락과 얼굴의 형태를 다듬는다.

3. 새 레이어를 만들고 눈, 코, 입과 목의 그림자를 표현한다.

4. 새 레이어를 만들고 블렌딩 모드를 Multiply 모드로 변경한 후, 옷의 주름과 명암을 표현한다. Multiply 모드에서 그림을 그릴 때는 Layers 패널에서 Pick Up Underlying Color의 선택을 해제하는 것이 좋다. (Pick Up Underlying Color을 해제하지 않으면 너무 진하게 채색되기 때문이다.)

5. Layers>Drop을 누르고 앞에서 만든 레이어들을 아래에서부터 모두 캔버스 레이어와 합쳐 준다. 그리고 Effects>Tonal Control>Brightness/contrast를 선택한 후 그림의 명암과 대비를 조절한다.

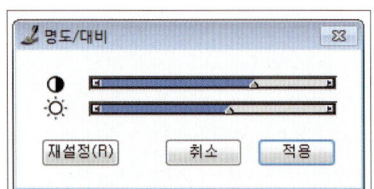

6. 새 레이어를 만들고, 머리카락의 외곽 형태를 정리하고 결을 다듬는다. 이 때 Layers 패널의 Pick Up Underlying Color는 선택되어 있어야 한다.

7. 새 레이어를 하나 더 만들어, 눈을 중심으로 얼굴의 표정을 묘사한다.

8. 새 레이어를 또 만든다. 이번에는 밝은 색으로 얼굴의 하이라이트를 묘사하면서 형태를 구체적으로 표현한다.

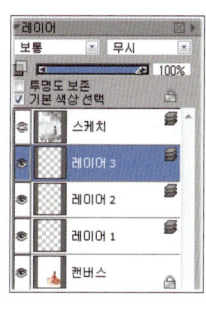

9. 새 레이어를 만들어서 눈썹을 그려 넣는다. 얼굴 표정도 마무리 한다. 나는 백설공주의 순수한 이미지를 표현하기 위해서 눈썹 끝을 약간 처지게 그려 보았다.

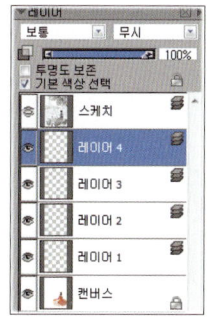

Step. 3 인물에 어울리는 배경 그리기

1. 툴 박스의 Lasso 툴을 이용하여, 백설공주의 외곽선을 따라 선택 영역을 만든다. 이 때, 섬세하게 그리지 말고, 백설공주를 둘러싸는 주머니를 그린다는 느낌으로 넓게 그린다.

2. 툴 박스의 Layer Adjuster 툴로 선택 영역을 클릭하여 백설공주를 새 레이어로 만든다. 이때 Alt/Opt키를 누르면서 클릭하면 이 부분이 새 레이어로 복제되고, 누르지 않고 클릭하면 이 부분이 새 레이어로 만들어진다. 새로 만든 레이어의 블렌딩 모드를 Multiply 모드로 변경한다.

3. 캔버스에 Oil Pastels/Chunky Oil Pastel Pastel 브러시를 이용하여 다양한 색깔로 배경을 칠한다.

4. 새 레이어를 만들고 Layers 패널의 Pick Up Underlying Color가 선택된 상태에서 Oil Pastels/Chunky Oil Pastel Pastel 브러시로 난색을 이용하여 밝은 부분을 표현한다.

5. 새 레이어를 만들고 흰색으로 성과 원경에
있는 건물의 형태를 간략하게 잡아준다.

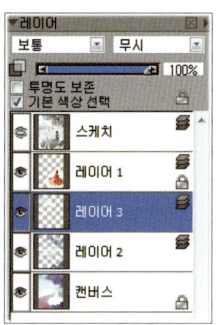 

6. 새 레이어를 만들고 물에 떠 있는 보트의 형태도
간략하게 잡아준다.

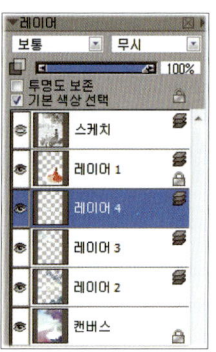 

7. 새 레이어를 만들고 나무의 줄기를 그린다.

8. 새 레이어를 만들고 나무 줄기의 음영을 표현한다.

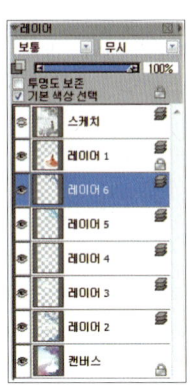

9. 새 레이어를 만들고 나뭇잎을
간략하게 그려 넣는다.

10. Layers>Drop을 눌러서 앞에서 만든 레이어
들을 아래에서부터 모두 캔버스 레이어와 합친 후에,
Effects>Tonal Control>Brightness/contrast를 선택하여
그림의 명암과 대비를 조절한다.

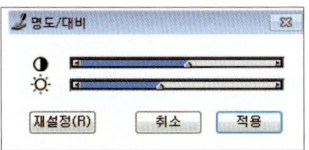

11. 새 레이어를 만든 후에, 나뭇잎 사이에 비치는 햇살을 표현한다.

12. 새 레이어에 Airbrushes/Digital Airbrush 브러시로 햇빛을 연하게 표현한다.

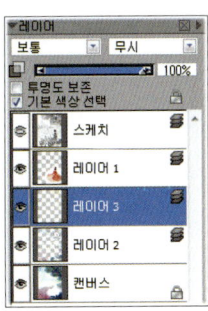

13. 새 레이어에 Airbrushes/Digital Airbrush 브러시를 이용하여 연한 분홍색을 군데군데 넣어준다.

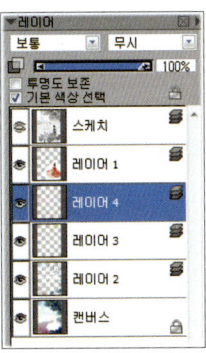

14. 앞에서 만든 레이어들을 캔버스와 합쳐준 후에, 툴 박스의 Magic Wand 툴로 배경 그림자 영역을 선택한다. 그리고 그 선택 영역 안에 Airbrushes/Digital Airbrush 브러시로 연한 노란색을 뿌려서 빛을 표현한다.

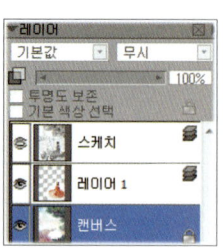

15. 새 레이어를 만들고 나무의 줄기를 그린다.

Step. 4 알록달록한 나뭇잎 표현하기

1. 새 레이어를 만들고 Opacity 값을 80%으로 변경한 후에, Calligraphy/Grainy Pen 브러시를 이용하여 나뭇잎을 표현한다.

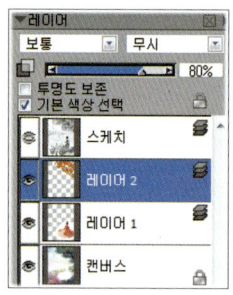

2. 그 위에 새 레이어를 만들고 Opacity 값을 60%으로 설정한 후에, Calligraphy/Grainy Pen을 이용하여 또 다른 나뭇잎을 표현한다.

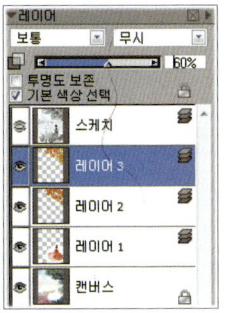

3. 새 레이어를 만든 후에 Opacity 값을 80%으로 변경한다. 그리고 밝고 채도가 높은 난색을 이용하여 나뭇잎을 그려준다.

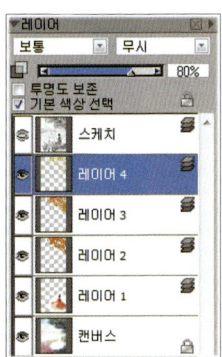

4. 이제는 가장 위에 있는 나뭇잎을 그려 보자. 새 레이어를 만든 후, 밝고 채도가 높은 색을 이용하여 하이라이트가 되는 나뭇잎을 군데군데 표현한다.

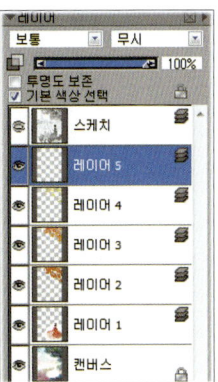

5. 새 레이어를 Layers 패널의 가장 아래쪽에 만들어 준다. 그리고 Oil Pastels/Chunky Oil Pastel 브러시를 이용하여 흰색으로 나뭇잎을 정리한다. 그리고 Layers>Drop을 눌러 레이어를 캔버스와 합친 후 저장해 준다.

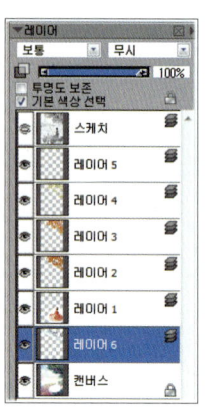

6. 저장된 파일을 포토샵으로 불러들인다. 그림의 크기를 변형하거나 색을 조절하는 데에는 페인터보다는 역시 포토샵이 월등히 낫기 때문이다. 불러 낸 파일에서 하이라이트를 제외한 나머지 나뭇잎의 레이어를 모두 선택한 후에 Ctrl+E키를 눌러 하나의 레이어로 합쳐 준다.

7. 합쳐진 레이어를 Ctrl+T키를 눌러 Free Transform 상태로 만들고, 나뭇잎의 크기를 조금 더 크게 만든다.

8. 크기가 변형된 레이어의 아래쪽을 지워서
전체적으로 나뭇잎의 레이아웃을 위쪽으로 옮겨 준다.

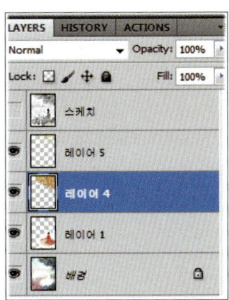

9. Layers 패널에서 Create new fill or adjustment
layer의 리스트 중 Levels를 선택한다. 그리고 가운데 삼각형을
오른쪽으로 약간 이동하여, 그림의 중간 톤을 조금 어둡게
조절한다.

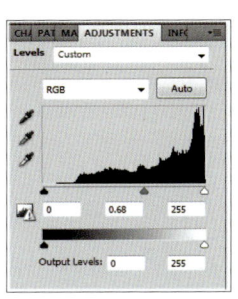 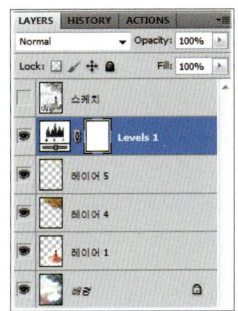 

10. [Levels1] 레이어의 레이어 마스크에서 툴 박스의
브러시 툴로 나뭇잎 이외의 부분을 검게 칠하여 화면에서
보이지 않도록 한다.

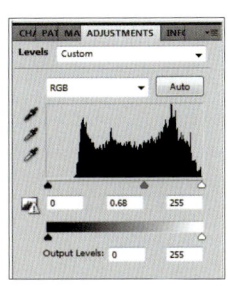 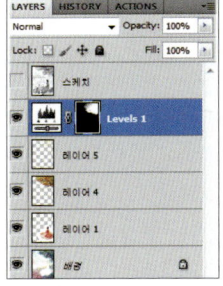 

11. Layers 패널에서 Create new fill or adjustment layer의 리스트 중 Hue/Saturation을 선택하고 원하는 색상으로 색상, 채도, 명도를 조절한다. 그 다음에는 앞서 했던 방식대로, 레이어 마스크에서 나뭇잎 이외의 부분과 나뭇잎의 위쪽 부분을 검게 칠하여 보이지 않도록 만든다. 그러면 나뭇잎의 위와 아래가 다른 색으로 적당히 섞이게 된다.

 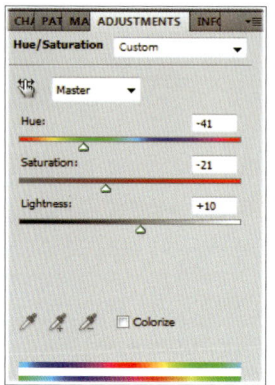 

12. Layers 패널에서 Create new fill or adjustment layer의 리스트 중 Levels를 선택한다. 그리고 세 개의 삼각형을 잘 조절하여, 그림을 전체적으로 밝고 강하게 만들어 준 후, [스케치]를 제외한 모든 레이어들을 하나로 합친다. 여기까지가 나뭇잎을 채색하는 과정이다. 다른 부분도 마찬가지겠지만, 이 부분에서는 특히나 개인의 특성에 따라서 다양한 결과물이 나올 수 있다. 색을 변화시키는 이런 방법이 있다는 걸 배우는 것이 중요하지, 나와 똑같은 색을 만들어 내는 것은 중요하지 않다는 걸 염두에 두자.

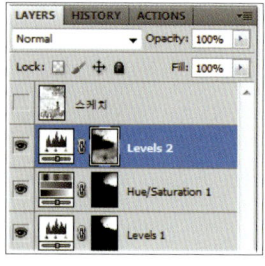 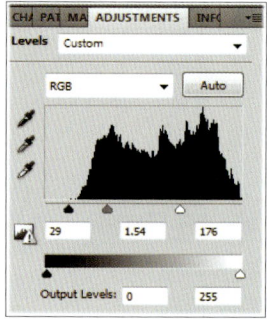 

Step. 5   묘사의 중간 단계

1. 앞의 그림을 저장해서 다시 페인터로 불러들이고 Digital Watercolor/New Simple Water 브러시를 이용하여 백설공주의 얼굴과 옷의 세부 형태를 잡아준다.

2. 먼저 얼굴을 확대하여 눈동자와 코, 입술 등을 묘사한다.

3. 눈에 생기가 돌도록 만들기 위해서, Pencils/Cover Pencil 브러시를 이용하여 눈동자의 하이라이트를 살짝 그린다.

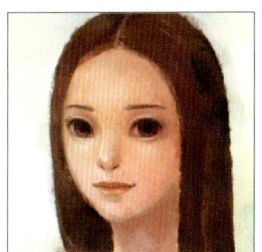

4. Oil Pastels/Chunky Oil Pastel Pastel 브러시로 드레스의 주름과 안감을 대강 표현한다.

5. Oil Pastels/Chunky Oil Pastel Pastel 브러시로 옷의 주름을 자세하게 묘사한다.

6. Layers 패널에서 새 레이어를 만들고 Calligraphy/Grainy Pen 브러시로 백설공주 뒷부분에 있는 풀들을 다양한 색으로 그린다.

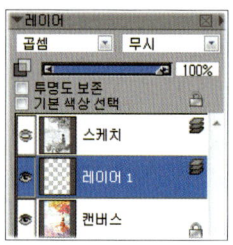

7. 2개의 새 레이어를 만들어, 백설공주 앞에 있는 풀을 2단계로 그려준다.

8. 새 레이어를 만들어, 빛과 그림자의 경계 부분에 노란색으로 빛을 반사하는 풀들을 그린다.

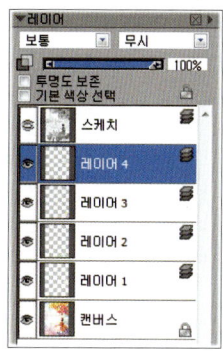

9. 새 레이어를 만들어서 Oil Pastels/Chunky Oil Pastel Pastel 브러시를 이용하여 거친 바닥을 부드럽게 바꾸어 준다.

10. 새 레이어를 만들어 Oil Pastels/Chunky Oil Pastel Pastel 브러시로 원경을 흰색으로 묘사한다.

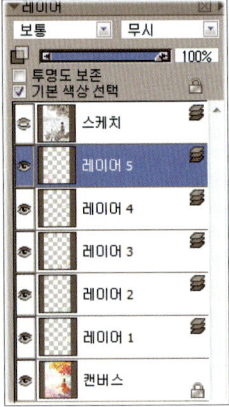

11. Oil Pastels/Chunky Oil Pastel Pastel 브러시를 이용하여, 바닥에 연한 선을 그린다.

Step. 6　　　　세부 묘사하기

1. Layers>Drop을 눌러 앞서 만든 레이어들을 아래에서부터 [캔버스]에 모두 합친다

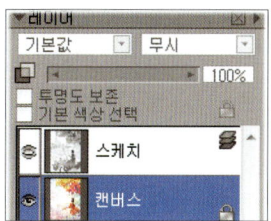

2. Digital Watercolor/New Simple Water 브러시로 그림자가 되는 부분을 푸른색으로 옅게 칠한 후에 Layers>Dry Digital Watercolor를 눌러 색을 캔버스에 고정시킨다.

3. Digital Watercolor/New Simple Water 브러시와 Oil Pastels/Chunky Oil Pastel Pastel 브러시를 이용하여 밝은 색으로 원경을 세부적으로 묘사한다.

267

4. 백설공주를 묘사하기 위해서 인물을 확대했다.

5. 새 레이어를 만들고 Pencils/Cover Pencil 브러시를 이용하여 머리카락의 하이라이트를 그린다.

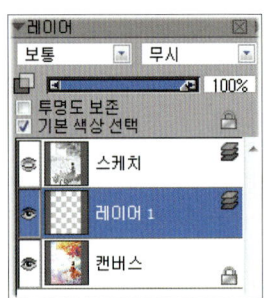

6. 새 레이어를 만들고 Calligraphy/Grainy Pen 브러시로 머리 장식과 옷의 장식을 추가한다.

7. 새 레이어를 만들고 Opacity 값을 60으로 변경한 후에 단추를 그린다.

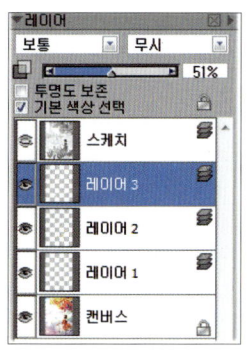
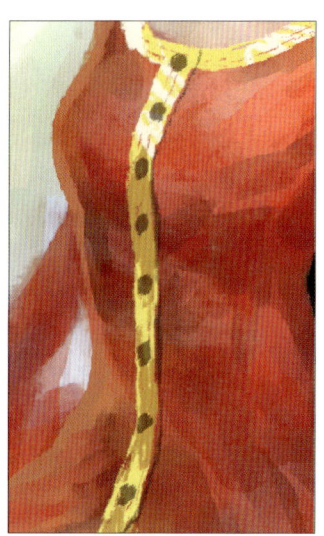

8. 새 레이어를 만들고 Calligraphy/Grainy Pen 브러시를 이용하여 백설공주의 몸 외곽선을 따라 빛 경계선을 그린다.

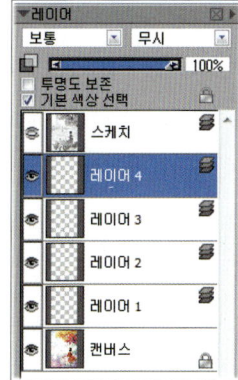

9. 새 레이어를 만들고 Opacity 값을 60%로 변경한 후에, Airbrushes/Digital Airbrush 브러시를 이용하여 빛을 받는 부분이 좀 더 밝아지도록 흰색을 덧칠한다.

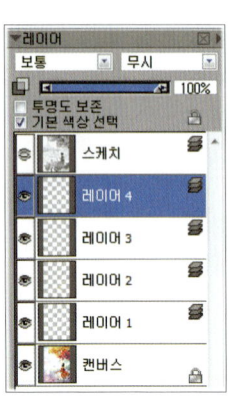  

10. 툴 박스의 Magic Wand 툴로 나뭇잎의 하이라이트에 해당하는 부분에 선택 영역을 만들고 새 레이어를 만든다. 그리고 Airbrushes/Digital Airbrush 브러시로 하이라이트를 칠해 준다.

11. 새 레이어를 만들고 Palette Knives/Loaded Palette Knife 브러시를 이용하여, 그림 오른쪽 하단에 있는 풀 더미 앞에 새 풀을 추가한다.

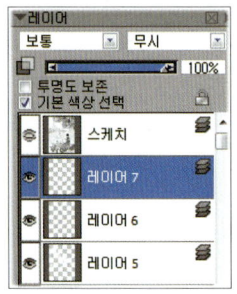 

12. 빛이 산란하는 느낌을 하이라이트에 주기 위해, 새 레이어를 만들고 Airbrushes/Digital Airbrush 브러시를 이용하여 하이라이트 부분에 흰색을 옅게 칠한다.

13. 새 레이어를 만들고 Airbrushes/Variable Splatter 브러시를 이용하여 화면 전체에 흰색 점을 산발적으로 뿌린다.

14. 새 레이어를 만들고 Calligraphy/Grainy Pen 브러시를 이용하여 백설공주의 오른쪽 앞에 다양한 풀들을 그려 넣는다.

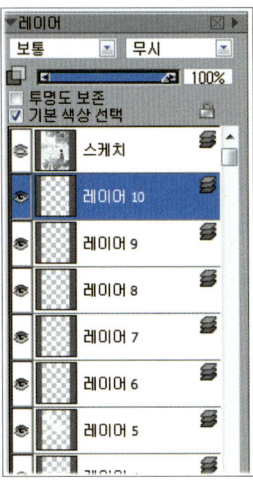

15. Layers>Drop을 눌러 앞에서 만든 레이어들을 아래에서부터 모두 [캔버스]와 합친 후에, Digital Watercolor/New Simple Water 브러시와 Oil Pastels/Chunky Oil Pastel Pastel 브러시를 이용하여 백설공주의 드레스에 주름을 그린다.

Step. 7   마무리하기

1. 여태까지 한 작업을 저장한 후, 포토샵에서 연다. Layers 패널에서 Create new fill or adjustment layer의 리스트 중 Levels를 선택한다. 그리고 왼쪽의 삼각형을 오른쪽으로 이동하여 어두운 부분은 좀 더 어두워지도록 조절한다.

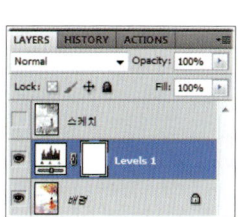
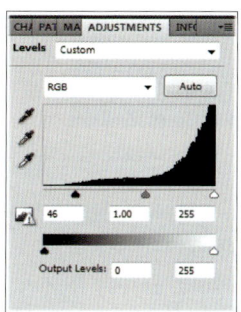

2. [Levels1]의 레이어 마스크에서 툴 박스의 브러시 툴로 백설공주를 검게 칠하여, 화면에서 Levels의 효과가 보이지 않도록 한다.

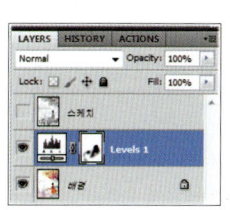
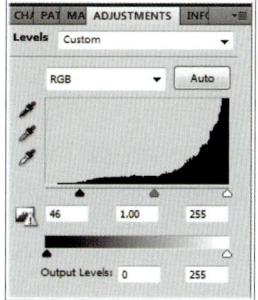

3. 툴 박스에서 Horizontal Type 툴을 선택하여 본문의 내용을 좌측 정렬로 입력한다.

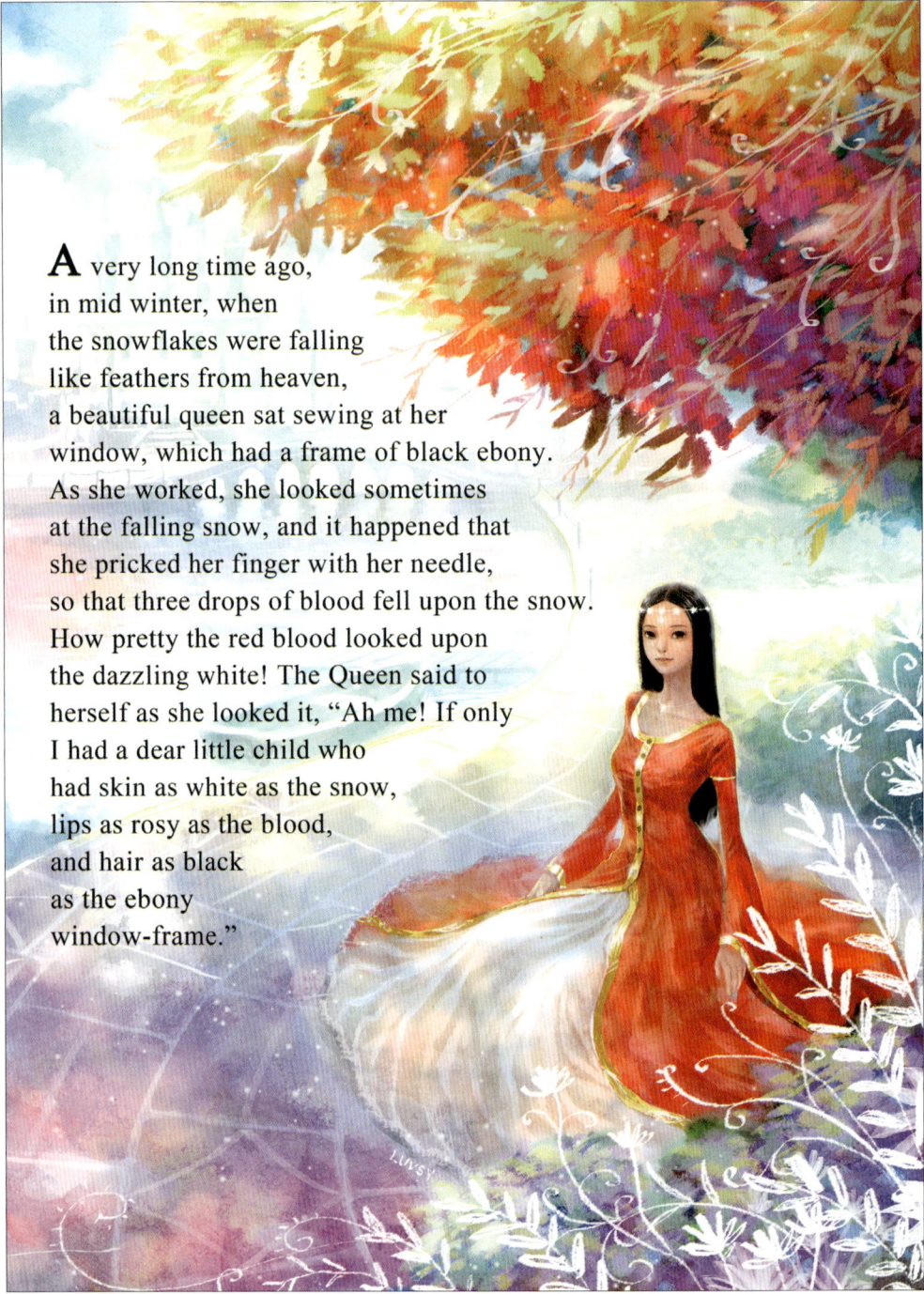

A very long time ago,
in mid winter, when
the snowflakes were falling
like feathers from heaven,
a beautiful queen sat sewing at her
window, which had a frame of black ebony.
As she worked, she looked sometimes
at the falling snow, and it happened that
she pricked her finger with her needle,
so that three drops of blood fell upon the snow.
How pretty the red blood looked upon
the dazzling white! The Queen said to
herself as she looked it, "Ah me! If only
I had a dear little child who
had skin as white as the snow,
lips as rosy as the blood,
and hair as black
as the ebony
window-frame."

Creative Artworks - 4

Illustration Style Book

벡터를 이용한

캐릭터

일러스트레이션

jongwon

part 7

신종원

프리랜스 일러스트레이터
www.jongwonshin.com

project team "mogurige"
한양대학교 강사
Exhibition of KDAA in Tokyo, Casper's Gallery JAPAN (2008) 등
다수의 국내 및 해외전시 참여

interview
part

캐릭터 디자인, 캐리커처 디자인

국내에서 캐릭터 디자인이라는 말을 하면 사람들은 보통 문구에 넣는 팬시 일러스트레이션과 3D를 염두에 둔 게임 일러스트레이션을 떠올린다. 하지만 캐릭터 디자인이라는 개념은 그보다는 훨씬 넓은 범위를 포괄한다. 특정 대상을 과장하여 표현하는 '캐리커처'에 근본을 두고 있는 만큼 캐릭터 디자인이란 대상의 특징을 그림으로 풀어내는 일러스트레이션이라고 볼 수 있겠다. 신종원은 아직 국내의 캐릭터 디자인은 애매한 위치에 있다고 말한다. "캐릭터 디자인이라는 것 자체가 폭넓게 사용되고 있기 때문인 것 같습니다."
그러면서 신종원은 캐릭터 디자인이 요즈음 다양한 분야를 넘나들며 멀티유즈되고 있는 만큼 각각의 사용 사례에서 캐릭터 디자인의 특징을 바라봐야 한다고 지적한다. 즉 만화든 애니메이션이든 팬시든, 모두 캐릭터 디자인이라는 동일한 기반을 갖고 있다는 것이다. "캐릭터가 만화라는 틀에 맞춰 스토리를 풀어 간다면 만화 주인공 캐릭터가 되는 것이고요. 캐리커처는 인물의 특징을 부각시켜서 캐릭터화하는 것이라 조금 다른 감이 있지만, 분야만 다를 뿐 게임 캐릭터나 애니메이션 캐릭터 제작 등도 비슷한 아이디어 과정을 거쳐요."

좋은 캐릭터 디자인

일러스트레이션이나 편집 디자인에 비해 굉장히 다양한 분야를 넘나들며 사용되는 캐릭터 디자인은 현재 가장 많이 활용되고 있는 디자인 콘텐츠이기도 하다. "콘텐츠 디자인은 캐릭터 상품을 통해서 이익을 창출할 수 있기 때문에 점점 더 비중이 커질 겁니다. 아예 캐릭터를 중점적으로 부각시키는 팬시 제품도 많아질 것이고요. 만화나 애니메이션의 주인공도 캐릭터잖아요. 모든 스토리의 중심엔 캐릭터가 있으니까요."
그렇다면 만화에서도, 팬시에서도 모두 호응을 이끌어낼 수 있는 좋은 캐릭터란 어떤 것일까? "쉽게 말하면 팬시에서도, 게임에서도 사용될 수 있는 캐릭터는 정말 좋은 캐릭터죠. 그리고 제조하고 응용하기도 편한 캐릭터가 최고입니다. 어디서나 쉽게 응용할 수 있고, 쉽게 상품으로 제작될 수 있어야 하죠. 그리고 캐릭터에 고유한 특징을 넣어서, 사람들이 빨리 이 캐릭터를 알아볼 수 있도록 해야 합니다. 이렇게 독특하고 재미있는 생명체를 창조한다는 건 매우 즐거운 일입니다."

Creative Artworks - 4   Illustration Style Book : part_07

벡터를 이용한 캐릭터 일러스트레이션   신종원   interview

Creative Artworks - 4   Illustration Style Book : part_07

캐릭터 디자인에도 공부가 필요하다

디자인을 공부한다는 것은 비단 기초 디자인 이론이나, 디자인 역사, 미술사를 공부한다는 의미에 그치지 않는다. 본인이 목적으로 하는 디자인 전반에 관련된 기술, 영감을 얻는 원천, 다양한 경험과 트렌드까지 모두 공부해야 한다. 신종원은 자신의 캐릭터를 창조할 때 동물 아이콘을 가장 많이 참조한다고 한다. 사실 동물은 우리가 캐릭터화하기 가장 훌륭하고 고전적인 소재이기 때문에 캐릭터 디자인을 하는 사람이라면 누구든 한번쯤 건드려 봤을 법한 단골 메뉴다.
또한 장르를 가리지 않고 좋은 '캐릭터'를 보고 배우는 것도 중요한 학습 방법임은 말할 것도 없다. "다른 작가나 작품에서도 영향을 많이 받아요. 꼭 캐릭터나 일러스트가 아니라도 영화나 책 같은 곳에서도 많은 영향을 받는 편이에요. 일반적인 제품이나 조형물 등에서 특이한 모양을 발견하고 거기에서 아이디어를 건져 올리기도 합니다."

캐릭터 디자이너 신종원

디자인은 손 하나로만 만들어지는 것이 아니다. 디자이너라면 도처에 널려 있는 경험들을 디자인에 잘 활용할 줄 알아야 한다. 신종원은 현재 학생들을 가르치기도 하고 대학원에서 공부를 하는 학생이기도 하며, 동시에 프리랜스로 활동하고 하다. 학업을 위해 진학한 대학원 생활이 그림 연습 시간을 갉아먹거나, 캐릭터 디자인에 마이너스 요인이 되는 건 아니다. 오히려 그 반대이다. "대학은 특별한 기술이나 작업방법을 배우는 공간이 아닙니다. 오히려 사람들을 만나고 세상을 보는 눈을 키울 수 있는 공간에 가깝죠. 굳이 미술전공이 아니어도 충분히 자신의 노력에 따라 그림실력을 키울 수 있기 때문인 것 같습니다."

그는 현재, 디자이너들의 친구라고 흔히 일컬어지는 자전거 샵을 준비 중이다. 간단한 거리는 자전거를 타고 이동하며, 커뮤니티를 만들고, 그것을 토대로 또 다른 일들을 꾸민다. 이런 경험들은 분명 그가 향후 디자인 할 새로운 캐릭터에 많은 영감을 줄 것이다. 경험에서 영감을 퍼 올리는 일은 앞으로 그가 디자이너로서 성장할 수 있도록 이끌어 줄 것이다. 디자이너라는 직업은 손만 부단하게 움직여 그림을 그리는 걸로는 완성될 수 없기 때문이다.

벡터를 이용한 캐릭터 일러스트레이션　　　신종원　　　　　　　　　　　　interview

tutorial

사용프로그램   Illustration CS5

part

7-1 벡터를 이용한 캐릭터 일러스트레이션

TITLE

메리 크리스마스! 크리스마스 카드 캐릭터디자인

일 년 중 내가 가장 기대하는 휴일은 크리스마스이다. 단순한 종교의 기념일을 넘어, 모두가 함께 즐기는 휴일인 크리스마스가 되면, 어린 시절 친구들과 가족들에게 크리스마스 카드를 주기 위해, 손에 반짝이 풀을 잔뜩 묻혀가며 카드를 만들곤 했던 기억이 떠오른다. 이번 작업에서는, 인쇄를 맡기거나 집에서 간단하게 프린트 하여 지인들에게 나누어 줄 수 있을만한 크리스마스 카드를 만들어 보겠다. 크리스마스를 생각하면 가장 먼저 떠오르는 산타클로스와 루돌프 캐릭터를 이용하여 그려 보도록 하자.

나는 주로 캐릭터나 로고처럼 깔끔한 선을 표현해야 하는 작업을 할 땐 일러스트레이터를 주로 사용한다. 복제나 변형이 용이해서 여러 가지 시안을 만들어 보기에 편하기 때문이다. 게다가 확대를 하거나 축소를 할 때에도 이미지가 깨지지 않아서 작품의 크기에 크기 구애받지 않고 작업할 수 있으며, 포토샵이나 플래시 파일로도 쉽게 변환할 수 있어서, 다른 프로그램에서 작업하기도 편하다.

일러스트레이터는 버전에 따라 툴이나 기능면에서 약간씩 차이가 있긴 하지만, 그 차이가 크지 않아 작업에도 큰 영향을 미치지 않는다. 기본 툴 몇 가지로도 간단한 캐릭터와 로고 작업을 할 수 있기 때문이다. 보통은 주로 펜 툴을 이용하여 스케치 작업을 완성하는 편인데, 그렇게 작업했을 경우 깔끔하긴 하지만 조금 딱딱한 느낌이 난다. 이번 작업에서는 연필 툴을 이용하여, 깔끔하게 정돈되지는 않았지만 아날로그 감성이 물씬 풍기는 캐릭터 디자인을 해 보겠다.

DATA   Christmas.ai

Step. 1   일러스트레이터 준비하기

1. 본격적으로 일러스트레이터 작업을 시작하기 전에, 만약 일러스트레이터가 없다면 어도비 사이트 (http://www.adobe.com/kr)에서 체험판을 다운받자. 30일을 무료로 사용할 수 있다. 다운 받은 일러스트레이터를 연다.

Step. 2   기본 창 설정

1. File〉New를 눌러 New Document창을 띄운다.
Advanced를 클릭해보면 Color 모드 등을 설정할 수 있다.

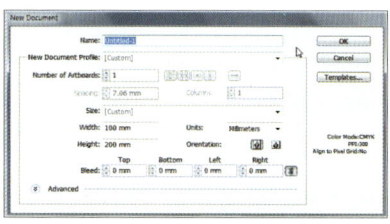

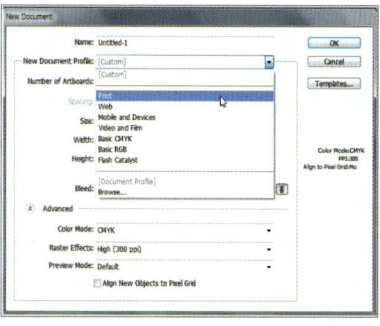

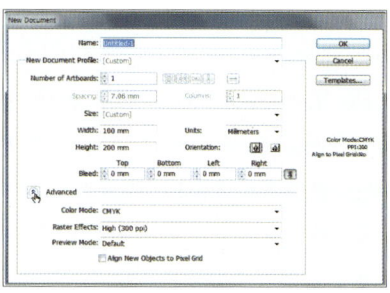

2. 인쇄물 작업이기 때문에 New Document Profile 프리셋 창에서 Print를 선택하자. 그리고 나면 작업 창은 A4사이즈에 맞는 Document 사이즈로, Color 모드는 CMYK로 설정이 될 것이다. 디스플레이용(웹, 모바일 기기 등) 작업을 할 경우에는 Web 프리셋을 이용하거나 Color 모드를 RGB로 바꾸면 된다.

3. 파일 이름도 정한다. 그리고 앞으로 작업이 진행되면서 수시로 저장하는 습관을 가지는 게 좋다. 가끔은 저장하다가 파일이 깨지는 경우도 있으니 파일에 일련번호를 붙여가며 따로따로 저장하는 습관도 들여 보자.

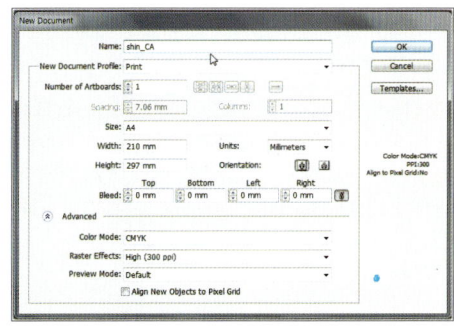

4. 카드를 만들기 전에 가장 먼저 할 일은 카드 사이즈를 정하는 일이다. 나는 보통 흔히 사용되는 직사각형 사이즈보다는 좀 더 귀여운 느낌의 정사각형 사이즈로 작업을 해 보려 한다. 왼쪽 툴바에 있는 도구들의 아이콘에 마우스를 갖다 대면 각 툴의 이름과 단축키가 나온다. 단축키는 사용할 때마다 외우는 것이 좋다. 단축키를 외워서 사용하면 작업 시간을 단축시킬 수 있다. 일단 왼쪽 툴바에 있는 Rectangle 툴을 선택한다.

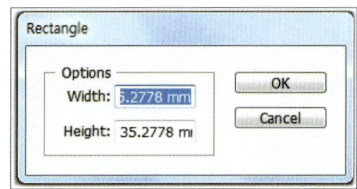

5. 마우스를 작업 화면에 놓고 마우스 왼쪽 클릭을 하면 Rectangle 설정 창이 뜰 것이다. Options에서 Width와 Height를 설정해서 사각형을 만들 수 있다. 이번 작업에서는 Width와 Height를 동일하게 100mm로 설정하도록 한다.

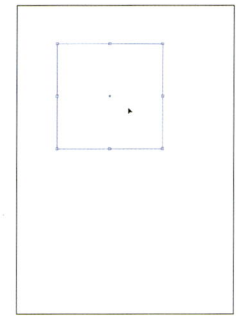

6. 상단에 있는 View>Smart Guide를 선택해서 체크해 둔다. Smart Guide기능은 개체를 이동하거나 복사할 때 자동으로 가이드 선이 나타나 작업을 좀 더 편리하게 해 준다. 보통 카드는 종이를 접어서 사용하는 형태이니, 카드의 뒷면까지 생각해서 사이즈를 계산하자. 그리고 위쪽에서 접을 것인지, 왼쪽을 접을 것인지도 결정하자.

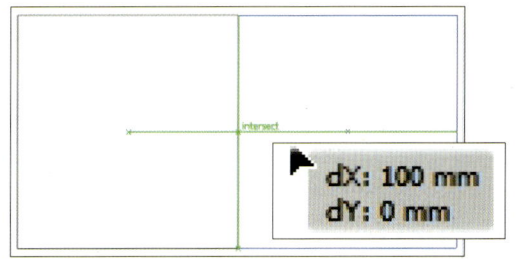

287

7. 정사각형 오브젝트를 선택한 후 alt키를 누르고 오른쪽으로 이동하면 마우스 커서의 모양이 바뀌면서 오브젝트가 복사된다. 녹색으로 표시되는 Smart Guide기능을 이용해서 수평과 모서리를 잘 맞추어 복사하자.

8. 나는 위쪽이 접히는 형태로 카드 작업을 할 계획이기 때문에, 세로가 긴 형태의 카드 모양을 만들 것이다. 정사각형을 복사하거나 이동시켜 카드의 모양을 만들어 보자

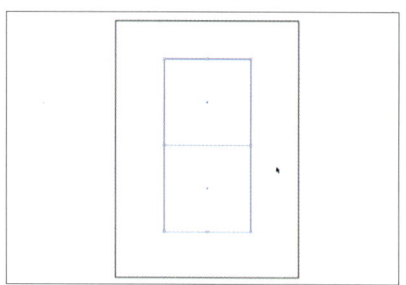

9. 나와 같은 방법으로 위쪽이 접히는 형태로 카드를 만들 경우, 최종 작업물 사이즈는 Width: 100mm, Height: 200mm가 될 것이다. 보통 웹용 이미지를 만들거나, 개인 작업을 할 때엔 인쇄 시 사이즈와 상관없이 작업을 하는 편인데, 인쇄를 할 경우엔 재단 과정(한 장에 여러 개의 작업을 함께 인쇄한 후 재단선에 맞게 자른다.)이 포함되기 때문에, 재단선을 넣어주고 재단할 때 밀릴 수 있는 종이의 오차를 계산하여 약간의 여백을 주어야 한다. 보통은 원하는 작품 사이즈의 가로세로에 2~3mm 정도 여백을 더한 사이즈로 작업한다.

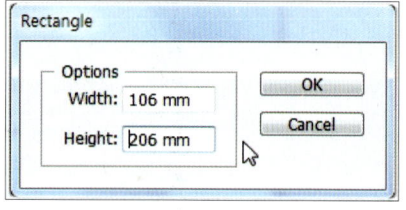

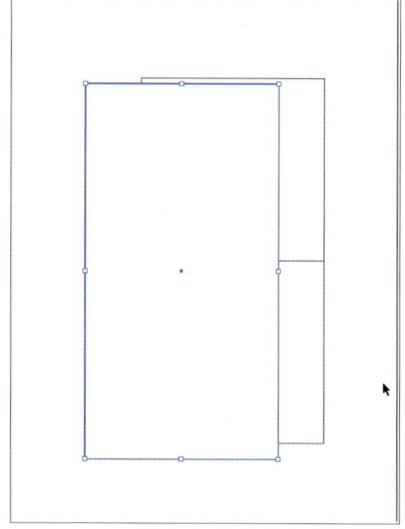

10. 인쇄를 고려하여 Width: 106mm, Height: 206mm로 작업하기로 한다. 작업영역 사이즈로 만들기 위해서 직사각형을 만들어 보자.

11. Width: 100mm,
Height: 200mm
직사각형으로 재단선
범위를 만들어 준다.
접지(접히는 부분)는
가운데에 표시하면 된다.

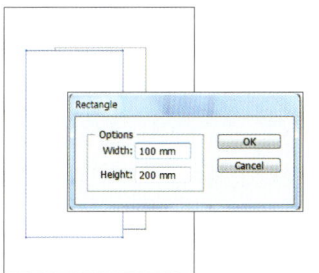 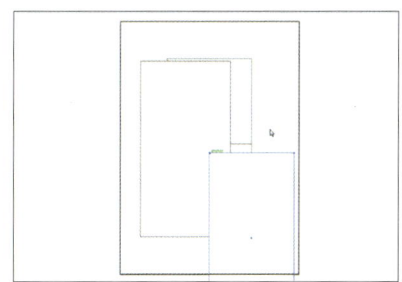

12. 앞쪽에 있던 직사각형 두 개는 옆으로 잠시 옮겨두고,
뒷면에 만든 카드 모양의 정사각형 두 개는 delete키로 지운다.
하나씩 선택해서 지워도 되고 shift키를 눌러 한꺼번에 지워도
된다. (Shift키를 누른 상태에서 오브젝트를 선택하면 여러 개의
오브젝트를 선택할 수 있다.)

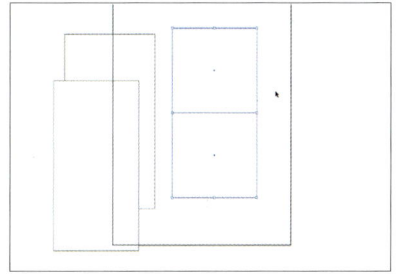

13. 앞쪽에 있던 직사각형 두 개는 옆으로 잠시 옮겨두고,
뒷면에 만든 카드 모양의 정사각형 두 개는 delete키로
지운다. 하나씩 선택해서 지워도 되고 shift키를 눌러
한꺼번에 지워도 된다. (Shift키를 누른 상태에서 오브젝트를
선택하면 여러 개의 오브젝트를 선택할 수 있다.)

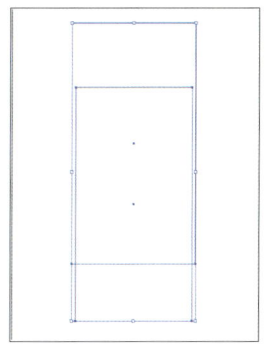

14. Vertical Align Center 툴을 이용해 가로 정렬을 한다.

Tip_1   Align 툴을 사용하면 왼쪽,
오른쪽 정렬, 위, 아래 정렬
등을 할 수 있습니다.

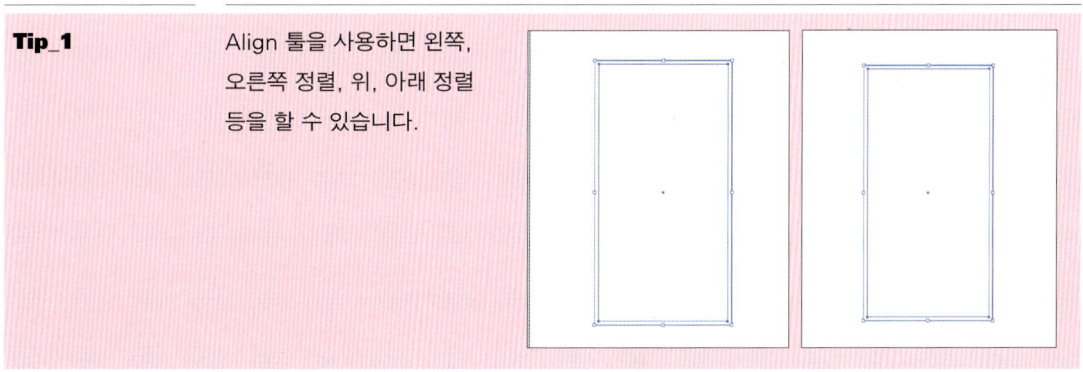

15. 카드의 접힘선을 그려준다.

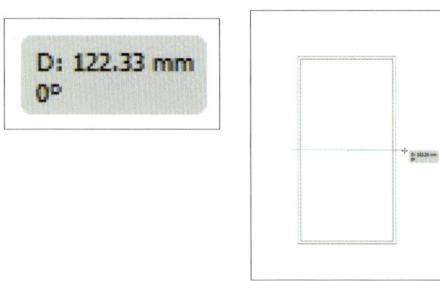

16. 선과 직사각형 오브젝트를 드래그하여 모두 선택한다.

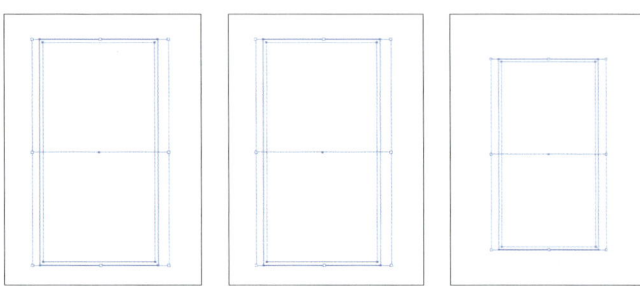

17. Align 툴로 다시 정렬한다.

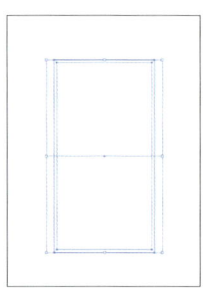

18. 왼쪽 툴바에 있는 Fill 툴(오브젝트의 면색을 바꿀 수 있다.)을 선택한다.

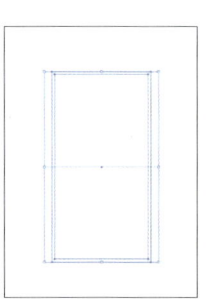

19. Fill 툴 아래에 있는 None을 클릭하여 오브젝트의 면색을 없애고 (오른쪽에 있는 Color 패널이나 Swatches 패널에서 None을 선택해도 된다.) None은 오브젝트의 색을 없애는 기능으로, 뒤에 놓인 오브젝트의 색이 보이게 한다.

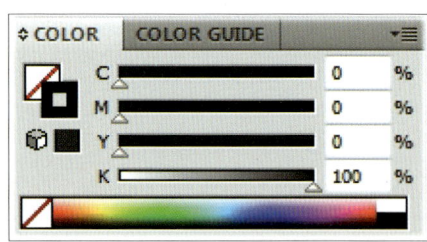

20. Stroke 툴(오브젝트의 선색을 바꿀 수 있다.)을 선택하고, Swatches 패널에서 붉은색을 선택한다. 재단선, 작업영역, 접히는 선은 강한 색(보통 붉은 색이나 형광색)으로 선택하여 눈에 잘 보이도록 한다.

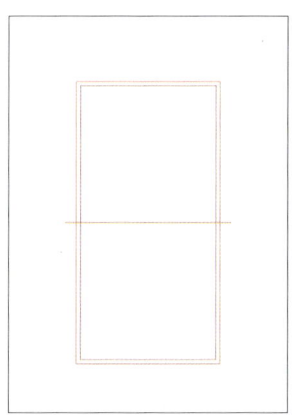

21. 레이어 패널을 선택하고 Create New Layer를 클릭하여 새 레이어를 만든다.

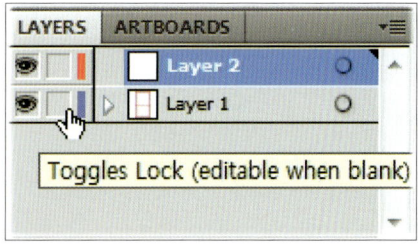

22. 레이어 패널에서 재단선 등이 들어가 있는 레이어의 toggles lock을 클릭하여 레이어가 움직이지 않도록 잠가 준다.

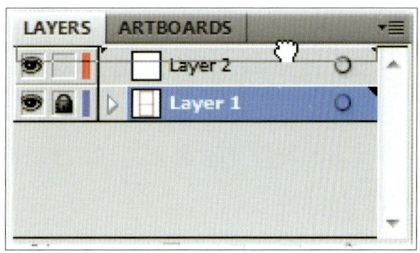

23. 재단선 등이 기본 작업 창 위에 올라오도록 레이어 패널에서 [Layer1]을 선택하여 [Layer2] 위로 드래그하여 위치를 바꿔 준다.

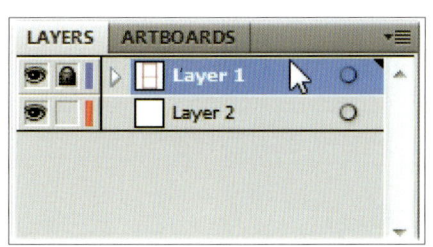
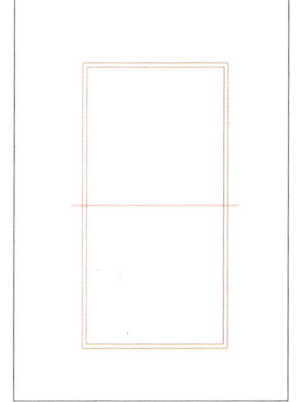

Step. 3 캐릭터 디자인하기

이제부터 캐릭터 작업에 들어가 보도록 하겠다. 나는 샤이팝 캐릭터를 사용해 크리스마스의 느낌의 스케치를 해 보았다. 크리스마스에서 연상되는 것들을 자유롭게 스케치해 보자.

1. 예전에는 스케치를 스캔하여 일러스트레이터의 펜 툴로 스케치 선을 따는 작업을 주로 했었지만, 지금은 스케치를 보고 직접 일러스트레이터 상에서 연필 툴로 그림을 그리는 편이다. 먼저 작업 창을 확대하여 쉽게 드로잉할 수 있도록 한다.

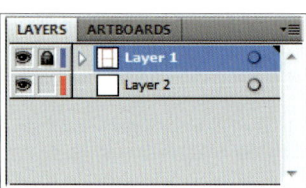
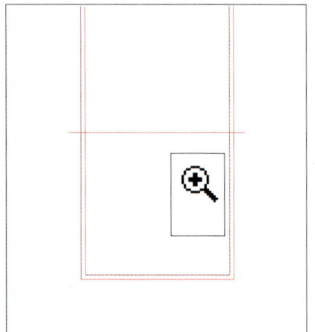

2. 실제로 드로잉 하듯이 선을 수정해 가면서 자신이 원하는 형태로 그림을 그려 보자. 처음에는 어려울지 몰라도, 익숙해지면 자신이 원하는 형태를 쉽게 표현할 수 있을 것이다. 그리고 펜 툴보다 자연스러운 드로잉 선을 그릴 수 있다. 사슴 얼굴 그리는 방법을 자세히 살펴보자.

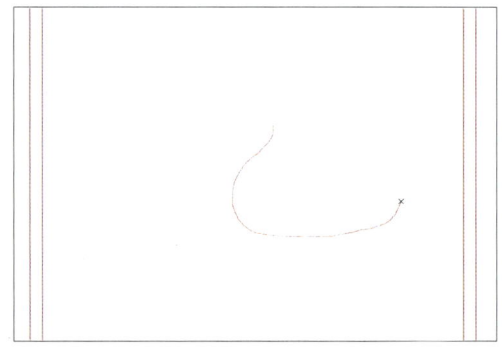

3. 연필 툴을 선택하고 원하는 모양대로 클릭하면서 선을 그려 나간다. 선이 끊기면 그리던 선을 다시 선택해 준 뒤 다시 덧그려 나가면 된다.

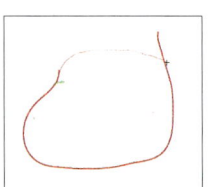 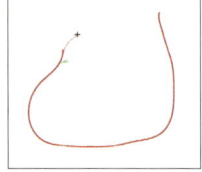 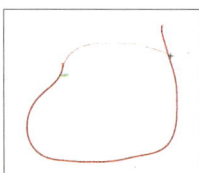

4. 계속 수정하면서 캐릭터의 얼굴을 그려 나간다.

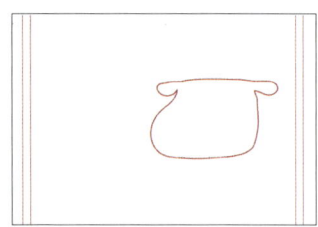

5. Direct Selection 툴을 이용해서 얼굴의 크기를 조절하거나 형태를 조절해 보자. 툴바에서 Direct Selection 툴을 선택한 후 캐릭터 얼굴의 오른쪽을 부분 선택하여 오른쪽으로 늘려 준다.

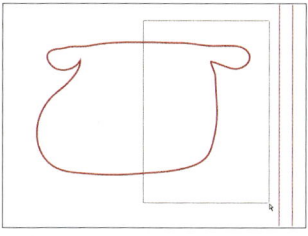 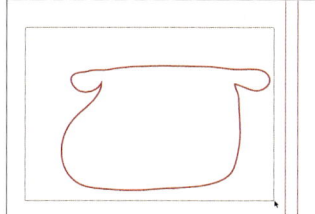

6. 캐릭터 얼굴 전체를 선택하여 크기를 줄여준다. 오브젝트를 줄일 때엔 Alt키를 누르고 줄여주면 비율이 망가지지 않는다.

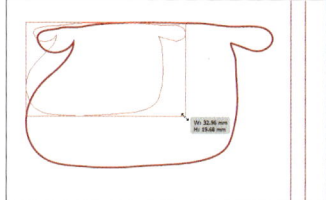 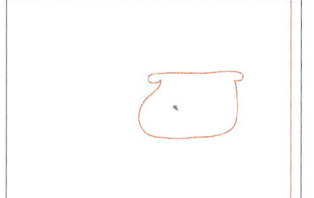

7. 계속 그림을 다듬는 작업을 한다. 정교한 작업을 할 경우 확대해서 작업한다.

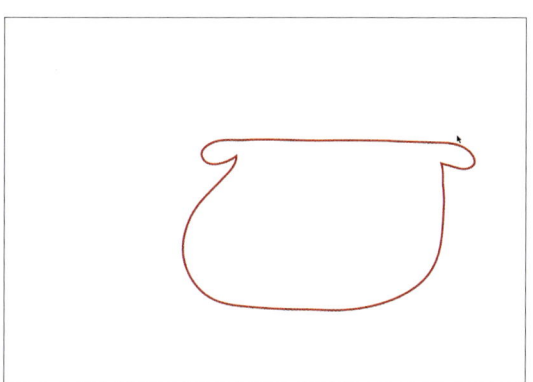

8. 이제 나머지 얼굴 부분을 그려 보자. 눈은 Ellipse 툴을 이용해 그려 넣는다.

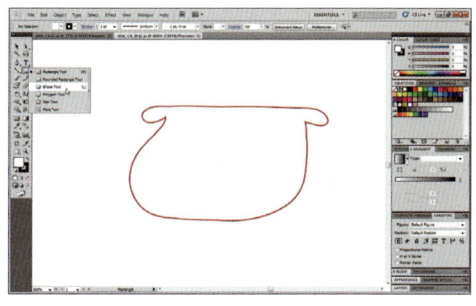 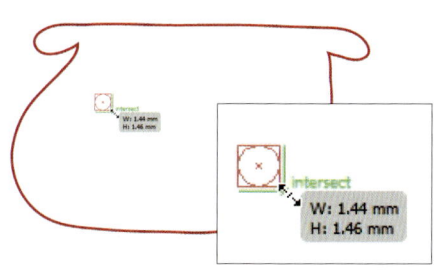

293

9. 눈의 위치를 수정하고, 왼쪽 눈을 복사하여 오른쪽 눈을 그려 준다. 코는 눈을 복사하여 넣는다.
눈썹, 뿔, 그리고 코의 반짝이는 모양도 그려준다.

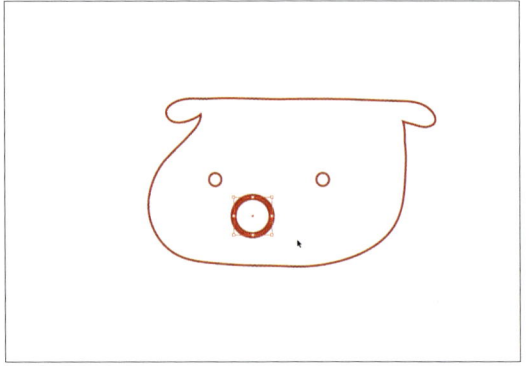 

10. 각 Path마다 색을 채워주고 선색도 넣어 준다. Stroke 패널에서 Weight 값을 적당하게 조절하여 선의 굵기도 정해 준다. 나는 1.287pt로 설정했다. 선의 굵기는 자신의 취향에 따라 미묘하게 설정해 보자.

11. 메뉴에서 Object>Arrange를 눌러 각 Path의 순서를 바로 잡아 준다.
레이어 패널에서 Path들의 순서를 이동시켜도 무방하다.

12. 완성된 사슴의 얼굴을 모두 선택하여 메뉴에서 Object>Group을 눌러 그룹화한다.

Tip_3 Path를 모두 선택한 상태에서 마우스로 오른쪽 버튼을 클릭해서 Group을 설정할 수도 있다. 그룹화하지 않고 작업하면 나중에 오브젝트들을 일일이 선택하기 힘들어 질 수 있으니, 부위 별로 적당하게 그룹을 지정하여 작업하는 습관을 들이도록 하자.

13. 캐릭터의 나머지 몸과 다른 Object들을 완성해 준다.

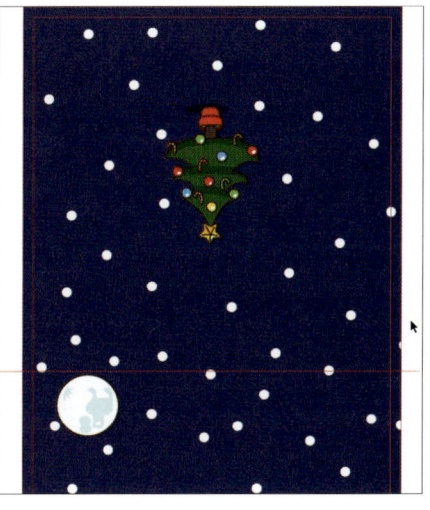

14. Merry Christmas라는 텍스트를 써 준다.

15. Merry Christmas 텍스트를 복사하여 카드 뒷면에 붙여 넣는다.

16. 뒷면의 Merry Christmas 텍스트의 선을 조금 더 굵게 만들어 글자에 테두리를 만든다.

17. 카피 라이팅 문구도 넣어 준다.

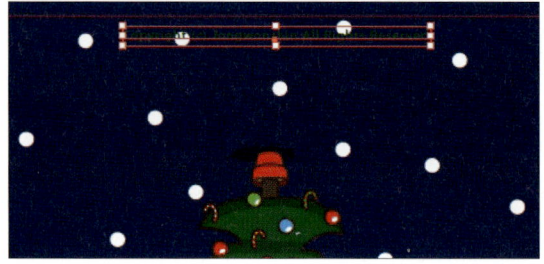

18. 문구 모서리에 마우스를 가져다 대면, 회전할 수 있는 모양으로 마우스 커서가 바뀐다. 회전하여 글자를 뒤집어 준다.

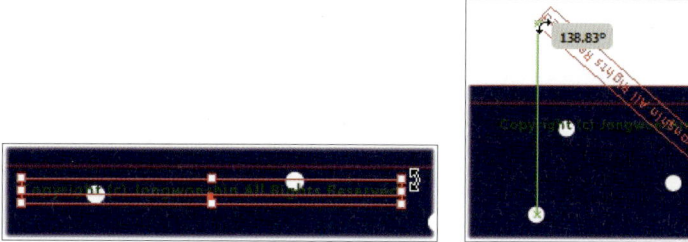

19. 카피라이트 글자를 복사하여, 뒷면에 붙여 넣은 후 텍스트의 위치를 왼쪽 상단 방향으로 조금 이동시켜 준다.

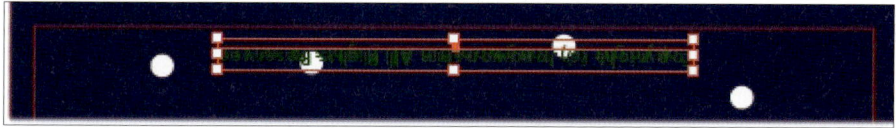

20. 뒷면의 카피라이트 Type Color을 변경하여 그림자처럼 보이도록 한다.

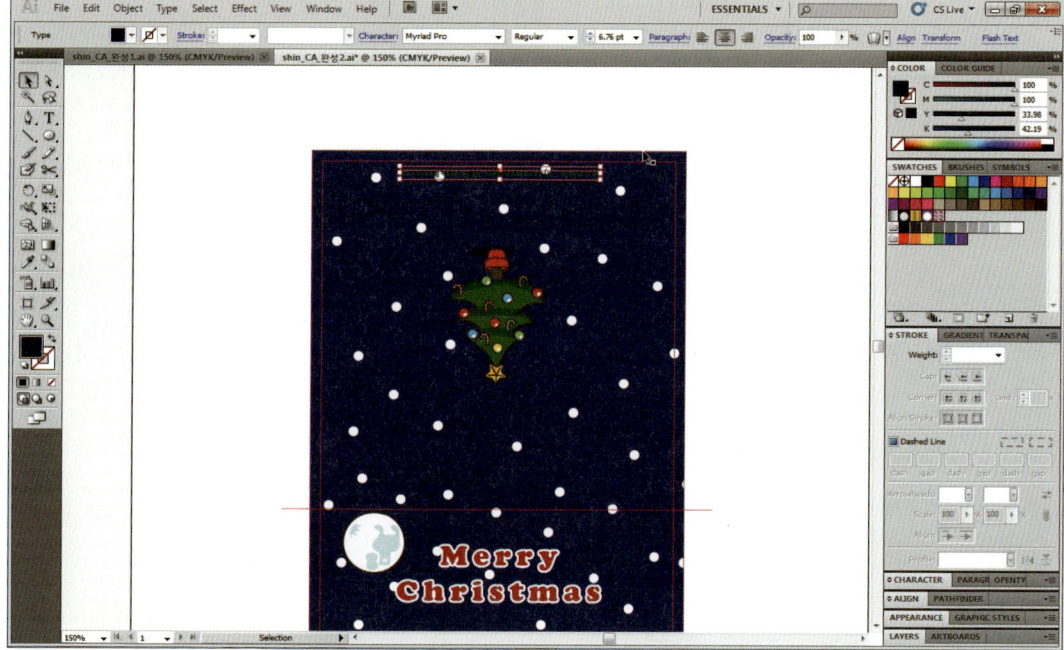

21. 텍스트 전체를 선택하고 마우스 오른쪽 버튼을 눌러 Create Outline을 선택한다. 인쇄할 때 활자가 깨지는 경우를 방지하기 위함이다.

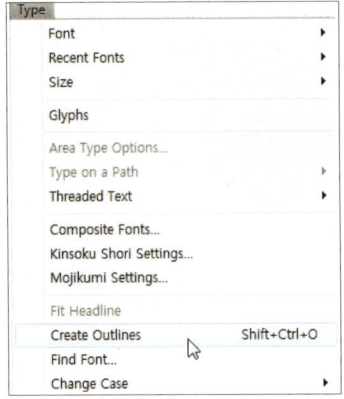  

22. 집에서 인쇄할 경우엔 재단선이 있는 부분은 보이지 않게 해준 후 인쇄하도록 한다.

23. 인쇄소에 맡길 경우에도 재단선이 들어 있는 레이어에 대하여 설명해 주어야 한다.

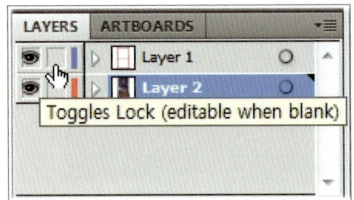

24. Cliping Mask를 이용하여 재단했을 때 이미지를 확인해 보자.

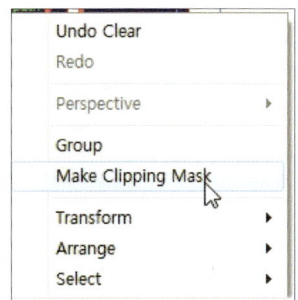

Creative Artworks - 4   Illustration Style Book : part_07

shinsbike.com

Shin Jongwon

Mobile. 010. 9658. 2758
Tel. 032. 502. 2758
Fax. 032. 503. 2758
Email. jongwonshin@gmail.com
SHINS 1F 207-49, Bupyeong, Bupyeong-gu, Incheon

벡터를 이용한 캐릭터 일러스트레이션   신종원   tutorial

tutorial

사용프로그램 | Illustration CS5

part

7-2 벡터를 이용한 캐릭터 일러스트레이션

TITLE 캐릭터 명함 만들기

요즘은 어느 때 보다도 자기 PR이 중요한 시대이다. SNS를 이용하거나 포트폴리오 사이트를 제작하여 독특한 자기 PR을 하는 사람들도 있지만, 가장 고전적인 방법은 자신의 명함을 활용하는 것이다. 이번 작업에서는 보통 자신을 알릴 수 있는 수단인 명함을 제작해 보려고 한다. 자신을 닮은 캐릭터나, 자신의 그림이 들어가 있는 명함이라면 자기 PR하는 데에 좀 더 도움이 될 것이다.
앞에서는 연필 툴을 가지고 캐릭터를 만들어 보았지만 이번에는 도형 툴인 Rectangle 툴과 Ellipse 툴 등을 이용하여 간편하게 캐릭터를 만들어 보자.

| Creative Artworks - 4 | Illustration Style Book : part_07 |

DATA namecard.ai

Step. 1 명함 틀 만들기

1. 일러스트레이터를 사용 전 해야 할 기본 준비는 앞의 작업을 참고하자. 이번 작업은 인쇄용 A4 프리셋으로 작업하도록 한다.

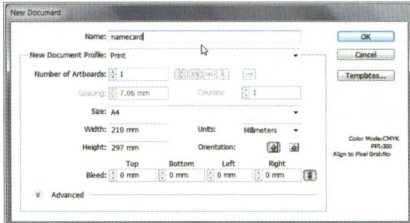

2. 가장 널리 쓰이는 명함 사이즈는 Width: 90mm에 Height: 50mm의 직사각형 모양이지만, 이번 작업에서는 모서리를 라운드로 처리한 모양으로 작업할 것이다. 모서리 별로 1mm씩 여유를 주어 Width: 92mm에 Height: 52mm 사이즈로 작업 영역을 설정하도록 하자. Rectangle 툴을 선택하여 92mm × 52mm 직사각형을 그려 준다.

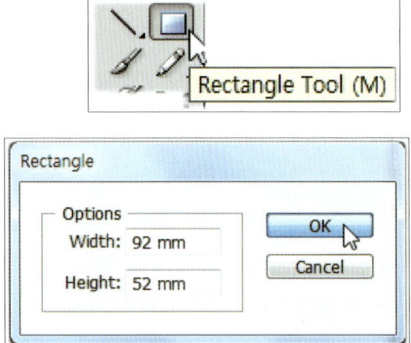
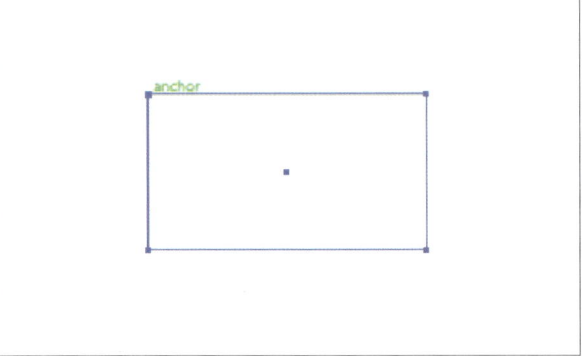

3. Rounded Rectangle 툴을 선택해서 Width: 90mm에 Height: 50mm의 사이즈의, 모서리의 라운드 값이 6mm인 직사각형을 그려 준다.

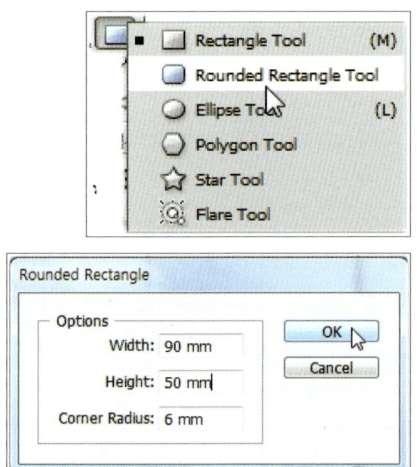
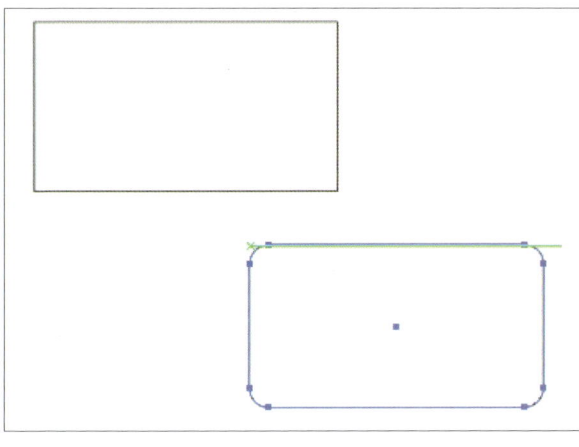

4. 두 오브젝트를 선택하고 Align 툴을 이용해서 정렬한다.

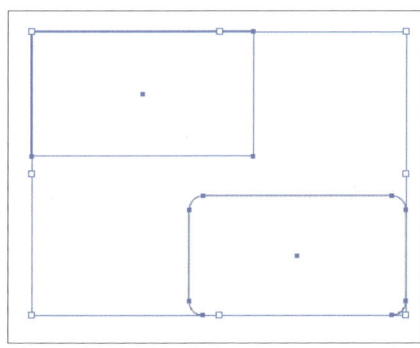
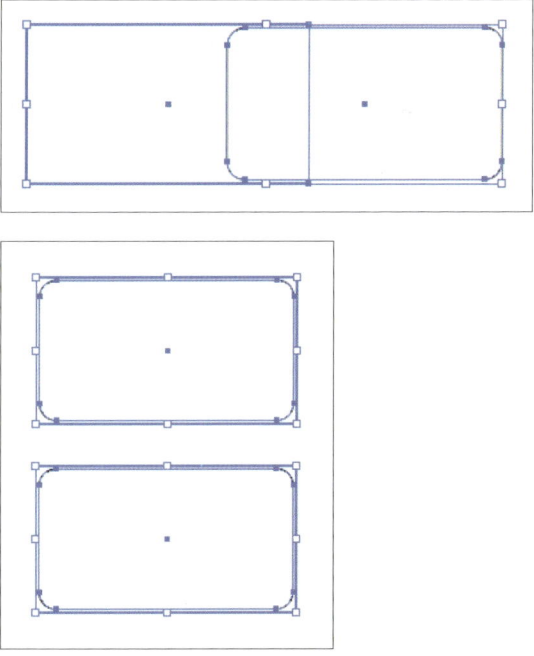

5. 원활한 작업을 위해 Zoom 툴로
확대해 가면서 작업한다.

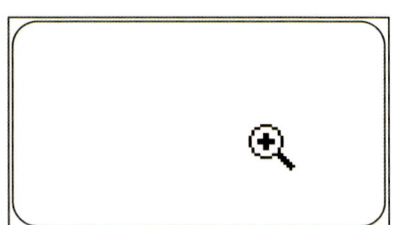

6. 작업 영역을 선택하여 복사한다. 이 때 작업 영역을
선택한 후 아래로 이동할 때 Alt키(복사)와 Shift키(수직, 수평,
45도로 이동시)를 눌러주면 바로 아래쪽에 복사 할 수 있다.

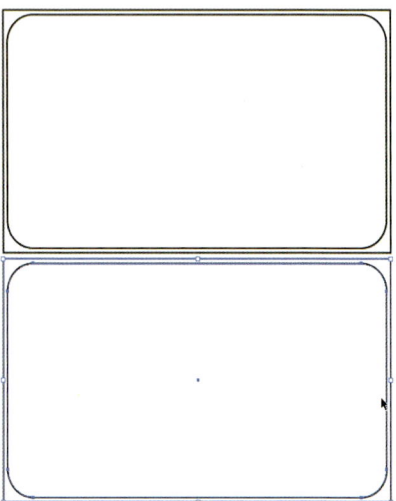

Step. 2   캐릭터 만들기

1. Ellipse 툴을 선택하여 머리를 그려준다. Stroke의 Weight는 4pt로 조절하였다.

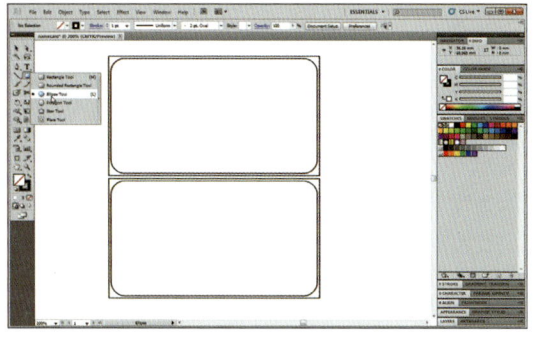
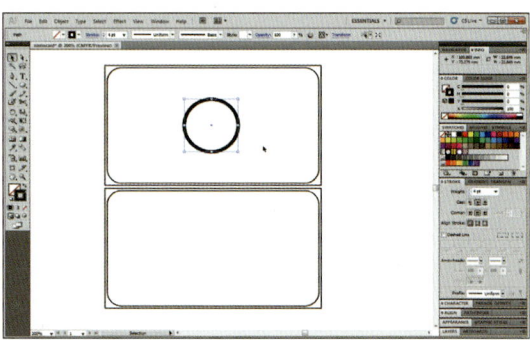

2. Ellipse 툴을 이용하여 오른쪽 귀를 그린 후, 복사해서 왼쪽 귀도 만든다.

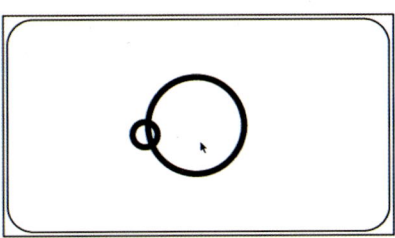

3. 얼굴도 그려 보자. 먼저 Direct Selection 툴로 각 점들을 선택하여 얼굴형을 잡는다.

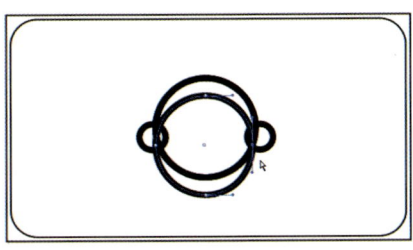

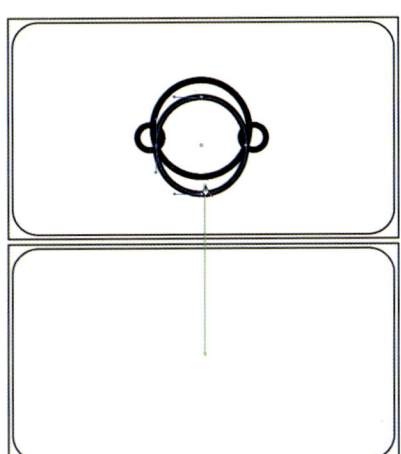

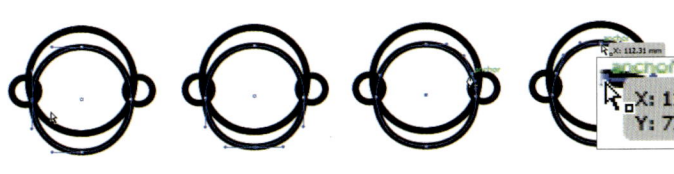

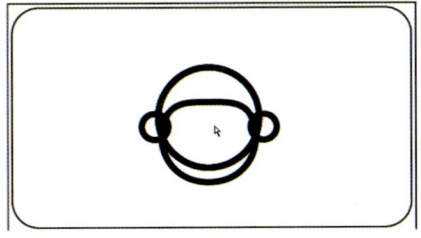

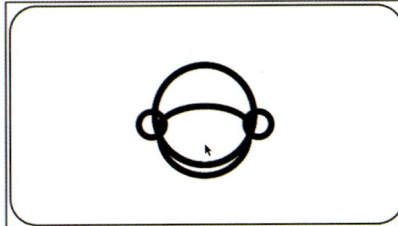

4.   Ellipse 툴을 이용해 눈을 그린다. 복사하여 다른 쪽 눈도 만들어 준다.

5.   이제 입을 그려 준다. Ellipse 툴을 이용해 원을 그리고, Direct Selection 툴을 이용해서 원의 윗부분을 선택한 후 delete키를 눌러 삭제한다.

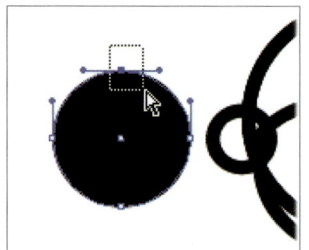
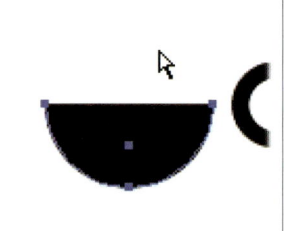

6. Rectangle 툴로 직사각형을 그려주고, 반원과 함께 선택한 후 Stroke만 보이게 조정한다. 겹치는 부분으로 입모양을 만들어 보자. 직사각형을 이동해 입모양을 조절한다.

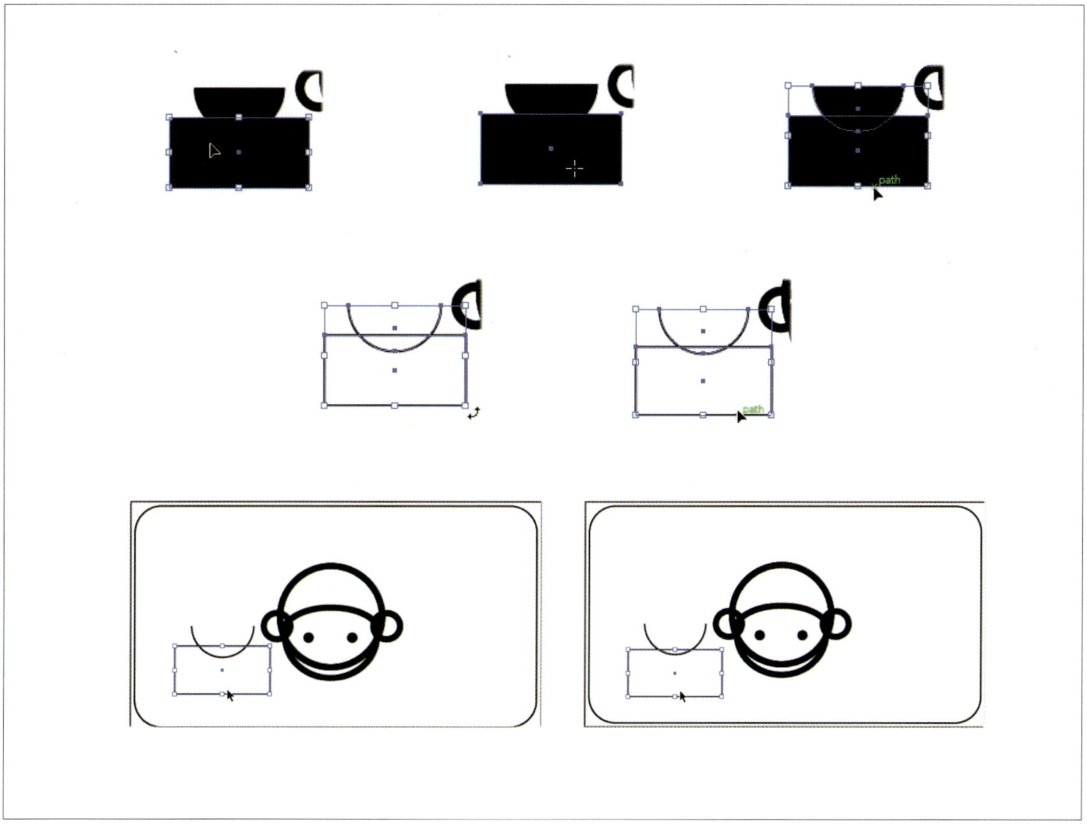

7. Pathfinder 패널에서 Intersect를 클릭하여 반원과 직사각형의 교집합 부분을 추출한다.

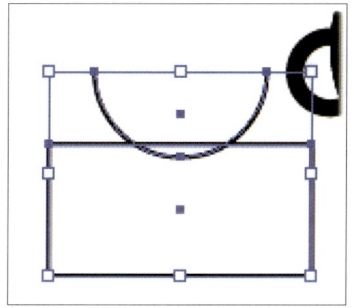
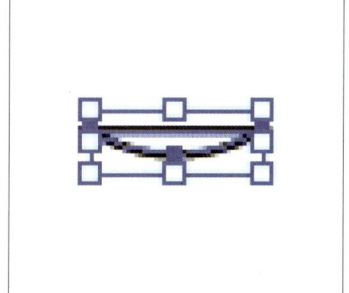

8. Direct Selection 툴을 이용해 입모양 위의 직선을 지운다.

 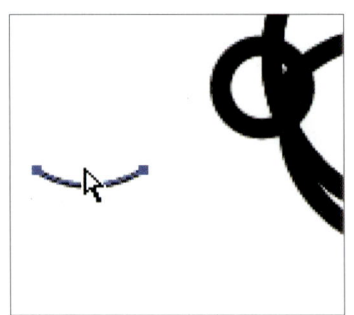 

9. Eyedropper 툴을 이용해 입의 Stroke을 4pt로 만들어 준다.

10. 귀와 눈을 각각 선택하여 그룹화한 후 이목구비를 정렬한다.

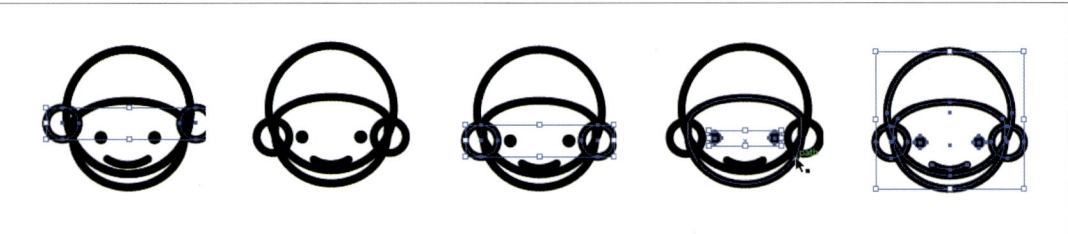

11. 머리부터 얼굴, 입까지 채색해 준다. Color 패널을 더블 클릭하여 디테일하게 색을 설정해 주도록 한다.

12. 배경도 채색한다.

 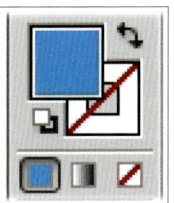

Step. 3　개인정보 넣기

1. 로고를 넣어준다. Type 툴을 이용해 개인정보를 넣으면 된다. 8pt 전후로 적는 것이 좋다. 글자크기에 대해 감이 잘 오지 않는다면, 직접 프린터로 출력해 확인해 보도록 하자. 인쇄소에 맡길 경우엔 잉크젯 프린터보다는 선명한 인쇄물을 얻을 수 있다는 점을 감안하고 작업하자.

2. 강조할 텍스트는 Bold 기능을 넣어 주거나 색을 바꿔 준다.

3. 배경 색을 로고 색으로 변경한다.

4. 텍스트 수정이 끝나면 메뉴에서 Type〉Create Outlines을 선택하여 Type을 Object로 변경한다. 인쇄를 맡길 때 폰트가 깨지는 경우를 방지하기 위함이다. 대신 Type로 작업한 파일은 따로 보관하여, 차후 개인 정보를 수정하거나 변경할 수 있는 경우를 대비하자.

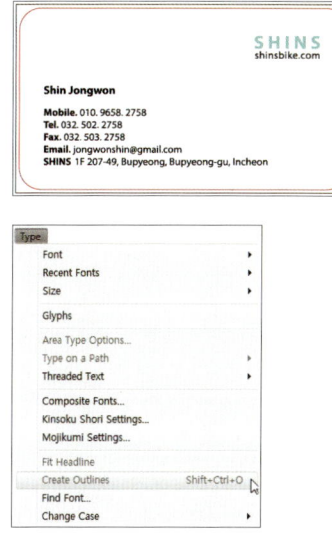
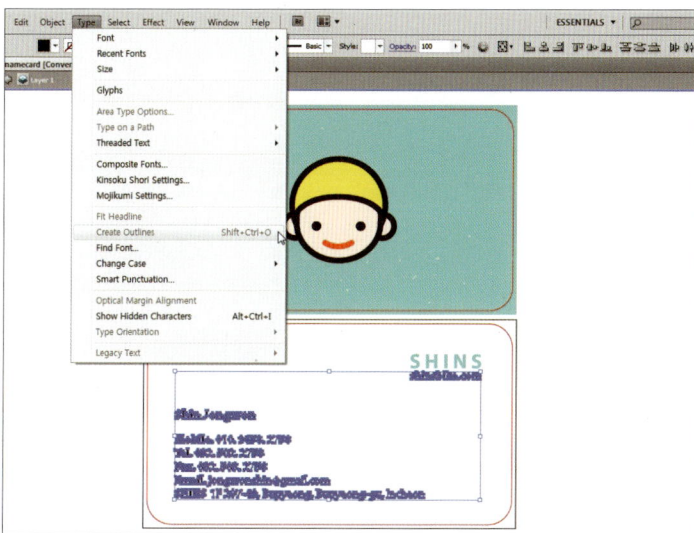

명함을 완성했다. 붉은 재단선은 재단선이라고
표기하여 인쇄소에 맡기면 된다.

Creative Artworks - 4

Illustration Style Book

온기가 있는

광고

일러스트레이션

jehyung

part 8

Creative Artworks - 4   Illustration Style Book : part_08

김제형

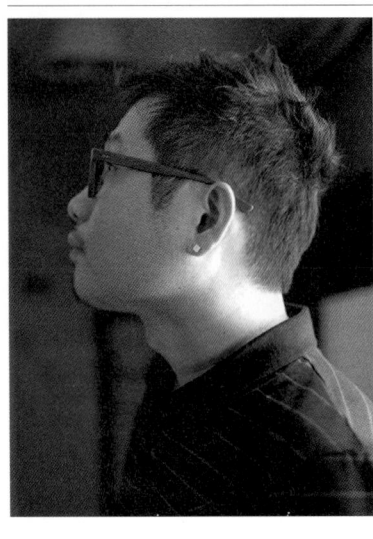

디자이너 & 일러스트레이터
http://www.saworl.com

디자인 스튜디오 '4월' 실장
2010 서울 디자인 페스티벌 참가
SK brodband, 14회 Pifan Poster, 라네즈 외
광고 일러스트레이션 작업 다수 참여

interview

part

그림을 업으로 삼은 디자이너

2004년 대학교를 졸업한 후 김제형은 어느 브랜딩 회사에서 1년 반 동안 근무한 적이 있는데, 회사 업무의 특성상 개인 아트워크를 만들 수 있는 기회는 매우 한정되어 있었다. 그 이유로 퇴사를 감행했고, 자신만의 아트워크을 창작할 수 있는 작은 작업실을 차렸다. 그 때 붙인 '스튜디오4월'이라는 작업실 이름은 지금까지 사용되고 있다.

그는 브랜딩 회사에서 일하는 동안 자신만의 아이덴티티가 얼마나 중요한지 깨달았다고 말한다. 그리고 그 깨달음은 지금까지 다양한 시행착오와 혼란기 속에서도 그가 쉽사리 흔들리지 않을 수 있었던 중요한 기둥이 되었다. 2008년에 만든 SK 브로드 밴드 TV 광고 아트워크는 많은 사람들의 관심을 끌면서 널리 알려지게 되었는데, 어떻게 보면 단시간 안에 많은 사람들에게 그의 작품과 존재감을 알릴 수 있었던 기회였다. 하지만 그의 작품 속에 녹아 있는 편안한 분위기와 매혹적인 색감, 부드럽고 유연한 선은 단시간 안에 만들어진 것은 아니었다. 대신 소소한 일상생활에 계속 관심을 가지며, 다양한 경계를 넘나들며 서두르지 않고 차근차근 내실을 다져온 결과라고 말할 수 있겠다.

대중을 향하다

어느 순간부터 디자이너라면 생각이 담긴 디자인을 해야 한다는 말이 흔히 쓰이기 시작했다. 김제형에게 그 막연한 '생각'에 대해서 구체적인 의견을 물었다. "저는 기업을 위한 일을 주로 하는 디자이너지만 스스로 디자이너라고 생각하지 않습니다. 대중이 좋아하는 그림을 하고 싶고, 대중이 좋아하는 전시나 제품을 만들고 싶은 것이 저의 소박한 철학이자 인생의 목적입니다. 예전에 동료와 티셔츠를 만들던 시절, 박리다매의 전략을 사용하여 카피 수준의 디자인을 가지고 돈을 벌어 보자는 말을 듣고 스튜디오의 문을 닫아 버린 적이 있었습니다. 대중들에게 쓰레기를 안겨주고 싶진 않습니다. 질이 떨어지는 제품으로 수익이 나면 얼마나 날까요. 저는 사람들에게 예술적이고 아름다운 이미지를 보여 주고 싶습니다."

자연스럽고 친근한 아트워크를 위해

스튜디오 4월의 작품들을 보면 일상생활에서 자주 마주칠 수 있는 사물들을 주로 다루고 있다는 걸 알 수 있다. 단지 자신만의 스타일을 추구하는 것이 아닌, 누구에게나 친근한 이미지들과 아름다운 색과 선들로 대중의 마음을 사로잡고 있다. 그렇다면 대중들로부터 인위적으로 웃음을 끌어내기 위한 광고 디자인에 대해서 김제형은 어떤 생각을 가지고 있을까? "저 또한 가식적인 기업 광고에 속아 억지로 웃고 싶지 않습니다. 그 대신 여운이 남는 떨림이라고 할까요, 마치 꿈을 꾸고 있는 느낌을 주는 광고를 선호합니다. 그러한 광고는 잊어버렸던 추억을 되살린다던지, 일상의 소소한 행복을 느낄 수 있게 해 주기 때문이죠."

SK Broadband 2008

경계를 넘다

김제형의 관심사를 들여다보면 앞으로 다가 올 디자인 트렌드를 읽는 데에 큰 도움이 될 것이다. "움직임이 있는 화면과 멈춰있는 한 장의 그림은 늘 공존해야 한다고 생각합니다. 현란한 영상만이 전부가 아니기 때문이죠. 그 동안 저는 정적인 작업을 많이 해 왔는데, 앞으로는 움직임을 통해 이야기를 풀어 나가고 싶습니다. 3D 영상이나 미디어 아트에도 관심이 많습니다. 지금처럼 모든 분야들이 합쳐져 있는 환경이라면 얼마든지 도전할 수 있다고 생각합니다."

일러스트레이션을 하는 디자이너의 마음가짐

그는 일러스트레이션이나 회화를 전공하지 않았다. 시각디자인과에서 디자인을 공부했고, 일상에 가장 밀착된 그림을 그리는 걸 '디자인 방법'으로 삼았을 뿐이다. 그에겐 일러스트레이션이란 커뮤니케이션을 바탕으로 하는 일종의 그래픽 디자인이다. "커뮤니케이션 디자인은 안목이 중요한

온기가 있는 광고 일러스트레이션 김제형 interview

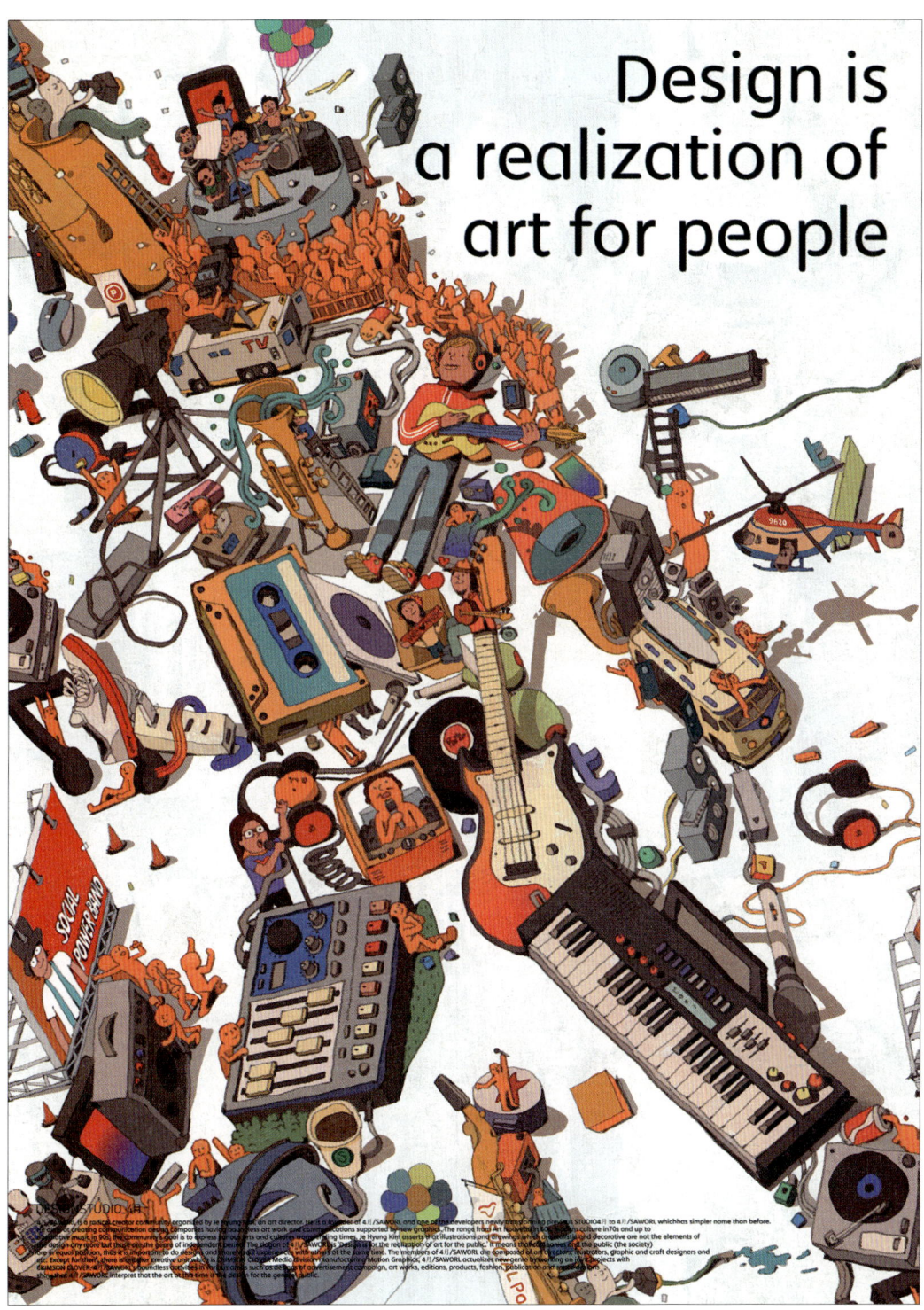

소셜 밴드 2010

봄여름가을겨울

것 같아요. 결국 직접 그림을 그리지 않더라도, 좋고 나쁨을 아는 것이 중요하다는 말이지요. 저의 경우도 많은 시행착오를 겪었습니다. 제가 후배들에게 눈이 세련되어야 한다는 말을 자주 하는데, 눈은 곧 머리와 직결되기 때문입니다. 그리고 그 다음이 손이지요. 계속 그림을 그리는 것도 중요하지만, 조형, 색감, 형태를 판별할 수 있는 눈을 갖추는 것이 무엇보다 중요하다고 생각합니다. 그러다 보면 자연스레 손의 실력이 늘게 되죠. 말 그대로 시각 디자이너는 시각적으로 아름다운 커뮤니케이션을 추구해야 표현 실력도 늘고 아트 디렉팅도 할 수 있는 것 같아요."

디자이너 일러스트레이션 아이덴티티

디자이너치고 상당한 일러스트레이션 테크닉을 구사할 줄 알며, 작품에서 풍부한 깊이를 구현해 내는 김제형 디자이너. 대학 시절 그의 고민과 과감한 행동은 현재의 개성 있는 그만의 스타일을 만들 수 있었던 자양분이 되어 주었다. "졸업하고 나서 브랜드 디자인을 택했던 이유는, 브랜드 디자인이 그래픽 디자인의 상위 개념이라고 생각했던 것 같아요. 그림을 하든, 공간을 만들든, 브랜드를 이해하고 아이덴티티를 만들 수 있는 안목을 느끼고 싶었습니다. 그런 브랜드 디자인 철학을 기반으로 일러스트레이션을 하다 보니, 저만의 아이덴티티를 유지하면서 원하는 것들을 얻을 수 있었던 것 같습니다."

그래픽 디자인 공부는 일러스트레이션을 공부하면서 채울 수 없었던 그의 부족한 부분들을 메워주었다. 이는 김제형의 아이덴티티와 직결되는 부분이기도 하다. 지나간 세대의 문화 그 자체에서 온기가 있는 아이콘을 찾는 데에 중점을 두어 창작한 그의 작품들은 레트로 스타일의 향수를 내뿜고 있다. "나만의 스타일을 형성하기까지 수많은 시행착오를 겪었지만, 60-70년대 문화의 좋은 점들이나, 현재엔 쓰이지 않고 잊힌 아이콘이나 이미지들을 찾으려고 했던 것이 많은 도움이 됐습니다."

와인라벨 VINJU 2011

『서른살』책 커버

2010 Pifan 포스터

Creative Artworks - 4 Illustration Style Book : part_08

Seoul 2007

Tokyo Tower

Creative Artworks - 4   Illustration Style Book : part_08

8-1 시안 작업에서 시작하는 광고 일러스트레이션 아트워크

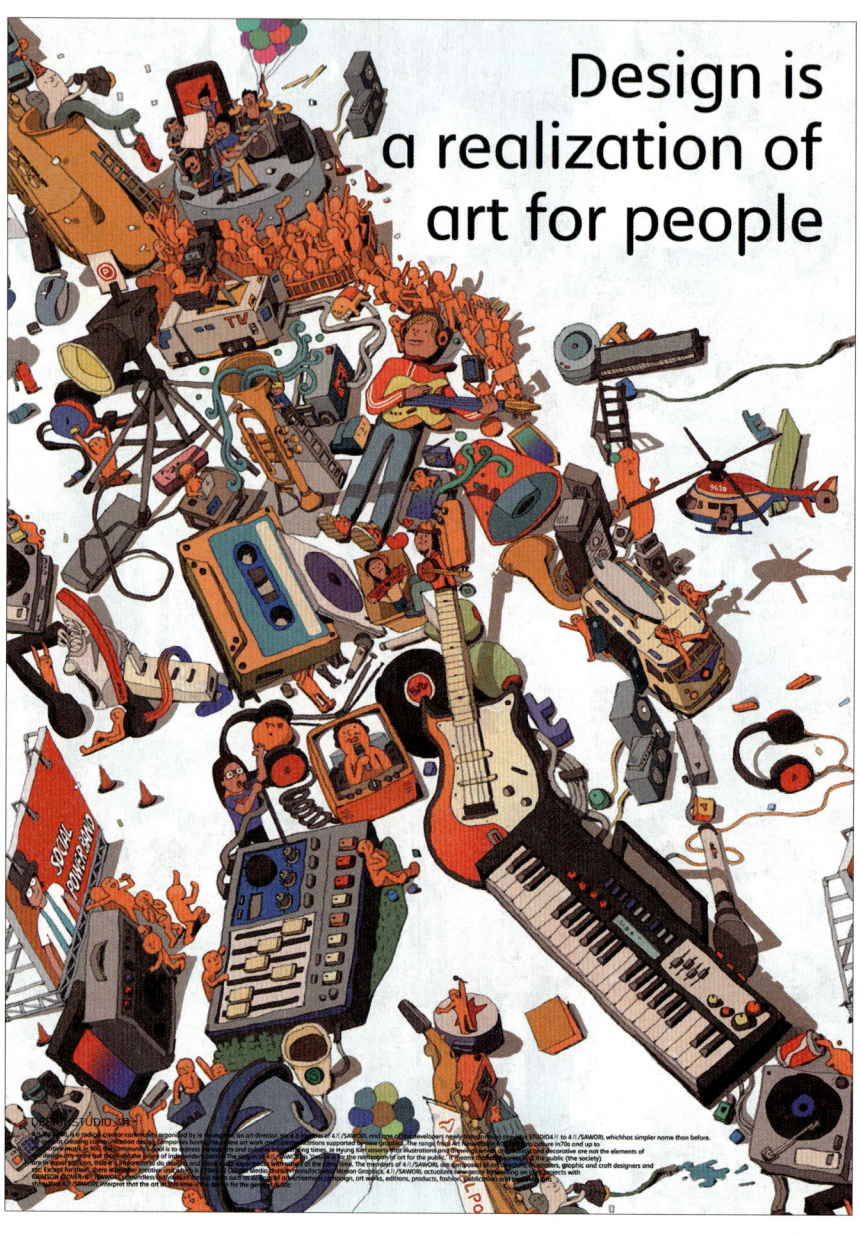

포스터를 위한 일러스트.
타이포그래피를
적용시키고 여백을
조절하여 컬러의 콘셉트를
유지하는 것이 관건

이 작업은 웹에이전시 포스트비주얼에서 어느 프로젝트를 위해 진행되었던 시안이다. 소셜밴드를 일러스트로 형상화하는 것이 기본 콘셉트였다. 소셜 밴드와 음악과 관련된 각종 오브젝트들이 오밀조밀하게 모여서 연출되는 모습을, 위에서 내려다본 모양으로 표현해 보고자 했다. 보통은 연필로 스케치를 하는 편인데 특히 선 맛이 필요한 작업들에서는 스케치 단계부터 반드시 연필을 사용한다. 하지만 이 작업 같은 경우에는 좀 더 깔끔한 선을 써야했기 때문에 태블릿에서 초크를 사용하여 스케치해 보았다.

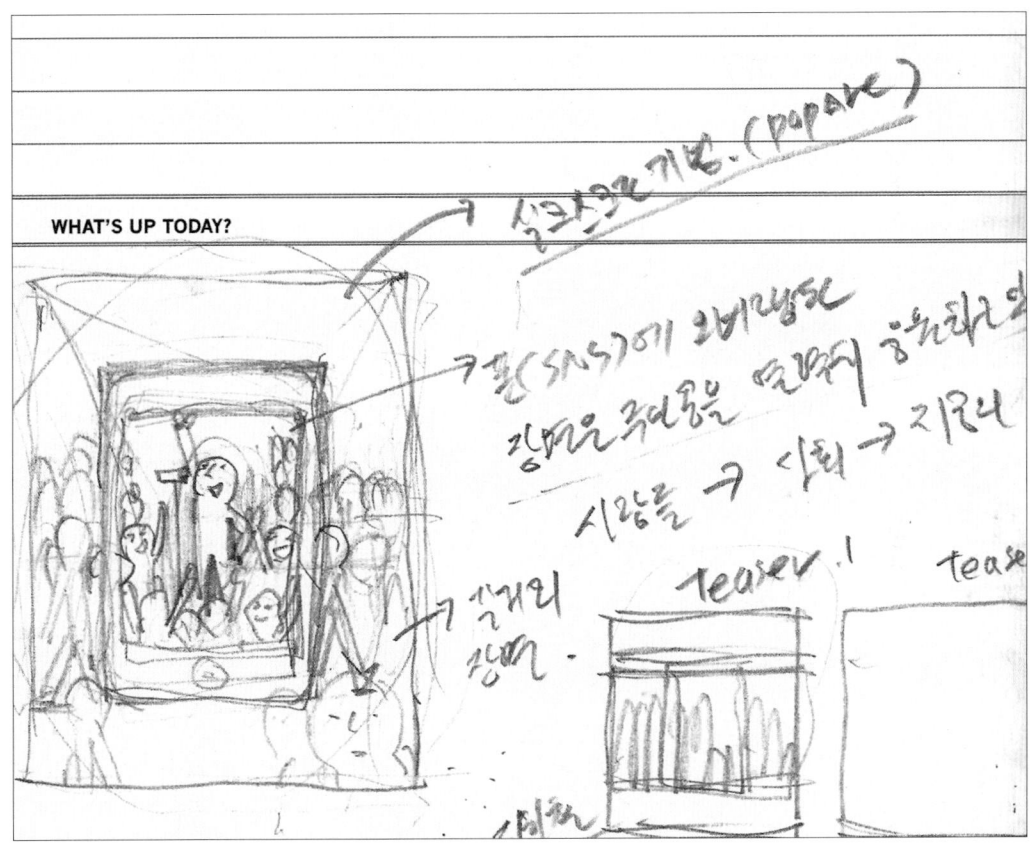

보통 스케치를 할 때, 아이디어가 중심이 되는 러프 스케치는 금방 하는 편이다. 이 작업에서도 스케치는 4시간 정도 밖에 걸리지 않았다. 일단 스케치에 들어가면, 디지털 작업이든 수작업이든 선 맛에 굉장히 신경을 기울이는 편이다. 어떤 날은 그림들이 손에 잘 안 붙을 때가 있는데, 그럴 때엔 쉬지 않고 드로잉해서 끝내곤 한다. 그러나 이 작업의 경우엔 그리 오랜 시간이 걸리지는 않았다.

이번 작업은 콘셉트를 위한 썸네일 스케치를 거쳐, 바로 빈 캔버스에서 스케치를 그려 나가는 방법을 선택하였다. 흰 공간에 오브젝트를 하나하나 펼쳐 나가는 방법으로 스케치를 채워 나가는 식이다. 이 방법은 초보자에게는 쉽지 않은 작업이긴 하지만, 이런 식으로 연습하면서 그림을 그리다 보면 어느 순간 향상된 스케치 실력을 느낄 수 있을 것이다. 아기자기하게 선 작업을 하는 것이 재미있기 때문에 나는 종종 이런 식으로 작업한다.

확정스케치 : 연필/ 태블릿드로잉 후 스캔 및 저장

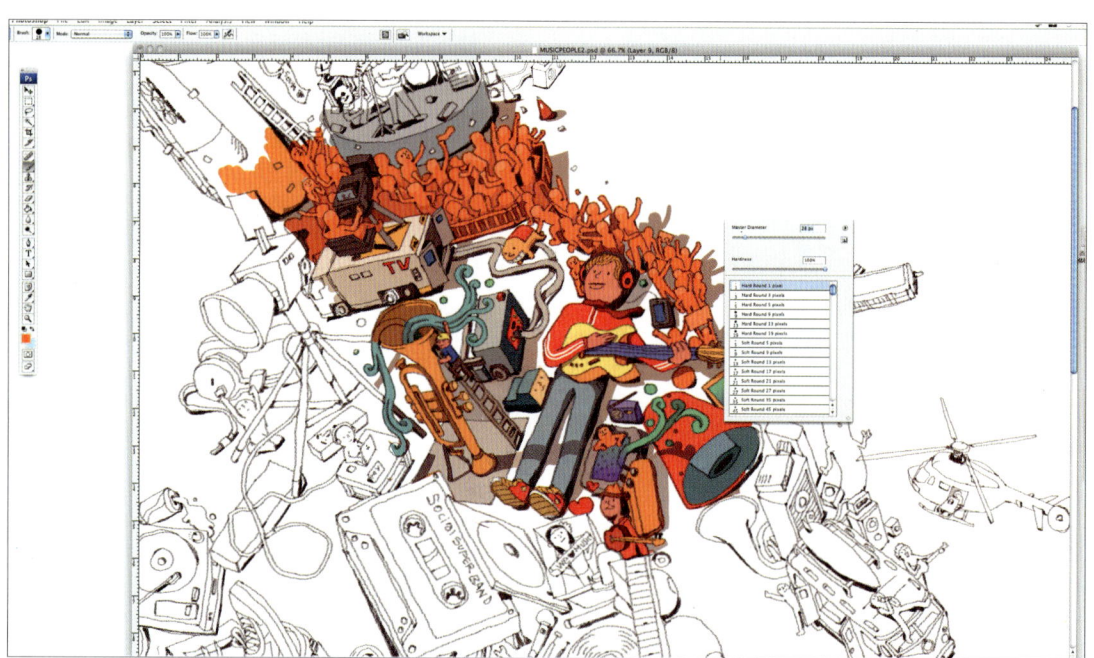

태블릿을 이용하여 주제가 되는 부분부터 컬러링을 진행. 빛과 그림자와 컬러의 예상이 필요

기본 작업에서 채색으로 넘어가는 단계이다. 일단 태블릿으로 스케치 라인을 만들고 채색하여 포스터로 만들어 보았다. 중요한 것은 밑그림으로 정확한 스케치를 잡아 놓으면, 채색 하는 일은 그렇게 어렵지 않다는 점이다. 그 후 차차 레이아웃 같은 요소들을 계속 수정해 나가면서 하나의 포스터로 완성시켜 보았다.

최종결과를 같은 형식으로
진행한 시리즈물.
이 작업의 특징을 만드는
아주 중요한 요소는 여백과
컬러의 콘셉트유지

이 작업도 같은 테마의 시안 작업이었다. 마찬가지로 기본 콘셉트는 소셜 밴드였지만, 조금 다른 방법으로 표현해 보았다. 심플한 선과 깔끔한 이미지를 부각시키고 주제에 좀 더 포커스를 맞춰 진행해 보았다. 이 아트워크는 시안에서 멈춘 작업이었기 때문에 서울디자인페스티벌2010을 통해 saworl의 아트워크로 전시되는 것에서 마무리 되었다.

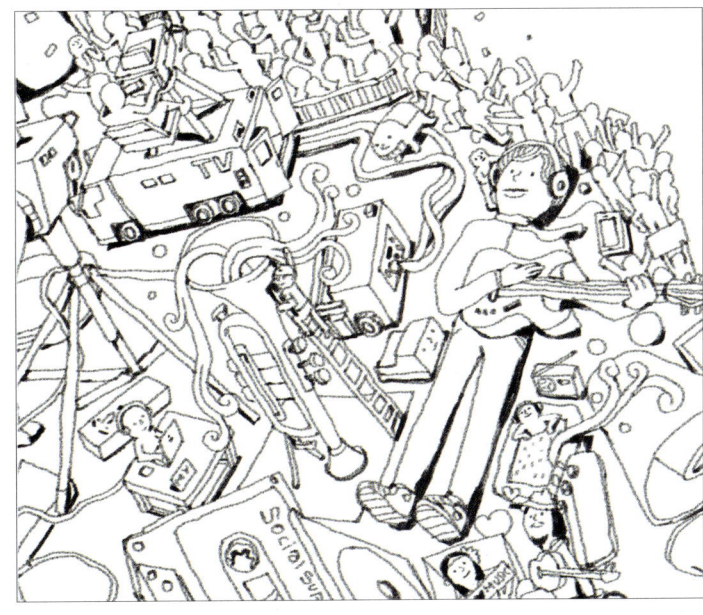

확정된 스케치의 확대 장면

이 작업 같은 경우는 실사 그림이 아니라 캐릭터를 작업하는 일이었기 때문에, 예전에 잡아 놓았던 아이콘을 바탕으로 그려 보았다. 처음부터 전체를 구상해 놓고 그려나간 것이 아니라, 큰 덩어리 없이 생각나는 대로 그려나갔다. 원래 나는 일종의 낙서 같은 느낌으로 작업을 시작하곤 하는데, 이런 스타일 덕분에 좀 더 편하게 스케치를 작업할 수 있었다. 이렇게 내게 익숙한 작업, 혹은 익숙한 스타일로 콘셉트를 잡아 드로잉을 시작하면, 한 번도 막히는 경우 없이 작업을 끝내는 편이다. 흰 종이에 콘셉트를 잡고 스케치를 하기 시작하면, 하나의 노선을 유지하면서 아트워크를 쉽게 펼칠 수 있다. 따라서 내 아트워크 스타일은 그다지 복잡하지 않게 펼쳐진다.

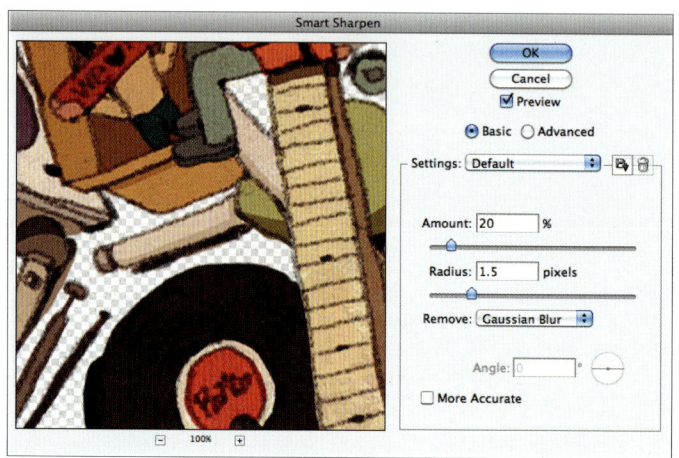

일러스트레이션이 거의 완성되면 Multiply 모드,
레벨 조절 등의 효과를 사용해 스타일에 맞게 마무리

텍스처: 질감 스캔 이미지

나는 포토샵으로 작업하는 경우에도, 그라데이션이나 조명 등의 디지털 효과를 잘 쓰지 않고, 2 단계 정도의 명암을 주는 것으로 채색을 끝낸다. 덩어리에 색채를 부여하고 명암을 넣어주는, 이 2 단계로만 작업하여 오브젝트를 묶어 준다. 그라데이션이나 빛 효과 같은 화려한 효과를 쓰는 것 보다는, 그림자의 간결한 맛을 살려서 각 단계들이 자연스럽게 연결되게끔 노력한다. 강한 색감보다는 자연스러운 색감을 추구하는 성향 탓이다. 따뜻한 느낌을 주기 위해 레트로 느낌의 텍스처를 깔아주기도 한다. 하지만 보통의 경우는 후반 보정 작업은 잘 하지 않는다. KT&G와의 작업도 비슷한 스타일로 작업을 한 경우이다.
내가 작업하는 노하우 중 한 가지를 말하자면, 작업을 시작할 때 거친 큰 덩어리를 잡고 하든, 아기자기하고 섬세한 오브젝트들을 잡든, 선으로 딱 떨어지는 스케치를 해 놓고 나면 나머지 작업은 물 흐르듯이 이루어진다. 아무리 색채와 개성에 자신감이 없다 하더라도, 콘셉트에 맞는 구성과, 자신의 스타일이 부여된 스케치가 완성되면, 작업 과정상에 큰 어려움이 생기지 않는 경우가 많다. 일러스트레이션 작업에서 가장 중요한 건 스케치이다. 스케치가 개성이 넘치거나 완벽하지 못하더라도, 완성도가 어느 정도 갖춰진 구성이라면 다른 작업은 비교적 쉽게 진행할 수 있다.

시안 작업은 아트워크로 발전될 수도 있고, 그렇지 않을 수도 있다. 나는 특별히 개인 작업에 집중하지 않는 편이지만, 많은 프로젝트를 하면서 진행됐던 시안을 개인 작업으로 발전시키기도 했으며, 낙서처럼 만들었던 시안에서 아이디어를 얻을 때도 있었다. 사실 나는 디자이너에 토대를 두고 있기 때문에, 그 동안 전문 순수작가처럼 개인 작업 위주로 가는 경우는 거의 없었지만, 앞으로는 개인 작업의 비중을 늘리려고 생각하고 있다. 이렇게 진행한 개인 작업은 클라이언트와의 작업에서 바로 사용될 수도 있다. 결국 반영되지 못한 시안이란 개인의 아이디어 아카이브인 것 같다.

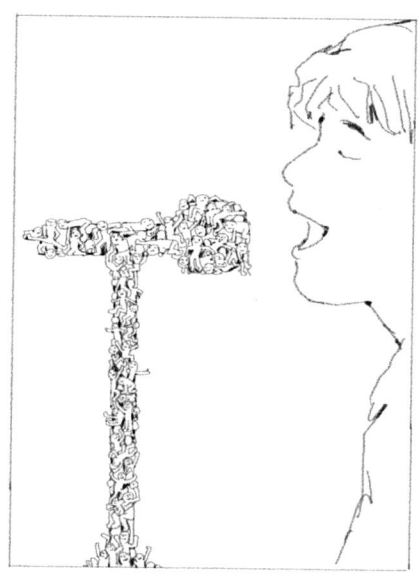
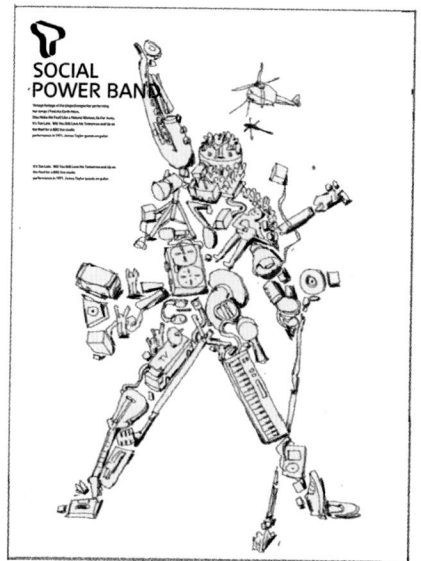

프로젝트 중에 드로잉한
다양한 스케치와 시안들

8-2 클라이언트와 함께 도전한 디지털 수채화

라네즈 '비워터풀' 캠페인

이 작업은 '비 워터풀'이라는 슬로건을 가지고 시작한 광고 일러스트 캠페인이다. 클라이언트는 수채화 느낌이 풍부한 아이덴티티 일러스트레이션을 의뢰했는데 나는 수채화를 잘 다루지 못하는 편이라, 대부분의 작업을 디지털 툴로 처리해야 했다. 그러나 클라이언트가 요구하는 스타일은 디지털로만 작업하기엔 많은 한계가 있어서, 디지털 툴에 적용할 수 있는 수작업들을 끊임없이 시도하면서 어울리는 뉘앙스를 찾아야 했고, 결국 포토샵에서 사용 가능한 수채화 브러시를 직접 제작하기로 마음먹었다.

사실 큰 광고 캠페인의 경우 클라이언트 측에서 요구하는 콘셉트가 굉장히 확실하기 때문에, 작업하는 데에 큰 문제는 없는 편이다. 작품의 성격이나 목적이 구체적으로 제시되어 있기 때문에 시각화하기 쉽기 때문이다. 하지만 아이덴티티를 잡는 데에는 편할지 몰라도, 광고 디자인이란 커뮤니케이션 디자인의 성격이 개인 아트워크보단 강하기 때문에, 자신만의 스타일을 어느 정도 양보하면서, 클라이언트의 의도를 정확하게 표현해 주는 것이 중요하다.

수채화 작업 : 수작업, 종이, 수채화물감을 스캔

수채화 일러스트레이션의 느낌을 살리기 위해서 160장 정도의 실제 수채화 소스들을 만들어 스캔한 후, 그 이미지를 각각의 상황에서 알맞게 이용하면서 일러스트레이션 작업을 진행했다. 이 작품은 수작업과 디지털 작업이 6:4 정도의 비율로 이루어졌는데, 디지털로 표현한 부분들 위에 수채화 소스들을 살짝살짝 가미시키는 방식으로 처음부터 일일이 작품을 재구성해 냈다. 즉, 실제 수채화 텍스처와 디지털 드로잉을 결합시킨 것이라고 할 수 있겠다.

스튜디오 〈4월〉의 팀원들이 모두 이 작업에 달려들었다. 이것은 CF 광고부터 지면, 매장 그래픽, 웹, 제품 등 많은 분야에 적용될 아이덴티티 작업이었기 때문에, 상당히 큰 작업에 속하는 프로젝트였다.

인물 스타일 시안 : 동작, 표현느낌, 표정 위주로 여부를 결정

기본 콘셉트는 클라이언트와의 합의 하에 결정했다. 바로 디지털로 기본 작업을 하되 수채화 느낌을 살리는 방향으로 표현하자는 것이었다. 여기서 중요했던 점은, 디자이너로서 수채화를 표현한다는 건 수채화 전문 작가들이 표현하는 것과는 상당히 다르다는 것이었다. 실제 수채화의 따뜻하고 자연스러운 느낌을 작품에 넣으면서 동시에 우리 스튜디오만의 감각을 어떻게 녹여낼 수 있을지에 관해 많은 고민을 했다. 아무래도 비주얼의 역할이 큰 작업이다 보니 다양한 의견과 전략적인 부분이 중요했다. 이 부분에 관해 광고대행사와 캐릭터 아이콘부터 색감 하나하나까지 아주 디테일하고 긴밀한 이야기를 나누었고, 이에 따라 강한 개성의 아트워크보다는 조금 더 평범하고 대중적인 캐릭터가 창작된 것 같다.

연필 스케치

연필 스케치를 스캔 후 디지털 이미지화

컬러 분위기를 위한 베이스 작업

수작업 수채화 소스와 디지털 페인팅을 통해 완성

이 프로젝트는 내가 처음으로 수채화 스타일을 시도해 본 작업이었다. 그러나 예상한 것보다 결과가 좋았고, 이 작업 이후 수채화 느낌의 작품을 원하는 작업 의뢰가 조금씩 들어오기 시작했다. 광고 캠페인 같은 대형 프로젝트의 경우에는 많은 사람들이 협업하는 합동 작품의 성격이 짙기 때문에, 다양한 사람들의 의견을 조율하고 조정하여 합의점을 만들어 내는 것이 가장 중요하다. 일러스트레이션을 하는 디자이너라면 커뮤니케이션을 할 때 자신의 스타일을 양보할 줄 알면서도 때론 어필할 수 있는 재량이 필요하다.

'비 워터풀' 캠페인 러프 스케치

이 작업을 하면서, 캐릭터의 느낌이라든가 색감 등의 요소들 중 강하게 어필하려고 한 것은 없었다. 커뮤니케이션이 원활하면 할수록 수정 작업은 비록 많아지겠지만, 클라이언트와 디자이너 간의 신뢰가 강하게 구축되어 오히려 더 좋은 결과물을 낳을 수 있다. 이 작업은 바로 이러한 과정에서 탄생한 아이덴티티 작품이다.

8-3 손 맛이 살아있는 레트로 일러스트

이 티셔츠 일러스트레이션 프로젝트는 스케치와 디지털 작업에 몰두했던 나의 초창기 작업으로, 나만의 스타일을 만들 수 있었던 시작점이 되어 주었다.

이 일러스트레이션들은 모두 2007-2008년에 시도했던 작업들이다. 이 작업을 하면서 가장 절실히 느낀 건, 아무리 디테일하고 섬세한 그림이라고 하더라도 티셔츠 같은 거친 면 위에 프린트하고 나면 기대했던 것만큼 질감이 살아나지 않는다는 점이었다. 티셔츠 작업을 할 때엔 티셔츠 작업에 어울리는 스타일로 그림을 제작해야 했다. 따라서 인쇄를 할 때에도 최대한 2-3도 안에서 해결하려고 했고, 무엇보다 다양한 실험을 해 보려고 노력했다.

나는 작업을 시작할 때, 낙서나 메모보다는 일단 제목이나 키워드부터 쓰고 그것을 이미지로 구체화시키는 방식을 선호한다. 앞뒤가 안 맞는 제목을 써서 작업이 엉켜버리는 경우도 있지만, 보통은 제목을 정해 놓고 나면 명확하고 구체적인 오브젝트 발상이 튀어 나오는 경우가 더 많다. 특히 카세트 같은 것들은 이름부터 작업해서 이미지를 구체화한다. 그래서 주제를 잡는 일보다, 그것을 시각화시키는 과정에서 좀 더 많은 고민을 하는 편이다.

보통은 콘셉트를 함축하는 제목을 일단 지은 후, 아이디어 스케치를 하듯 낙서하는 것으로 작업을 시작한다. 이번 작업을 할 때에도 카세트라는 제목을 부여해 놓고 이 제목에 맞추어 캐릭터를 스케치했다. 2B 연필로 거칠게 작업을 한 후, 이미지를 스캔해 보니 원하던 대로 거친 맛이 그대로 살아 있어서 매우 흡족했다. 이 작품은 실크스크린으로 인쇄할 계획이었기 때문에, 깔끔하고 깨끗한 느낌보다는 스크래치 느낌을 살리기 위해 2도 인쇄를 하기로 계획한 후 이를 전제로 작업을 진행했다.

**You never choose love.
Love chooses you.**

나머지들도 같은 방식으로 작업했다. 타워나 자동차, 스쿠터 등 일상적이고 구체적인 제목을 확정짓고 난 후, 2B 연필로 스케치하면서 다른 모든 요소들을 결정해 나갔다. 이 스케치들과 일러스트들을 확대해보면, 모두 2-3도 아래의 인쇄를 한 것임을 알 수 있다. 모두 카세트 작업의 연장선상에 있는 작품들인 것이다. 티셔츠 인쇄용 작품이라는 걸 감안하고 시작한 작업이었지만, 이를 통해 작업물에 레트로한 맛을 가미하는 방법을 깨닫게 되었다.

한자 타이포그래피 같은 경우도 마찬가지의 방법을 적용해 봤다. 여름날이라는 심플한 스케치에
타이포그래피를 결합해 보자는 의도 아래, 출력한 활자를 오려서 붙인다든지, 다시 스캔을 하는 방식으로
만들어 낸 우연한 효과들을 콜라주 형식으로 구성해 보았다.

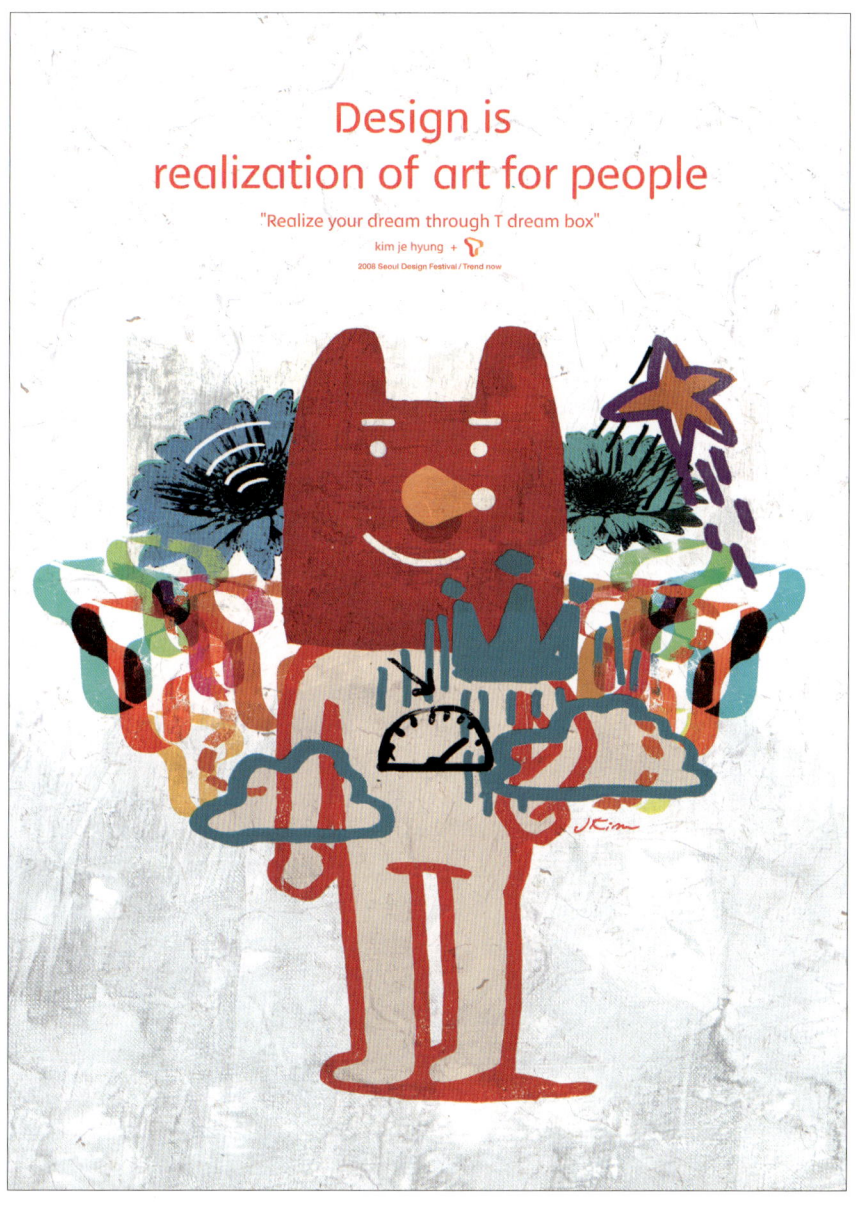

웅진 광고를 작업하면서 처음으로 이 스타일을 클라이언트 작업에 적용시켜 봤다. 티셔츠 작업에서 얻었던 영감을 그대로 이 캠페인에서 진행해 보았는데, 실크스크린을 실제로 사용하진 않았지만 마치 실크스크린으로 민 것 같은 느낌을 내 봤다. 이런 스타일은 차후 SK 텔레콤 작업에도 이어졌다. 지금은 티셔츠 스크린 작업을 하지 않기 때문에 실크스크린을 하는 경우는 별로 없지만, 그때의 감성을 계속 이어가려고 한다. 깨끗한 색칠보다는 투박하고 거친 느낌을 계속 작품에서 구현하고 싶다. 앞으로도 시간이 허락되는 한 실크스크린으로 된 개인 작업들을 계속 했으면 좋겠다.

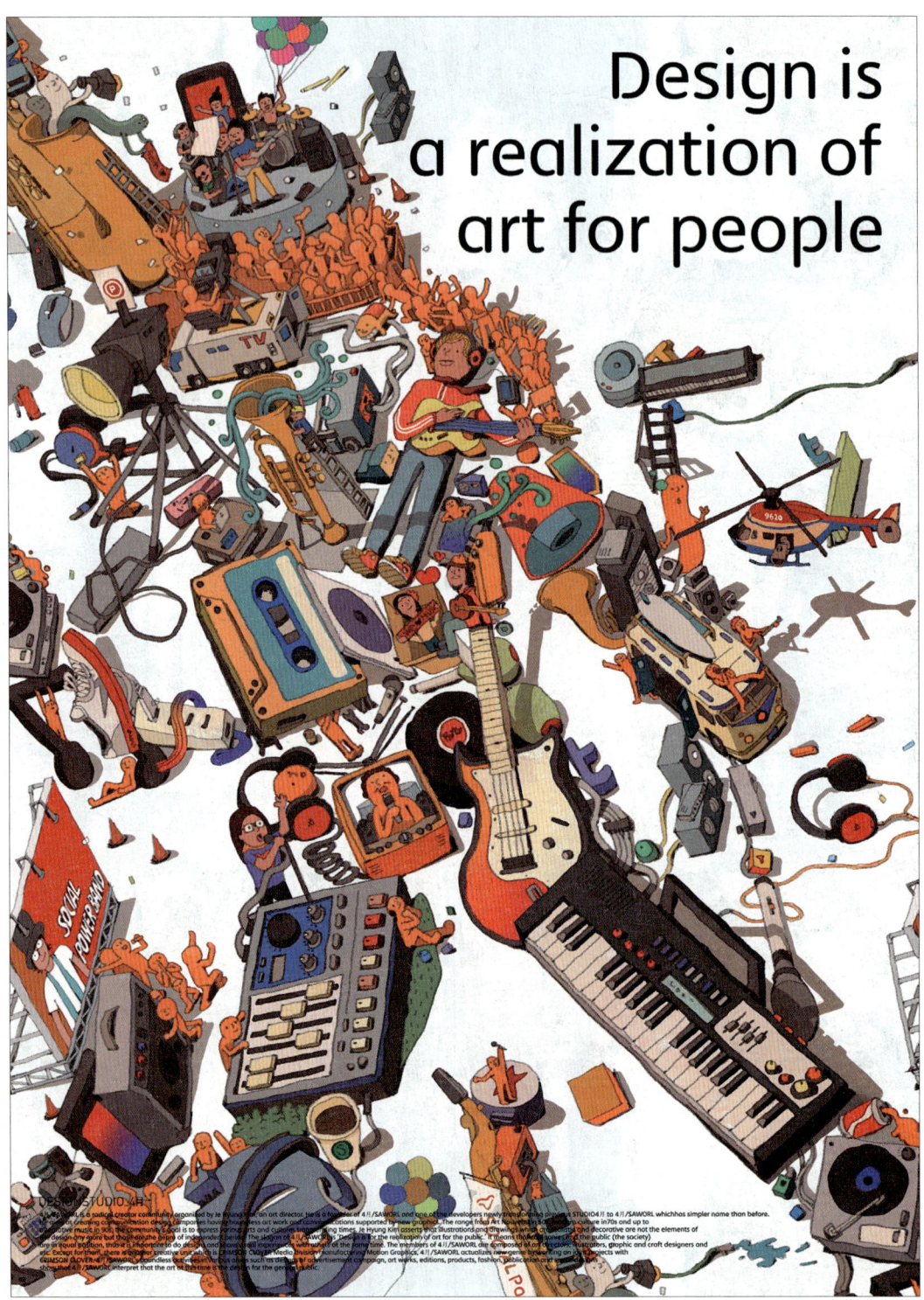

Design is a realization of art for people

깨끗한 선이 필요한 경우라면, 아예 처음부터 태블릿으로 작업하면서 색다른 방법으로 작품을 만들기도 한다. 거친 맛이 나는 일러스트레이션은 거칠게, 깔끔한 선이 필요하다면 깔끔하게, 작품의 목적에 따라 스타일을 달리 하는 편이다. 따라서 나의 일러스트레이션 스타일은 두 가지로 나뉜다. 바로 태블릿 선으로 할 수 있는 것과 실크스크린의 뉘앙스를 가진 핸드 드로잉으로 할 수 있는 것이다.

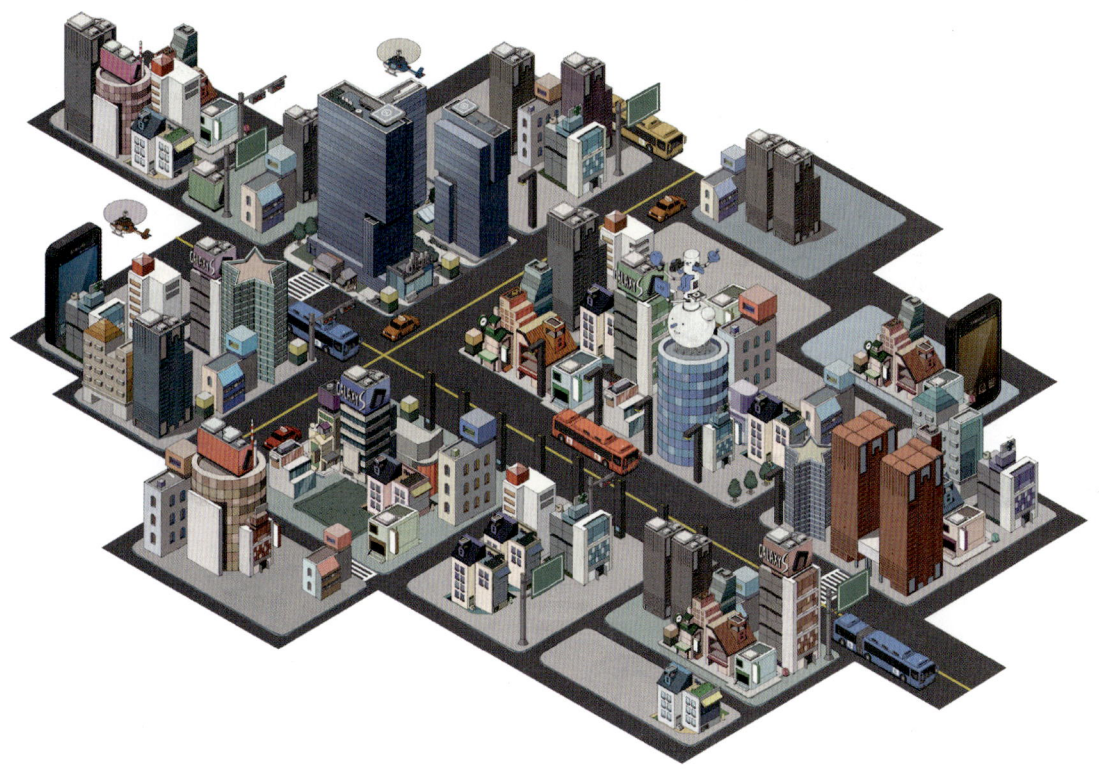

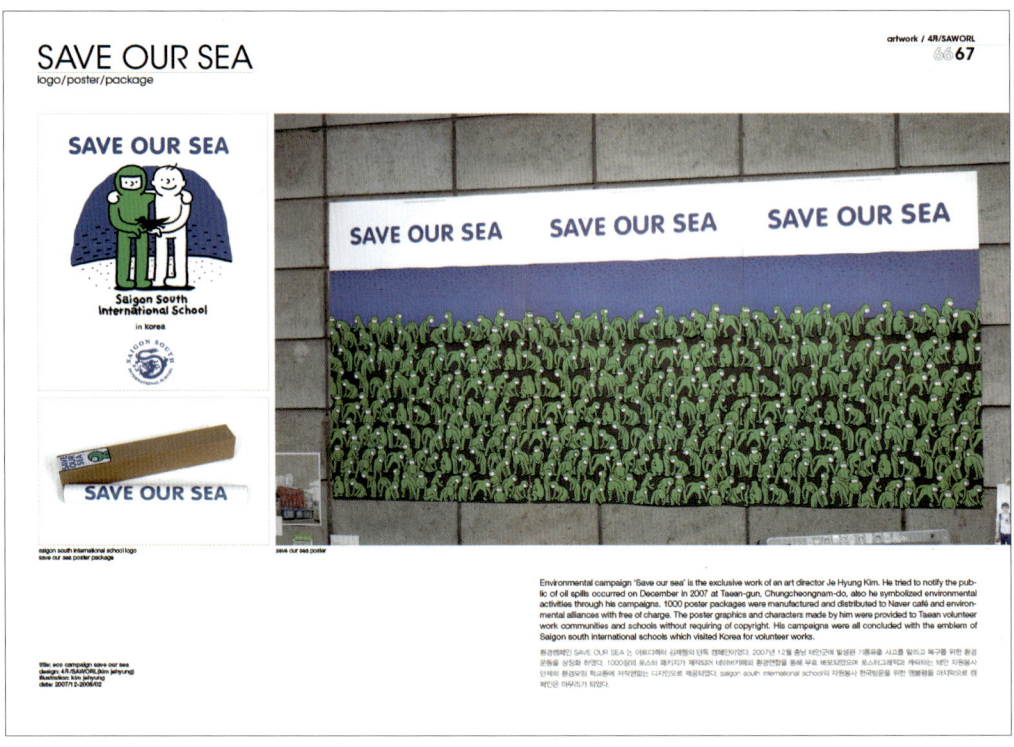

다른 작가들과는 다르게, 한 가지 일러스트레이션 스타일을 고수하는 편이 아니다. 물론 나의 스타일이나 작품 경향을 하나로 묶어 주는 커다란 무언가는 존재할 테지만 말이다. 그 동안 포스터 작업이나 수채화 풍 일러스트, 픽토그램 등 다양한 작업들을 해 왔는데, 그럴 때마다 나만의 스타일 안에서 작업을 해결하려고 하기 보다는 최대한 클라이언트들이 제시하는 콘셉트에 맞게 작품을 끌고 가려는 경향이 강하다. 그리고 작품을 작업할 때, 콘셉트에 어울리도록 새로운 디자인을 계속 시도하는 것이 스스로의 능력을 키우는 데에 더 도움이 되는 것 같다. 나는 회화를 전문적으로 공부해 본 적이 없는 디자인 전공자이고, 디자이너이다 보니, 콘셉트를 이미지로 탈바꿈 시키는 일이 즐겁다. 대중과의 커뮤니케이션을 목적으로 하는 일이라 더욱 그렇게 느껴지는 것 같다.

작업을 시작할 때, 제일 먼저 콘셉트를 다양하게 풀어나갈 준비를 한다. 먼저 이런 준비를 끝내 놓으면, 실제 드로잉을 할 때 매우 편하기 때문이다.

모든 것은 커뮤니케이션의 문제이다. 클라이언트 작업을 할 때, 일단 내가 스튜디오에서 활동하고 있는 디자이너인 이상, 그들은 나의 기존 작품 스타일과 동떨어진 걸 요구하지 않는다. 다시 말하자면, 그들의 콘셉트를 나의 스타일 대로 풀어달라는 말이지, 결코 그들이 원하는 스타일로 무리하게 끌고 가지는 않는다.

사실 대형 광고 작업을 할 때엔 나의 개성이 묻혀버리는 느낌을 종종 받기도 하지만, 그 부분이 오히려 내 성격에는 잘 맞는 것 같다. 광고든 개인 작업이든 일러스트레이션을 통한 커뮤니케이션 디자인이라는 점이 내겐 더 중요하기 때문이다. 디자이너는 작품을 통해 클라이언트와, 그리고 대중들과 커뮤니케이션을 꾸준히 유도해 낼 수 있어야 한다. 그래서 나는 일단 레퍼런스도 많이 찾아보고, 기존 나의 작품들을 검토하면서, 클라이언트와 원활하게 소통하려고 노력한다. 리스크를 줄이고, 의사소통의 오류를 방지하기 위해 클라이언트에게 암시를 많이 주는 편이기도 하다. 나는 앞으로도 계속 이런 스타일로 작업할 것 같다. 커뮤니케이션 디자인을 계속 하다 보면, 어느 순간 그것들이 모여서 하나의 단어로 묶일 날이 있을 거라고 믿는다. 따라서 개인 작업을 쌓는 건 미룰 생각이다. 현재 광고나 포스터 등 다양한 분야에서 그래픽 디자인과 일러스트레이션을 통해 커뮤니케이션하며 즐겁게 작업하는 것만으로도 충분하다. 매체의 가장 중요한 기능은 대중들에게 예술적이고 감각적인 즐거움을 전달하는 것이기 때문이다.

Illustration Style Book

Creative Artworks - 4

디지털로 그리는

휴머니티

만화의 원천

amebafish　part 9

Creative Artworks - 4   Illustration Style Book : part_09

박현수 아메바피쉬

만화가 & 프리랜스 일러스트레이터
http://www.amebafish.com

『ROBOT』, 『가면소년』등 만화작품집 출간
계간 『만화』에 「일상다반사」연재
『W』 2nd Album 커버 일러스트, 르까프 런던 등 다수의 일러스트레이션 작업

interview
part

디지털로 그리는 휴머니티 만화의 원천　　　아메바피쉬　　　　　　　　　　interview

9-1 가면소년

『가면소년』은 공동 작업했던 퍼즐북 『소년 외계인을 만나다』와 그간에 작업해 왔던 로봇에
대한 만화, 일러스트, 사진, 에세이 등을 모은 작품집 『ROBOT』에 이은 세 번째 책이다.
운이 좋게도 서울통상진흥원 서울애니메이션센터(SBA)와 한국문학번역원이 공동 지원한
'2008년 해외 수출 기획만화 제작지원' 사업에 선정되어 지원금을 받아 작업할 수 있었다.
『ROBOT』을 출판했던 씨앤씨레볼루션 출판사의 제안으로 시작된 이 작업은, 출판사와
작가가 파트너로 협업하는 지원사업의 성격이었다. 1년 3개월 정도 진행한 끝에 2009년 9월,
책을 출간했다.

『가면소년』은 개인적으로 출발이라는 의미를 나타낸다. 2003년에 출간되었던
『소년 외계인을 만나다』는 공동 작업이었기 때문에 나의 온전한 이야기를 풀어내지 못했고,
2007년 출간되었던 『ROBOT』은 아마베피쉬라는 이름을 건 첫 책이었지만 단편적인 로봇에
대한 그간의 여러 작업과 생각을 한데 모아 정리하는 일종의 작품집 성격이 강했기 때문이다.
『가면소년』작업은 하나의 커다란 틀에 나의 이야기를 풀어놓는 첫 작업이 되었다.

십 년 전인 대학교 4학년 때, 막연히 가면을 쓴 외로운 소년의 이야기를 하고 싶다는 생각을 하며 연습장에 몇 줄의 메모를 한 적이 있었다. 우연히 하얀 가면에 검은 눈물 자국이 있는 외국 가면을 보았는데, 그 가면 속에는 어떤 얼굴이, 어떤 사연이 있을지 궁금했다. 『가면소년』 이야기는 바로 여기서 시작한다. 언제가 될지는 모르지만 언젠가 제대로 책 작업을 하게 된다면 눈물이 그려진 가면을 쓴 소년의 이야기를 쓰겠다고 늘 생각해 왔다. 중간 중간에 시놉시스를 짜고 각 에피소드들의 스토리들을 하나씩 메모하며, 이 책이 완성되었을 시점을 즐겁게 상상하기도 했다.

막연했던 상상과 이야기는 작업을 막상 시작하고 난 후 많은 부분이 달라졌다. 리얼리티에 가까웠던 이야기들은 일상의 환상으로 바뀌었고, 하얀 눈물 가면을 쓴 소년 주인공은 눈물이 그려진 로봇가면으로 바뀌었다. 소년과 달동네, 재개발, 로봇, 고양이, 어릴 때 꾼 꿈 등, 내가 평소에 좋아하는 소재들에 나의 경험과 기억을 더하여 몇 년간 조금씩 이야기를 다듬어 나갔다.

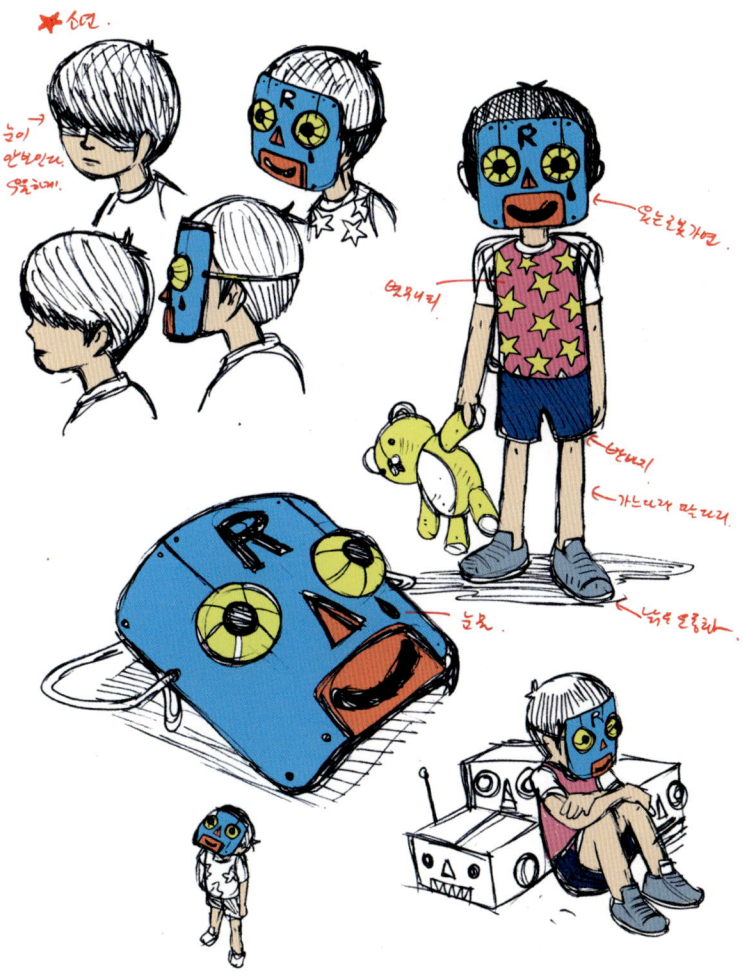

Creative Artworks - 4　　Illustration Style Book : part_09

스케줄

2008년

- 3월　　공모전 기획안 제출
- 4월　　1차 심사 통과
- 5월　　최종 2차 심사 통과 제작지원확정,
　　　　디테일한 캐릭터 설정 및 에피소드별 시놉
- 6월　　배경장소 헌팅 및 에피소드별 공간 디자인
- 7월　　에피소드 세부 기획 정리 및 콘티작업
- 8월　　콘티작업 완료
- 9월　　프롤로그 작업
- 10월　각 에피소드 작업진행

2009년

- 8월　　모든 에피소드 작업완료. 에필로그 작업.
- 9월　　표지작업, 내지, 표지 인쇄
- 9월 23일 『가면소년』출간

시놉시스

어느 달동네의 쓰러져가는 집에 어떤 소년이 살고 있다. 술주정뱅이 아버지와 그런 아버지를 대신해 돈을 벌어야 하는 어머니. 가난한 가정환경 아래에 소년은 하루하루를 살아간다. 또래의 아이들보다 약하고 존재감이 적은 소년은 학교에서도 따돌림을 당했고 선생님들은 이 사실을 항상 묵과했다.

아버지와 어머니는 매일 싸움을 했고 항상 폭력으로 끝이 났다. 기댈 곳이 없는 소년은 언제부터인가 가끔씩 환상을 보기 시작한다. 아이들에게 따돌림을 당할 때, 엄마에게 맞을 때 종종 소년 앞에는 이상한 세계가 펼쳐졌다.

어느 저녁, 여느 때 처럼 아버지와 엄마는 다투었고, 또 다시 술을 마시러 나가는 아버지를 보며 어머니는 소년을 향해 아버지를 닮은 너의 얼굴 따위는 더 이상 보기 싫다며 소리친다. 홀로 나와 언덕에 앉은 소년은 깨진 거울을 보며 슬퍼한다. 그리고 곁에 떨어져 있던 낡은 로봇가면을 쓴다. 이상하게도 사람들은 가면 쓴 소년을 마치 투명인간인 양 인식하지 못한다. 소년은 자신을 괴롭히던 세상 사람들에게 자신이 보이지 않는다는 사실에 안도하며 환상의 세계로 발걸음을 향한다. (실제 공모에 제출한 기획안의 시놉시스)

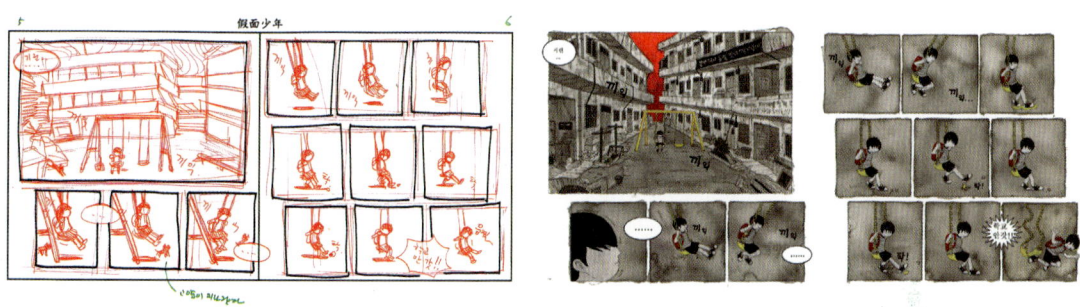

10년 전에 만들었던 초기 시놉시스는 하얀 가면을 쓴 채 자신만의 환상을 보는 자폐아 소년에 대한 이야기였다. 소년은 자신만의 환상에 빠져있지만, 평범하지 않은 소년을 키우는 고단하고 가난한 부모와 소년을 바라보는 학교선생과 친구들과 주변사람들 그리고 사회의 차가운 시선들에 대해 풀어내고 싶었다. 하지만 시간이 지나면서 이 이야기는 깊은 경험과 취재 없이 그려내기에는 너무 조심스러운 이야기였고, 내 역량으로 이 이야기를 제대로 풀어낼 수 없다는 결론을 내리며 초기 시놉시스를 버렸다. 대신 나의 어릴 적 경험과 내가 좋아하는 꿈의 소재들을 가져와서, 내가 가장 잘 표현할 수 있는 이미지 방식으로, 외로운 소년이 일상 속에서 보는 환상 이야기를 담아 내는 것이 적절하다고 생각했고, 이야기를 대폭 수정했다.

구성

전체 구성은 소년의 일상과 가면을 쓰게 되는 계기를 보여주는 프롤로그와 가면을 쓴 소년이 겪게 되는 단편적인 환상 에피소드들, 그리고 소년이 자신만의 세계에서 나와 가면을 벗게 되는 에필로그로 구성했다. 환상 에피소드들은 19개였는데 책 분량 문제로 인해 12개로 줄여서 보여주기로 했고 작업이 진행되며 애초 잡았던 에피소드들이 순서가 바뀌거나 빠지거나 추가되었다.

각기 다른 내용의 환상들이 다양한 색와 기법으로 들어갈 예정이었기에 각 에피소드를 이질감 없이 유연하게 연결하는 부분이 상당히 중요했다. 이 부분은 각 에피소드들이 끝나고 새로 시작되는 부분에 도비라를 삽입하여 점차적인 칼라변화, 형태변화를 통해 연결되도록 했다.

작업기법

수채화, 마카, 사진합성, 색연필 기법 등을 통한 수작업 원고가 약 40% 비율, 컴퓨터 작업을 통한 디지털 원고가 약 60% 비율, 각 에피소드들 별로 각기 다른 환상에 맞게 다른 기법, 다른 색을 사용했다.

선 드로잉에 기반을 둔 그림에 채색을 할 때, 색으로 포인트를 주는 방식을 선호한다. 보통의 경우엔 선 색과 포인트가 되는 색을 합쳐 불과 3-5개의 색만을 쓰는 편이다. 내가 가장 자신이 있는 작업 방식이기 때문에, 보통 대부분의 상업 일러스트 작품은 이런 방식으로 만들곤 한다. 하지만 이런 방식으로만 『가면소년』 작업을 하게 된다면 자칫 책 전체가 밋밋하고 개별 에피소드들의 환상적 분위기를 살리지 못할 수도 있었다. 이 책에서 시각적으로 중요한 포인트는 각 에피소드들이 각기 다른 느낌의 환상으로 보여져야 한다는 것이기 때문이다.

다양한 기법을 구사하기란 나에게는 쉽지 않은 부분이다. 가끔 쓰는 수채 기법이나 아크릴 기법조차 선 드로잉을 기반으로 이루어지기 때문이다. 그렇다고 전혀 새로운 기법을 시도를 하기에는 시행착오가 반복됨에 따라 책이 예정된 날에 나오지 못할 가능성이 컸다. 결국 익숙한 방식을 주로 사용하되, 수채와 마카, 싸인펜, 색연필 등의 수작업과 사진 합성 방식을 사용하기로 결정했다. 그리고 선의 굵기와 색을 에피소드마다 변화시켜서 각 에피소드들이 차별되도록 작업을 진행해 봤다.

표지

하드커버 양장,
옵셋1도+ 별색2도
인쇄, 엠보싱 후가공

표지의 경우 구체적인 콘티 작업 이전에 캐릭터 스케치를 하면서 미리 잡았다. 이 전의
『ROBOT』책의 경우도 제일 먼저 표지 스케치 작업을 했었는데, 책의 얼굴이자 책의 전체
내용을 함축하는 표지의 내용을 먼저 구상한 후 본문의 이미지를 구성하는 게 개인적으로
편하기 때문이다.

표지의 콘셉트는 소년을 가운데에 넣고, 소년 주변에 가면을 쓴 사람들과 캐릭터들이
층층이 서있는 이미지를 표현하고자 했다. 책의 앞뒤는 모두 동일한 표지구도를 사용하며,
다만 책의 앞에는 가면을 쓴 소년을, 뒤에는 가면을 벗은 소년을 넣기로 했다. 이 콘셉트를
통해 이 책이 가면을 쓴 소년의 이야기를 다루는 책이고 누구나 내면에 각자의 가면을
가지고 있다는 것을 보여주고 싶었다.

애초 하드커버 양장제본을 염두에 두었고 『ROBOT』과 마찬가지로, 깔끔한 2도 별색을
사용하되 좋아하는 형광색을 쓰기로 마음먹었다. 심플한 색을 쓰는 대신 선은 엠보싱
처리해서 책을 만졌을 때 촉감이 느껴지게 만들기로 했다.

포인트 색으로 형광 핑크, 형광 오렌지, 형광 그린 중 하나를 고르기로 하고, 바탕색은
밝은 사이안과 옐로우 중 하나를 사용하기로 한 후, 어떤 색을 고를지 고민하기 시작했다.
『ROBOT』작업에서 옐로우를 바탕색으로, 형광 핑크를 포인트 색으로 썼기 때문에, 형광
핑크는 일단 배제했다. 그리고 고심한 결과, 자주 쓰이지 않는 형광 오렌지를 바탕색으로,
사이안 블루를 포인트 색으로 쓰기로 했다.

본문과 마찬가지로 표지 또한 직접 인쇄소에서 교정을 보았다. 표지의 경우 특히
바탕색으로 쓰일 형광 오렌지 색이 포인트가 될 파란색과 조화를 이룰 것인지가 중요했다.
형광 핑크는 자주 쓰이기에 교정이 어렵지 않은데, 형광 오렌지의 경우 색을 맞추기가
상당히 까다로웠다. 형광색을 올리면 오히려 바랜 느낌이 들고, 오렌지를 진하게 하면
탁해졌다. 결국 너무 흐리지도 너무 진하지도 않은 중간 정도에서 포인트 색이 잘 보이는
수준에서 교정을 보았다.

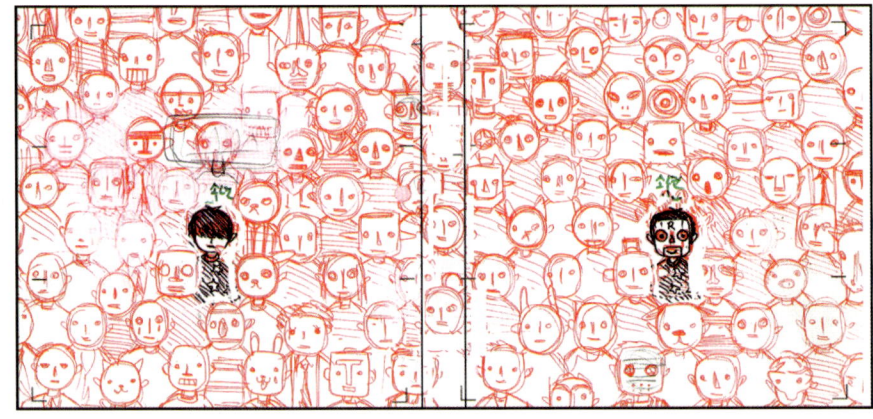

작업 후기

어릴 적부터 자연스럽게 그림을 그리기 시작했다. 내성적인 성격 탓인지 뛰어 노는 것보단 한 구석에서 종이를 펼쳐 놓고 이런 저런 그림을 그렸다. 만화를 좋아해서 자연스럽게 만화를 베껴 그리기 시작했고 언젠가부터 내 꿈은 너무도 당연하게 만화가였다.
중고등학교를 다니면서도 항상 수업시간 틈틈이 만화를 그렸다. 선생님들로부터 많이 혼도 났지만 만화를 그릴 때가 가장 행복했고, 조용하고 내성적인 나지만 무언가 잘하는 것이 있다는 사실은 내게 자신감을 주었다.
자연스레 고등학생이 되어 입시를 앞두게 된 나는 만화가 그리고 싶어서 미술부에 들어갔고, 만화 학과가 없던 시기라 시각 디자인 학과에 입학하였다. 디자인 학과에서 디자인을 배우면서도 난 디자이너 될 생각이 전혀 없었고 졸업하면 직업 만화가가 될 거라고 늘 다짐했었다. 대학을 졸업하며 이런저런 현실적인 이유로 직업만화가를 포기할 때도 당장은 직업만화가가 되지는 못하지만 언젠가는 꼭 만화만을 그리는 만화가가 될거라고 다짐했었다. 『코믹스』라는 인디 만화 웹진에 단편들을 한 두개씩 작업하며, 어린이 출판사에 편집 디자이너로 취직을 했고, 우연히 하게 된 일러스트레이션 일도 간간히 하면서, 일 년 정도 회사를 다닌 후 퇴사했다.

아주 오랜 기간 만화가를 꿈꾸었지만 차선책으로 선택한 시각 디자인 학과를 다니며 다양한 디자인의 세계를 보게 되었고, 현실적인 선택으로 취업한 어린이출판사를 다니며 다양한 이야기를 들려주는 동화책이라는 것이 얼마나 매력적인지 알게 되었다. 그리고 우연히 어느 날 펑크 난 원고를 때워주며 시작한 일러스트 일이 어느새 생활을 유지하게끔 하는 주업이 되었다. 다양한 창작의 분야를 보면서, 만화가만을 꿈꾸었던 나의 기본 생각에 변화가 생겼다. 만화, 디자인, 일러스트, 전시 모두가 분야는 다르지만 결국 내가 그려왔던 그림에서 출발하는 것이고 내가 누군가에게 들려주고 싶은 나의 이야기를 풀어내는 방법이라는 점에서는 동일하다고 생각하게 되었다. 기본적으로는 나의 이야기에서 출발하되, 그때마다 더욱 이야기를 잘 풀어낼 수 있는 방법을 선택하기만 하면 되는 것이었다.

그리고 여러 가지의 방법 중 책이라는 형태가 내가 하고 싶은 이야기를 가장 효과적으로 보여줄 수 있다고 생각했다 자연스럽게 나의 꿈은 만화가가 아니라 만화 작업, 디자인 작업, 일러스트 작업, 전시 작업을 병행하며, 나만의 이야기를 꾸준히 책으로 만들 수 있는 작가로 변화했다. 아메바피쉬라는 이름으로 이제 달랑 두 권의 개인 책을 세상에 내놓았을 뿐이고, 책에 대한 반응도 별로 좋지 않다. 아직은 내가 하고픈 이야기를 독자에게 전달하는 방법이 서툴기 때문일 것이다. 그래도 작업하는 과정은 즐겁다. 어떤 이야기를 상상하고, 그 이야기를 책으로 만들기 위해 세부적인 이야기의 줄기와 갈래를 만들고, 전체의 구성을 고민하고, 콘티를 짜고, 자료를 모으고, 실제 작업을 해가며 느끼는 그 과정의 즐거움. 내 머리 속 상상으로만 존재했던 책이 비로소 완성되어 손에 쥐어졌을 때의 그 뿌듯함. 그간의 로봇에 관련된 단편적인 작업들을 모은 정리의 의미로 -1이라는 나만의 숫자를 붙였던 『ROBOT』이라는 책에서, 한 개의 이야기로 책 한 권을 구성해 냈다는 출발의 의미로 0라는 숫자를 붙인 『가면소년』을 내기 까지, 매우 더디지만 그래도 조금씩 앞으로 나아가고 있다는 생각이 든다. 그리고 1이라는 숫자가 붙여질 다음 책을 상상하며 초안을 준비하는 중이다. 언젠가 몇 권의 책이 아닌, 더 다양한 숫자가 표시된 책들이 내 작업실 한 켠에 가지런히 꽂혀 있기를 꿈꾼다. 물론 어쩌면 지금의 두 책들처럼, 여전히 소통에 실패하는 책들이 계속 만들어질지도 모르겠다. 그래도 고민은 하되 걱정은 하지 않고, 실패는 하되 포기는 하지 말고, 꾸준히 나의 이야기를 세상의 누군가에게 던져 보는 시도를 해야 한다고 다짐한다. 아직 작업을 해온 날보다 작업을 해나갈 날들이 훨씬 더 많이 남아있고, 들려주고 싶은 이야기를 만들어가는 과정 안에 있을 뿐이니까.

디지털로 그리는 휴머니티 만화의 원천 아메바피쉬 interview

9-2 와글와글한 각자의 이야기들

나는 이야기 속에서 각각의 소소한 이야기들을 담고 싶다. 그래서 너무 복잡하다 싶을 정도로 많은 캐릭터와 이야기들로 구성된 이미지를 주로 작업하는 편이다. 하지만 작품에 주인공은 항상 필요하다. 특히 클라이언트 작업의 경우, 메인 콘셉트를 전달하는 주인공이 없다면 아마도 십중팔구 거부될 확률이 크다. 개인 작품을 만들 때에도 작품에 주인공이 없다면 전달하고자 하는 중요한 메시지를 관객이 읽어 내기 힘들 수 있다. 그래도 나는 주인공 외의 이야기들도 비중 있게 다루려고 한다. 주인공의 옆이나 아래에 있는 작은 조연들과 엑스트라, 이들의 이야기도 관객들이 즐겁게 감상해 주길 바란다. 작품 전체에서는 미미한 존재일지 몰라도, 각각 모두 개성을 지닌 존재들이다. 모든 것에는 존재하는 이유가 있고 사연이 있고 이야기가 있기 때문이다.

유명인사의 이야기를 경청하기 위해, 줄 맞춘 강당의자에 바른 자세로 앉아 조용히 귀를 기울여야 하는 이야기보단, 호객행위로 떠들썩한 좌판과 점심시간 손님들이 밀어 터지는 식당들, 인파 속 좁은 골목을 바쁘게 오고 가는 배달 오토바이와 지게꾼들, 물건을 구경하는 사람들과 흥정하는 사람들, 미친 듯 싸우는 사람들과 정겹게 술잔을 기울이는 사람들, 사진을 찍는 관광객들, 도망가는 소매치기와 쫓는 경찰들의 이야기를 그리고 싶다. 작품이 시끄럽고 혼란스러울지 몰라도 작품 속에 모든 사람들의 이야기를 담아낼 때 더욱 즐겁게 작업할 수 있다.

와글와글한 이야기들을 재미있게 작업하기 위해 섬세한 스케치는 하지 않는다. 보통 가장 많이 작업하는 스타일인 선 드로잉으로, 포토샵에서 간단한 포인트 채색을 더해 작업한다. 대강 스케치를 하는 습관 상, 덩어리 요소들을 선으로 풀어내며 어떤 순간의 캐릭터나 이야기를 만들어 나가는 과정이 가장 재미있다. 사실 디테일한 그림 계획이나 스케치를 갖고 작업을 하는 편이 효율성 면에서는 더 좋다. 작업 시간도 많이 줄여주고 오차도 많이 줄여주기 때문이다. 그러나 내겐 세밀한 스케치를 라이트박스 위에서 선 드로잉으로 옮기는 과정은 꽤나 지루하다. 오히려 큰 덩어리만 잡힌 상태에서 선 드로잉을 하며, 순간순간 생각나는 대로 때로는 기분 내키는 대로 유동성 있게 그림을 그리면, 손과 머리가 함께 쌩쌩 돌아가는 느낌이 들어서 기분이 좋아 진다.

순간의 선택으로 어떤 캐릭터를 만들고 나면, 그 캐릭터로부터 연상되는 또 다른 캐릭터들이 연상되고, 그렇게 새로운 이야기가 만들어진다. 큰 밑그림은 있어도 세부그림을 정해놓지 않은 포맷으로 그려나가다 보면, 효율성은 떨어질지 몰라도 미처 예상하지 못했던 방향으로 작품을 만들 수 있고 이 때 느끼는 즐거움은 그 어느 것과도 비교할 수 없다.

디지털로 그리는 휴머니티 만화의 원천　　　아메바피쉬　　　　　　　　　　interview

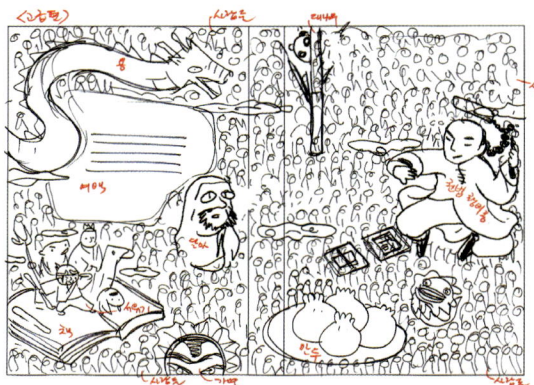

9-3 양철로봇

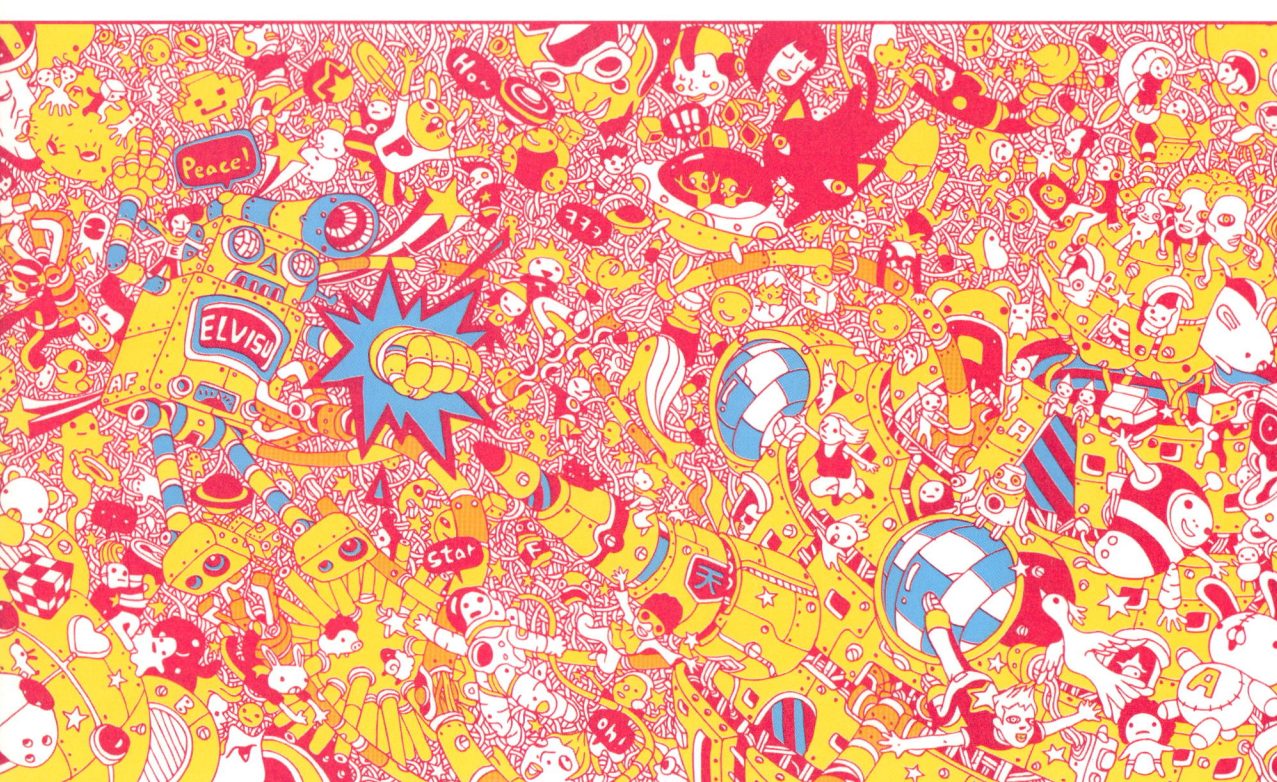

개인 작업을 할 때, 꼭 넣는 소재가 몇 가지 정해져 있다. 개인적으로 좋아하는 대상들이거나, 내 경험과 관련있는 것들이 대부분이다. 가장 자주 빈번하게 등장하는 요소는 양철로봇이다. 태엽을 감으면 끼리릭, 끼릭 소리를 내며 천천히 걸어가는 양철로봇. 마징가 제트나 태권 브이, 건담 류의 로봇들이 나오는 애니메이션을 보고 자란 세대지만, 이상하게도 거대한 로봇이 악당들을 무찌르는 로봇물은 그리 내 마음을 흔들지 못했다. 초등학교 시절 유행했던 마크로스 같은 변신 로봇에게서도 그다지 흥미를 느끼지 못했다. 대신 신문수 화백의 『로봇 지빠』를 좋아했다. 그러고 보니 로봇 지빠가 지금 내가 그리는 양철로봇과 생김새가 닮았다.

당시 나는 물고기와 UFO, 그리고 음모론에 푹 빠져있었다. 여기에 어설픈 표정의 양철로봇에 매료되기 시작하며 보다 더 다양한 상상들을 펼치기 시작했다. 로봇이 되고픈 인간, 인간이 되고픈 로봇, 날고 싶은 로봇, 인간을 위해 밥을 만드는 로봇, 편지를 배달하는 우편로봇 등 각양각색의 로봇 이야기를 떠올릴 수 있었다. 내가 하고 싶은 그림과 이야기에 로봇이란 소재는 굉장히 잘 맞아 떨어지는 대상이었던 것이다.

지하의 비밀기지에 숨어 있다가 임무가 생기면 뛰어 나와 악당을 무찌르는 그런 로봇보단 주변에 있을 법한 양철로봇이 내겐 더 매력적이었다. 청계천이나 고물상의 기술자, 또는 무명의 어느 과학자가 사비를 털어 양철을 두드리고 자르고 이어 붙이면서, 쓰다 남은 구형 cpu와 메모리를 재활용해 만든 전자두뇌를 장착한 로봇. 태엽을 감아주면 삐리릭 소리를 내며 눈을 뜨는 그런 로봇이 더 인간스럽다고 생각했다. 이미 만들어질 때부터 갖고 있는 작은 오차들, 그 어설픔과 모자람이 양철로봇을 더욱 특별하게 만든다. 완벽하지 않기에 모자람이 많은 나와 별반 다르지 않다. 모자란 부분을 채우려 세상을 살아 나간다는 건 내가 생각하는 인간성이고 인간미이다. 따라서 양철로봇은 항상 언제나 인간의 또 다른 모습, 나의 또 다른 모습이라는 의미로 내게 다가온다.

9-4 물고기

어린 시절 유려한 지느러미의 움직임으로 작은 어항 속을 자유롭게 헤엄치는 금붕어들을 볼 때마다, 그들은 자신들만의 세상에서 날아다니고 있는 것이라 늘 생각해 왔다.

그래서 나는 공간과 하늘, 그리고 우주를 자유롭게 날아다니는 물고기를 주로 그린다. 인류가 대기권의 중력을 힘겹게 이겨내고 비로소 우주라는 미지의 공간에 첫발을 내디디며 감격에 겨워할 때, 우주선의 곁을 유유히 헤엄치며 지나가는 거대한 물고기들, 그것이 항상 내가 상상해 오던 물고기의 모습이었다. 이 공간엔 중력의 법칙이 존재하지 않는다. 물고기를 비롯한 모든 것들이 자유롭게 날아다니고 부유한다. 이는 틀이 없는 자유로움 그 자체이자 무한한 가능성을 의미하는 공간이다.

우주에서 둥둥 떠다니는 모든 오브젝트들은 내 작업의 주된 구성 요소이다. 우주와 관련이 없는 작품에서도 주된 대상 주변에 많은 사람이나 캐릭터, 사물들이 자유롭게 부유하는 콘셉트를 유지하려고 한다.

디지털로 그리는 휴머니티 만화의 원천　　　아메바피쉬　　　　　　　　　　　　interview

9 UFO, 외계인, 엘비스, 음모론

양철로봇에 빠지기 전, 내가 주로 몰두해 있던 것은 UFO와 외계인 그리고 X-File 류의 음모론들이었다. 왜 이런 분야에 빠지게 된 건지는 모르겠지만, 미지의 존재를 믿고 싶은 어린 마음에서 우러나온 것이 아닐까 싶다. 외계인 존재를 다루는 〈X-File〉이나 〈4400〉, 〈Taken〉, 〈Event〉 등은 내가 매우 좋아하는 드라마들이다. 보통 UFO와 외계인에 관련된 이런 이야기들은, 외계인의 존재를 밝히려는 주인공들과 이를 감추려는 정부의 대결 구도를 보여주곤 하는데, 이러한 이야기들은 음모론을 기반으로 한다. 이가 UFO물을 좋아하기 시작하면서 음모론까지 관심의 대상이 확대된 건 굉장히 자연스러운 흐름이 아닐까 생각한다.

네바다 사막 51구역 지하의 비밀기지에 살아있는 외계인들이 잡혀있고, 수거한 UFO를 정부가 비밀리에 연구 중이라는 재미난 이야기, 존 레논의 죽음이 반체제 인사를 겨냥한 CIA의 치밀한 암살이었다는 이야기, 엘비스 프레슬리가 사실은 CIA의 비밀 첩보원이었고 수행했던 임무 중 하나 때문에 죽은 척하고 신분을 바꿔 사라졌다는 이야기, 아직도 계속되는 엘비스 프레슬리의 목격담, 일루미나티, 프리메이슨 같은 집단이 세계를 움직이는 비밀 세계 정부라는 이야기 등, 어떻게 보면 매우 황당한 이야기처럼 들리지만, 내겐 상상력을 마구 자극해 주는 중요한 소스들이다.

옛날엔 내가 4종 근접조우로 외계인에게 납치되어 생체 실험을 당할지도 모른다는 생각까지 할 정도로 외계인의 존재를 진지하게 믿었었지만, 지금은 그렇지 않다. 대신 상상 속의 이야기를 펼칠 수 있도록 하는 재미있는 소재라고 생각할 뿐이다. 그리고 이건 비밀이지만 나는 실제 UFO를 본 적이 있다. 물론 많은 사람들의 1종 조우처럼 한밤에 물리학과 중력의 법칙에 맞지 않는 불빛을 뿜어내는 괴비행물체를 본 것에 불과하지만 어쨌든 난 봤다. 그리고 다행히 납치는 당하지 않았다!

디지털로 그리는 휴머니티 만화의 원천   아메바피쉬   interview

9-6 고양이

현재 토루, 토토, 쿠쿠, 차차, 뽀뇨라는 이름의 5남매 고양이들과 함께 살고 있지만, 사실 나는 원래 고양이를 좋아하는 사람이 아니었다. 개는 어려서부터 좋아했고 키워도 봤지만 고양이는 언제나 나와는 어울리지 않는 존재라고 생각했었다. 어릴 적 시골 친가에 가면 항상 마루 밑에서 눈알을 번쩍이던 고양이의 기억 때문인지, 고양이란 그리 가까이 하고 싶은 동물이 아니었다. 그리고 내가 조금 더 나이를 먹었을 땐, 고양이를 싫어하는 보통의 사람들이 그러하듯, 밤이면 유난히 빛나는 고양이의 눈도, 새벽에 들려오는 고양이의 아기울음소리도 굉장히 싫어했다.

그러던 내가 고양이를 친근한 대상으로 보게 된 건, 지금은 구름다리를 건넌 재재를 만난 후 부터였다. 7-8년 전의 나는 내 주위를 둘러싼 모든 것에 버거워하며 살고 있었다. 다니던 직장에서 일 년 만에 퇴사한 후, 그간 간간이 해오던 일러스트 일을 전업으로 시작했지만 그것만으로 생활하는 일은 쉽지 않았다. 햇빛이 잘 들지 않는 반 지하 방에서 자취를 했었고, 일거리도 많지 않아 통장은 늘 비어 있었다. 그림만 그리며 살기에도 충분히 힘에 부쳤고 사랑을 한다는 건 꿈도 못 꾸던 시절이었다. 하루하루가 우울의 연속이었다.

어느 날 내가 예전에 단편 만화를 실었던 어느 만화 잡지사의 기자님께서 4개월 된 아기 고양이 재재를 분양해 주셨다. 생활비도 못 벌던 때라, 과연 내가 이 작은 녀석을 책임질 수 있을지 많은 고민을 했지만, 이렇게 혼자서만 지내다가는 극단적인 생각을 할지도 모른다는 생각에 얼른 재재를 데려왔다. 그 후 몇 년 간 여전히 생활은 힘들었지만 그 와중에도 재재는 내게 많은 웃음을 안겨 주었다. 재재를 시작으로 길거리에서 많은 고양이들을 만났고, 인연이 된 아이들이 벌써 다섯 마리나 되었다. 그리고 작은 방에 갇혀 누군가 나에게 관심을 보여주기만을 기다릴 것이 아니라 내가 먼저 타인에게 관심을 가지고 다가가야 한다는 걸 깨달았다.

재재를 데리고 오던 날, 길가에 싸늘히 누워 있는 고양이 한 마리를 보았다. 한 작은 생명을 데리고 오던 날, 무지개다리를 건넌 또 다른 생명을 보면서 상당히 복잡한 감정이 들었다. 그 후 길가에서 수많은 길 고양이들을 볼 때마다 그 때의 그 고양이가 생각났다. 그리고 내가 길에서 혹은 동네에서 마주쳤던, 그리고 내 방 창문 앞을 지나다니던 많은 고양이들에 대해 작품을 만들어 보고 싶어졌다. 이런 계기로 마음속에 담아 놓았던 로봇과 고양이에 관한 이야기들을 풀어봤다. 이것이 바로 단편만화 『Jack』이다.

디지털로 그리는 휴머니티 만화의 원천   아메바피쉬   interview

9-7 달동네와 낡은 풍경들

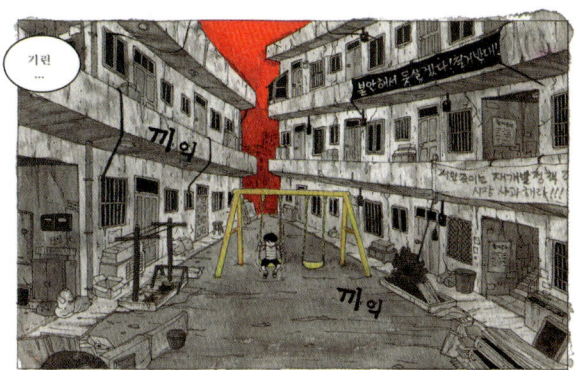

재개발 이야기가 오가고 있는 낡은 월계동 한 켠의 작은 건물의 지하, 이 곳이 바로 내 작업실인 지하비밀기지 47623이다. 하천 정비가 한창인 개천을 따라 벽에 잔뜩 붙어 있는 담쟁이, 벗겨진 페인트칠, 벽의 균열, 그리고 그 틈을 메운 흔적이 고스란히 남아있는 낡고 허름한 집들. 세월의 흔적과 사람의 흔적이 고스란히 새겨져 있는 동네이다. 금방이라도 스러질 것 같은 집 옆 좁은 골목에 서면 푸근함을 느낄 수 있다. 에메랄드 빛으로 칠해진 오래된 이층집 옆으로 고양이 한 녀석이 지나가며 잠시 나와 눈이라도 마주쳐 준다면, 그 여유로움은 배가 될 것이다.

하지만 익숙했던 낡은 풍경들은 하나 둘씩 개발이라는 명목 아래 사라져 갔다. 다닥다닥 붙어있던 작은 골목길 사이에서 들려오던 사람들의 이야기는, 거대한 콘크리트 아파트에 밀려 도시의 외곽으로, 북쪽으로 옮겨 갔다. 나 역시도 점점 북쪽으로 주거지가 밀려나고 있다. 지금에 와서 생각해 보니 난 항상 낡은 동네에 살아왔다. 어렸을 때 살았던 구파발의 산 밑 언저리 다락방, 밭뿐이던 용인의 낡은 빌라. 대학 시절 자취했던 삼양동의 산동네 반 지하, 지금 살고 있는 월계동 언덕의 다세대 주택까지, 언제나 깨끗하고 정돈된 동네보단 세월의 흔적이 현저하게 남아 있는 낡은 동네에 살아왔다. 그러나 구파발과 삼양동에는 재개발 사업으로 새로 지은 아파트들이 들어섰고, 지금 살고 있는 집과 작업실 근처도 재개발 이야기기 오가고 있다.

낡은 동네를 전전하며 살아온 가장 큰 이유는 형편이 넉넉지 않았기 때문이지만, 낡은 동네에 산다는 것에 불만을 느낀 적은 전혀 없었다. 이 풍경들이 내가 자라왔던 공간이자 또 살아 온 자취를 회상할 수 있게 해 주기 때문이다.

매끈한 직사각형의 아파트 사이를 빠져 나와 바쁘게 움직이는 사람들은 이웃들의 소소한 이야기나 풍경이 전해주는 이야기에 신경을 쓸 겨를이 없다. 각양각색의 집과 대문으로 상징되던 사람들의 흔적은 어느새 사라지고, 층수와 호수만이 유일하게 거주인 고유의 것으로 남는다. 다양한 생각들, 다양한 기억들, 다양한 색들, 다양한 상상들이 묘하게 어우러져 있던 삶의 공간은 어느새 무미건조한 건물들로 확일화되었고, 자유롭던 상상의 이야기는 회색빛으로 짙게 칠해졌.

분홍색이나 노란색의 개성보단 안정적인 흰색과 회색의 현실이 부각되기 시작한 것이다.

언젠가 이곳에도 재개발이 진행된다면, 지금껏 보아왔던 사람 냄새 나던 집, 골목, 풍경들은 다시 또 사라져 버릴 것이다. 여름이면 풍성했던 담쟁이 넝쿨도, 따스한 햇살이 길게 늘어선 좁은 골목도, 멋진 감각을 보여주던 에메랄드 빛 이층집도, 여유롭게 담 위에 앉아 있던 고양이들도 모두 기억 속에 묻혀 버릴 것이다. 하지만 설사 그러한 일이 벌어진다고 해도 나는 그 풍경 속에서 들려오던 사람들의 이야기를 언제까지나 기억할 것이다. 분홍색의 꿈은 언제까지라도 가슴 한 켠에 더 강렬한 분홍색으로 남아 있을 것 같다. 흰색이나 회색이 섞이지 않는 순수한 분홍색으로.

9-8 장난감

모든 장난감들은 각각의 사연들을 갖고 있다고 믿기에 나는 장난감을 수집하는 일을 즐긴다. 그리고 잘 만들어진 장난감, 비싼 한정판 장난감 보다는, 어설픈 퀄리티를 가진, 싸 보이는 장난감을 더 선호하는 편이다. 어딘가 모자란 듯 어설픈 장난감이 더 많은 이야기와 사연을 내게 이야기해 줄 것 같기에 더욱 매력적이다. 동네 초등학교 앞의 작은 문방구 구석에 아무렇게나 놓여 있거나, 잔뜩 낡은 포장지에 싸여 색바랜 얼굴을 띤 채 황학동의 중고 시장 한 켠에 놓인, 그런 녀석들에게 얼마나 많은 이야기기 있을까 생각해 본다.

개인 홈페이지를 처음 만든 후, 사진 메뉴에 장난감들의 이야기를 담은 사진들을 많이 올렸었다. 한동안 이 취미생활에 몰두했었다. 장난감 이야기를 그림으로도 그리긴 했지, 실제 그 미묘한 표정을 그림으로 표현해 내는 건 쉽지 않았기 때문이다. 기분이 우울할 때 장난감을 가지고 놀며 사진을 찍으면 금세 기분이 좋아지곤 했다.

구하기도 힘들고 보기도 힘든 고가의 귀한 장난감들의 전시나 장난감 박물관에 가는 것도 좋아하지만, 역시 내게 장난감다운 장난감은 일상에서 쉽게 접할 수 있는 녀석들 같다. 우연히 열쇠를 복사하러 들어간 문방구에서 발견하거나, 패스트푸드 가게에서 어린이 세트 메뉴를 먹으면서 사은품으로 받거나, 중고시장에서 우연히 단돈 천 원 세일 행사를 통해 장난감을 사 오는 식으로 말이다. 예상치 못한 발견에 뿌듯해 하며 집으로 돌아온 후, 보기 좋은 자리에 장난감을 올려놓고 사연을 털어 놓으라며 살살 꾀어 보는 일은 언제나 즐겁다.

9-9 스타일과 이야기

Creative Artworks - 4   Illustration Style Book : part_09

앞서 내 주요 이야기 거리들과 소재들에 대해 이야기했다. 사실 각자의 지향점은 모두 다르기 때문에 내 작업취향에 대한 이야기는 사실 재미가 없을 수도 있고 아무런 필요가 없을지도 모른다. 오히려 개성 있는 스타일을 만들 수 있는 테크닉적인 노하우나, 실무에서 필요한 문제점 대처방법 같은 내용이 더 요긴하다고 생각할 지도 모르겠다. 하지만 내가 특이한 기법이나 작업 진행 과정과 관련된 내용을 이야기하지 않는 데엔 다음과 같은 이유가 있다.

프로세스를 진행하면서 발생되는 문제점들에 대한 대처 방법의 경우, 물론 미리 공부를 많이 해두면 좋긴 할 것이다. 하지만 실제 필드에서 프로세스의 진행은 상황마다 달라진다. 일반적인 프로세스가 존재하긴 하지만 언제나 돌발변수가 존재한다. 출판사나 디자인회사와 일을 할 때 저작권이 철저하게 지켜지는 것이 원칙이지만 실제로 지켜지지 않는 경우도 있으며, 계약서를 쓸 때, 한 단어를 무심코 지나쳤다가 나중에 큰 문제로 이어지는 경우도 빈번하다. 또 작업비용의 경우도 프로젝트 규모, 클라이언트 규모, 쓰이는 매체, 사이즈, 작가의 인지도에 따라 천차만별이다. 상업 일러스트 경우 프로세스는 매번 달라진다. 각각의 프로젝트를 진행할 때, 돌발변수들을 해결하기 위해선 융통성과 적응력이 필요한데, 이 능력은 그간의 프로젝트 경험에서 우러나오는 것이다. 결국 프로세스를 진행하면서 문제점에 대처하는 건 내 지식과 경험, 남들이 들려준 경험에 의존할 수밖에 없다.

반면 스타일의 문제는 조금 다르다. 개성 있는 스타일은 단순히 많은 그림을 그리고 작업의 경험을 얻는다고 생기는 것이 아니다. 흔히 남들과 차별화되는 독특함이나 개성을 가진 작가를 스타일이 있다, 또는 자신만의 색깔이 있다고 말한다. 그리고 대부분의 사람들이 이런 개성 있는 스타일을 갖기 위해 계속 고민을 거듭하며 많은 시간과 노력을 쏟는다. 물론 남들과 차별화되는 스타일은 그림을 그리는 사람으로서는 중요한 덕목이긴 하지만 그것이 만들어지는 과정은 과연 어떨까?

기본적으로 그림을 그리는 사람들은 많은 습작의 과정을 거친다. 습작을 하며 내가 좋아하는 작가의 좋아하는 그림이나 닮고 싶은 작가의 그림들을 베껴서 그려보기도 하고, 그들의 작업 중 탐나는 부분들을 가져와서 콜라주 작품을 만들기도 한다. 소재를 가져오기도 하고, 색감을 가져오기도 하고, 선의 느낌이나 붓의 터치를 가져오기도 한다. 나 역시 많은 그림들을 흉내 내서 베껴보았고, 다른 작품들의 탐나는 부분들을 내 그림 안에 넣어보기도 했다. 만화가 마츠모토 타이요, 동화작가이자 애니메이션 감독인 타무라 시게루, 네덜란드 판화가 M.C 에셔는 내가 가장 좋아하는 아티스트들이다. 이들로부터 받은 영향과, 오랜 기간 쌓아 온 만화 경험, 그리고 디자인 학과를 다니면서 습득한 그래픽 요소들은 모두 내 작품으로 수렴된다.

하늘 아래 새로운 게 없다는 말처럼, 기존에 없는 새로운 것은 더 이상 나올 수 없다. 내가 좋아하는 작가들도, 여러분이 좋아하는 작가들도 이미 그전의 어떤 작가의 그림을 베껴 보며 습작하는 과정을 겪었을 것이다. 이는 누구나 겪는 과정이고 자연스럽게 그림을 배우는 길이다.

모작을 하는 단계에서는 그림실력이 굉장히 늘게 된다. 참고할 만한 좋은 그림 샘플들이 있기 때문이다. 재능과 감각이 있든 없든, 열심히 습작하다 보면 실력이 늘기 마련이다. 하지만 그러다 보면 단순히 그림을 잘 그리는 데에 그쳐 버리고 만다. 남들로부터 그림을 잘 그린다는 소리는 들을 진 몰라도, 그림을 구성하는 많은 것들이 다른 작품들로부터 빌려온 것들이기에 온전한 자신의 그림이라고 볼 수 없다. 이런 습작 작품은 다른 작품들의 좋은 요소만 골라내어 나의 손을 거친 서툰 콜라주에 불과하다. 당연히 자기만의 스타일이 있을 리 없다. 유명한 작가 테라다 타츠야나 무라타와 렌지를 스승으로 그림 공부를 한 후, 그 오리지널 작가들 스타일을 벗어나지 못하는 수많은 아류 작가들을 예로 들 수 있겠다. 그 작가들의 툴을 배우고 테크닉을 배웠다 해도 결국 그것만으론 오리지널을 뛰어 넘기 힘들다. 이유는 단순하다. 그저 겉으로 보이는 스타일만을 모방하려 노력했기 때문이다.

그림을 그리는 누구나가 개성 있는 스타일을 원하고 고유의 색깔을 원한다. 하지만 겉으로 드러나는 툴과 테크닉적인 부분에 집착한다면 자신만의 스타일을 만들기는 쉽지 않다. 열심히 공부하고 많은 노력을 하는 건 누구나 하는 기본이다. 설렁설렁하면서 실력이 좋아지는 사람은 없다. 남들보다 뛰어난 재능과 감각이 있다고 해도 노력하지 않는다면 금방 도태되는 세상이기 때문이다. 툴과 테크닉을 익히고 공부하며 노력하는 부분은 스타일을 만드는데 주요한 바탕이 된다. 이 바탕이 탄탄할수록 자신만의 스타일을 만들 수 있는 가능성이 커지게 된다.

그림을 그린다는 건 자신의 이야기를 만들어가고 그것을 타인에게 전달하고자 하는 소통의 과정에 가깝다. 회화 작가가 전시를 통해, 만화 작가와 동화 작가들이 연재나 책을 통해, 이야기를 누군가에게 전달하고 소통을 시도하는 것처럼, 일러스트레이터도 마찬가지이다. 그림을 그리는 근본 목적은 대중과의 소통이다. 개인 작업일 때 작가의 목소리가 작품 뒤에 언제나 존재하기 마련이고, 클라이언트 작업에서는 클라이언트가 대중에게 전달하고자 하는 콘셉트와 콘텐츠가 있기 마련이다. 하지만 그림을 그리는 많은 사람들이 겉으로만 보이는 스타일과 테크닉에는 집착하면서, 정작 무엇을 이야기 하고 싶은지 간과하는 경향이 많은 것 같다.

Creative Artworks - 4   Illustration Style Book : part_09

개성 있는 스타일과 이야기가 아무런 상관이 없다고 생각할 지도 모르겠다. 하지만 나의 경험을 비추어 봤을 때, 둘은 밀접한 상관관계를 갖는다. 나의 작업 스타일의 그 동안 모방과 습작의 단계 - 관심 있는 대상을 작업에 반영하는 단계 - 나만의 이야기를 스타일로 만드는 단계로 변화해 왔다. 스타일을 먼저 만들고 놓고 이야기를 만들게 되면, 내가 그리고 싶은 그림보다 잘 팔리는 그림이나 사람들에게 인정을 잘 받을 수 있는 그림을 그리고 싶어 하는 심리에 영향을 받기 쉽다. 반면 내부적으로 자신이 하고 싶은 이야기에 맞춰 여러 시행착오를 거치다 보면 자연스럽게 자신만의 스타일이 저절로 따라 오게 된다. 겉으로 보이는 화려함 보다 자연스럽게 좋아하는 것들을 이야기하다 보면 어느새 스타일을 완성시킬 수 있을 것이다.

가령 꽃을 그린다고 생각해 보자. 지금 당장 그릴 수 있는 꽃의 형태는 몇 개나 될까? 그리고 그 꽃들은 실제 존재하는 꽃일까? 아니면 일반적인 꽃의 형태로 인지하고 있는 단순한 형태일까? 아마도 흔히 볼 수 있는 단순화된 꽃의 형태일 것이며, 5-6가지 이상은 그리기 힘들 것이다. 그리고 어떤 꽃인지, 꽃잎은 몇 개인지, 잎의 생김새는 어떠한지 정확하게 잡아내는 것 또한 어려울 것이다. 이는 그림 실력이 부족해서가 아니라 단지 꽃에 대해 전혀 관심을 두지 않고 그 동안 무심코 지나쳐 왔기 때문이다.

만약 꽃에 관심을 두기 시작한다면 가장 먼저 꽃에 대한 공부를 하기 시작할 것이다. 그리고 꽃에 대한 책들을 사보고, 꽃에 대한 내용들을 찾아보고, 꽃 박람회에도 참석할 것이다. 그러다 보면 이 과정 속에서 쌓은 꽃에 대한 지식들을 작업에 반영하게 될 것이다. 꽃을 좋아하는 사람과 좋아하지 않는 사람이 꽃을 그린다면, 두 작품은 디테일 면에서 확연한 차이를 보일 것이다. 형태적인 디테일뿐 아니라 그 내용적인 디테일도 차이가 나게 된다. 자신이 하고 싶은 이야기에 맞게, 이런저런 시도를 해 보면, 이에 걸맞는 테크닉을 스스로 만들거나 찾아낼 수 있을 것이다.

사실 개인적인 경험과 기억들, 내면의 고민들도 어느 오브젝트에 관심과 애정을 쏟는 일만큼이나 중요하다. 누구나 살아오면서 남들과는 다른 나만의 이야기 거리들을 갖고 있다. 그것을 작업에 잘 녹여내면 되지 않을까? 물론 내가 추천하는 방법이 정답은 아닐지 모른다. 그림으로 이야기를 만들어 내는 방법에 정답이란 있을 수 없으니까 말이다. 하지만 적어도 나의 경우에는 이런 과정을 통해 스타일을 만들어 냈다는 것을 말하고 싶다.

툴과 테크닉에 기반을 둔 스타일은 겉으로 보기엔 화려할진 몰라도 중요한 알맹이가 빠져있는 경우가 많다. 툴, 테크닉, 스타일이라는 건 결국 자신이 하고 싶은 이야기를 효과적으로 표현하기 위한 수단에 불과한 것이기 때문이다. 당장 상업 일러스트레이션을 하기 위해서는 작업 의뢰가 많이 들어오는 스타일을 갖추는 것이 중요하겠지만, 그림을 몇 년 그리고 관둘 것이 아니라면 더 길고 천천히 자신만의 것을 찾아가는 안목이 필요하다. 남들과 차별화된 스타일을 고민하기에 앞서, 우선 내가 관심과 애정을 갖는 대상이 무엇인지 고민해 보자. 그리고 그 대상들을 통해 무슨 이야기를 하고 싶은지 고민한 후 즐겁게 작업에 녹여 내자. 장기적으로 나만의 그림으로 나만의 이야기를 만드는 작가로 살아가는데 도움이 될 것이다. 적어도 나의 경험으론 그랬다.

Creative Artwork-4 :
Illustration
Style
Book